Stefan Geiger
Zum Trivialen im Informationsteil der Medien

Schriftenreihe der UFITA **Heft 60**

Archiv für Urheber-, Film-, Funk- und Theaterrecht
Herausgegeben von Dr. jur. Georg Roeber, München

Zum Trivialen im Informationsteil der Medien

Theoretischer Abriß und inhaltsanalytische Fallstudie

Von

Dr. phil. Stefan Geiger

Pforzheim

1978

J. Schweitzer Verlag · Berlin

CIP-Kurztitelaufnahme der Deutschen Bibliothek

Geiger, Stefan:
Zum Trivialen im Informationsteil der Medien : theoret. Abriß u. inhaltsanalyt. Fallstudie. – 1. Aufl. – Berlin : Schweitzer, 1978.
(Schriftenreihe der UFITA ; H. 60)
ISBN 3-8059-0509-2

Satz: Georg Wagner, Nördlingen. Druck: Karl Gerike, Berlin.
Bindearbeiten: Buchbinderei Dieter Mikolai, Berlin. – Printed in Germany

Wie ist doch die Zeitung interessant
Für unser liebes Vaterland!
Was haben wir heute nicht alles vernommen!
Die Fürstin ist gestern niedergekommen,
Und morgen wird der Herzog kommen,
Hier ist der König heimgekommen,
Dort ist der Kaiser durchgekommen,
Bald werden sie alle zusammenkommen –
Wie interessant! Wie interessant!
Gott segne das liebe Vaterland

Wie ist doch die Zeitung interessant
Für unser liebes Vaterland!
Was ist uns nicht alles berichtet worden!
Ein Portepéefähnrich ist Leutnant geworden,
Ein Oberhofprediger erhielt einen Orden,
Die Lakaien erhielten silberne Borden,
Die höchsten Herrschaften gehen nach Norden
Und zeitig ist es Frühling geworden –
Wie interessant! Wie interessant!
Gott segne das liebe Vaterland!

Heinrich Hoffmann von Fallersleben
28. Mai 1841

Vorbemerkung

Die Polemik des Dichters[1] scheint nichts von ihrer Aktualität eingebüßt zu haben. Auch heute zielen nicht alle Bereiche des Informationsteils der Medien darauf ab, dem Rezipienten präzise und umfassende, zu sachgerechter Handlung und Entscheidung befähigende Kenntnisse aus allen Bereichen der Gesellschaft zu ermöglichen. Die vorliegende Arbeit versucht, jene Bereiche, die nicht auf Erkenntnisinteresse ausgerichtet sind, abzugrenzen, zu beschreiben und in ihren Funktionen zu interpretieren: Das Triviale im Informationsteil der Medien.

Umfassend wurde dieses Thema nach Kenntnis des Autors erstmals 1939 von Helen McGill Hughes in dem inzwischen weitgehend verschollenen Werk „News and the Human Interest Story" behandelt.[2] Die Arbeit beschränkt sich auf die Beschreibung des Formalen, leistet jedoch bereits einen Ansatz zu der Überlegung, daß das Triviale im Informationsteil der Medien nicht isoliert betrachtet und analysiert werden kann, sondern gesehen werden muß als spezielle Ausprägung eines übergeordneten Systems. Das Bild eines derartigen Systems entwickelten 1947 Horkheimer und Adorno in ihrem Aufsatz über die ‚Kulturindustrie'.[3] Dem in diesem Aufsatz entwickelten Gesellschaftsbild folgt weitgehend die vorliegende Untersuchung. Es soll unter anderem versucht werden, die Überlegungen Horkheimers und Adornos auf den Informationsteil der Medien anzuwenden und ihre Thesen am Beispiel der Medien zu überprüfen.

Geprägt wurde die Arbeit auch von den Überlegungen Horst Holzers zu dem Fragenkomplex „Massenkommunikation und Demokratie in der Bundesrepublik Deutschland"[4]. Holzer stellt einige Mechanismen in der Berichterstattung zusammen – so die Personalisierung und Intimisierung –, von denen er meint, daß sie die Erkenntnismöglichkeit von Nachrichten verringerten. Diese und ähnliche Mechanismen werden in der wissenschaftlichen Literatur der letzten Jahre immer wieder angeführt.

---

1 Zit. nach: Morgenruf, Vormärzlyrik 1840–1850, Leipzig 1974, S. 78 f.
2 Hughes 1939; das Buch ist in westdeutschen Bibliotheken nicht nachgewiesen; das dem Autor bekannte Exemplar stammt aus der Bibliothek der Harvard University, Boston, Mass.
3 Adorno/Horkheimer 1947.
4 Holzer 1969; weitgehend textidentisch damit sind Holzer 1971 a u. b.

Im ersten Teil der Arbeit wird versucht, diese von verschiedenen Autoren noch isoliert dargestellten Mechanismen, die den Gebrauchswert von Nachrichten verringern, unter dem Begriff der Trivialisierung zusammenzufassen und ihre speziellen Ausprägungen wie ihre gemeinsamen Funktionen zu beschreiben. Einigen Ursachen der Trivialisierung wird innerhalb des bestehenden Kommunikationssystems nachgegangen.
In einer quantitativen und qualitativen aussagenanalytischen Fallstudie soll das Auftreten der behaupteten Mechanismen im Informationsteil der Medien überprüft werden.
Die vorliegende Arbeit wurde im Herbst 1975 abgeschlossen. Sie lag in erweiterter Form der Philosophischen Fakultät der Universität Münster als Dissertation vor.

Der Verfasser

Inhaltsverzeichnis

Teil A Theoretischer Abriß

1. Begriffsklärungen

1.1 Ableitung des Trivialitätsbegriffs aus dem Informationsbegriff

Für den Begriff Information ist gegenwärtig in der Wissenschaft eine Begriffsverwirrung – je Wissenschaftler wird diesem Begriff ein unterschiedlicher Sinn zugewiesen[1] – sowie, unter dem Einfluß der Informationstheorie, eine Ausweitung des mit diesem Begriff abgedeckten Gemeinten zu konstatieren. Dies erscheint für andere Wissenschaftsbereiche sinnvoll und notwendig, für eine Analyse des Inhalts von Massenmedien jedoch wenig hilfreich, weil bei einem rein formal auf hoher Abstraktionsebene definierten Begriff inhaltliche Unterschiede der untersuchten Materialien nicht erfaßt werden.[2] Es soll deshalb zunächst versucht werden, aus der Diskussion verschiedener – und an unterschiedlichen Stellen der Erkenntnismöglichkeit einsetzender – Definitionsansätze für Information zu einem für diese Untersuchung brauchbaren, engeren Informationsbegriff zu gelangen, um anschließend einige Überlegungen zu den Implikationen des so gewonnenen Begriffs anstellen zu können. Wenn man von der rein kybernetischen Begriffsbestimmung der Einwirkung eines A auf ein B (Stromstöße, Impulse von Nervenfasern, u. v. a.) absieht, so kann als gemeinsame Ausgangsbasis der Definition des Informationsbegriffs von der Vermittlung von Daten über Wirklichkeit

---

[1] Vgl. hierzu u. a. die Definitionsansätze von Merten (1973) gegenüber Holzer (1971, S. 35 f.); Bismarck (1970) gegenüber P. Müller (1970).

[2] Vgl. hierzu – als gegensätzliche Meinung: „Die Informationstheorie beschäftigt sich allein mit der Syntaktik der Kommunikation. Diese strikte Beschränkung ist der Preis, der für die breite Anwendbarkeit und exakte Mathematisierbarkeit der informationstheoretischen Sätze gezahlt werden muß. Daher geht zwar, wenn die Informationstheorie auf semantische oder pragmatische Probleme übertragen wird, die mathematische Exaktheit der Aussagen in der Regel verloren. Doch zumindest die heuristische Kraft der Analogie macht eine Anwendung auch in den nicht-syntaktischen Dimensionen der Kommunikation fruchtbar." (Noelle-Neumann, 1971, S. 44)

– potentiell wahr und faktisch richtig –, die dem Rezipienten zuvor unbekannt waren, ausgegangen werden.[3] Diese Bedingung, von vielen Autoren als ausreichend angesehen, erscheint zwar notwendig, aber nicht hinreichend, weil sie die inhaltliche Kategorie dessen, was vermittelt wird, vernachlässigt. Der Nachteil ist den Autoren durchaus bewußt, ohne daß sie jedoch für die Definition selbst Konsequenzen ziehen. Prakke spricht vage davon, Information müsse „orientieren", Nutz trifft die Unterscheidung zwischen News-Faktum und News-Wert, Müller und Clausse differenzieren – wie viele andere – innerhalb des Oberbegriffes Information verschiedene – und verschieden-wertige – Arten der Information.

Das Insistieren auf der Begriffsbestimmung, scheinbar ein fruchtloser Streit um Worte, da die genannten Autoren in der Sache nur wenig differieren, erscheint aus zwei Gründen nicht beliebig:

(1) Der Begriff Information ist – was sonst? – eingebettet in ein Wortfeld und daraus resultierend kein wertfreier: Ihn verbindet – erklärbar (auch) aus seiner Etymologie[4] – eine Assoziationskette mit Begriffen wie „Auskunft erteilen, *aufklären,* sich unterrichten"[5] – also Worten mit durchaus inhaltsbezogenen Aspekten. Gerade durch diese Assoziationskette ist der Begriff aber – wenn nicht bei den Definitionen einzelner Autoren, so doch bei seiner Verwendung in der öffentlichen Diskussion – in starkem Maße, wenn auch latent, positiv wertbeladen. Ein Indiz hierfür mag die Feststellung sein, in welchem Ausmaß sich Werbung und Public Relations des Begriffs „Information" bemächtigt haben – ein Blick in Werbetexte beweist dies.[6]

Als weiterer Aspekt sei noch angeführt, daß – insbesondere von ihren Interessenvertretern – in der Diskussion um die öffentliche Aufgabe der Massenmedien die Informationsfunktion der Medien hervorgehoben wird.

Wenn Wissenschaft den Begriff „Information" nur formal und nicht auch

---

[3] Clausse, 1962; Prakke, 1968; Hund, 1971; Trux, 1972; Merten, 1973 und andere.

[4] < lat. informare: „formen, *eine Gestalt geben, durch Unterweisung bilden*" (Wahrig).

[5] Wahring (Hervorhebungen von mir. S.G.)

[6] Hier nur als Anmerkung, weil über den Rahmen des Themas hinausgehend: Die Assoziationskette reicht inzwischen offensichtlich noch weiter: „Information" soll Freiwilligkeit und Freiheit – im Gegensatz zu „Belehrung", „Beeinflussung" beinhalten; Demokraten, so soll es den Anschein haben, „informieren", Dogmatiker „indoktrinieren" (vgl. hierzu den Wortgebrauch in der Diskussion zum Extremisten-Erlaß; so: Bundesinnenministerium (1973).)

inhaltlich definiert, so schafft sie eine Begriffsverwirrung und einen Freiraum beliebiger Interpretation; oder konkret: dann ist sie mit dafür verantwortlich, wenn beispielsweise Werbeagenturen und Wochenendpresse sich unwidersprochen darauf berufen können, (quasi als „Staatsbürgerpflicht") zu „informieren" – mit allen Implikationen, die sich hieraus ergeben.[7]

(2) Ein allgemeiner Informationsbegriff muß – und dies scheint entscheidend – formal gleiche, bei oberflächlicher Betrachtung sogar inhaltlich scheinbar ähnliche, von ihren Funktionen her jedoch nicht nur verschiedene, sondern gegensätzliche Materialien abdecken, wie dies Clausse darlegt:

> „Demnach ist das soziale Bedürfnis nach Information nicht etwa aus einem einzigen Block geschaffen. Es reicht von der Befriedigung einfacher Neugierde bis zur breitesten Entfaltung aller Spielarten menschlicher Wünsche. Aber weil dieses Bedürfnis nach allgemein interessierendem und nützlichem Wissen strebt, gleichzeitig aber auch auf sozialpsychologische Zwecke der Wiederaufnahme von Beziehungen, der Zerstreuung und der Therapie gerichtet ist, bietet es der Analyse solch heterogene Elemente dar, daß dadurch das ganze Informationswesen vor äußerst schwierige Probleme gestellt wird: *die Wesenszüge dieser beiden Forderungen widersprechen einander häufig, oder schließen sich oft gegenseitig aus.* Zur Befriedigung sozialpsychologischer Bedürfnisse sind ganz andere Attribute der Informationen erforderlich als zur Befriedigung des Wissenstriebes. *An Stelle von Authentizität, Schnelligkeit und Vollständigkeit spielen bei ihnen ästhetische, romantische, heroische und sentimentale Elemente eine Rolle.*"[8]

Clausse unterscheidet Funktionen der Information, die auf Kenntnis des Geschehens ausgerichtet sind, von denen, die der Zerstreuung und jenen, die einer „sozialen Psychotherapie" dienen.
Ein derartig weitgefaßter Begriff von Information deckt also zwei konträre Bereiche ab, deren einer sich auf die Kenntnis von Geschehen bezieht, um sich eine Meinung bilden, das Leben danach einrichten und Hilfsmaßnahmen ergreifen zu können. Dies erfordert eine „sachorientierte und anschauliche, detaillierte und umfassende Darstellung von Problemen, Ereignissen, Zuständen, Institutionen und Persönlichkeiten aus

---

[7] Vgl. hierzu als entlarvende Beispiele: Axel-Springer-Verlag AG: Der Fall Küchenhoff oder Agitation mit falschem Etikett, Berlin 1972; Management Enzyklopädie 1972, Stichwort PR; Behrens 1970, Kapital PR; SPD (Hrsg.) Dokumentation über die Wahlkampfkampagne der CDU/CSU . . ., Bonn 1973; aber ebenso: SPD (Hrsg.) Bundestagswahlkampf 1972, Bonn 1973, u. a. S. 31; Frühsorge (1973); sowie als Beispiel aus der Wissenschaft: Systematische Inhaltsanalyse deutscher illustrierter Zeitschriften 1965.

[8] Clausse, 1962, S. 12 (Hervorhebungen von mir. S. G.).

allen Sektoren der Gesellschaft."[9] Kriterien hierfür sind inhaltliche Bedeutung der Nachricht und potentielle Betroffenheit des Rezipienten, also Relevanz, sowie die Möglichkeit, die vermittelten Inhalte in einen übergeordneten Sinnzusammenhang einordnen zu können. Es reicht also nicht die Feststellung aus, *daß* etwas (neues, zuvor unbekanntes) vermittelt wird, sondern es ist danach zu fragen, *was* vermittelt wird und *wie* es vermittelt wird.

Demgegenüber steht jener zweite Bereich, in dem ebenfalls Neuigkeiten vermittelt werden, Neuigkeiten aber, die eben nicht eine bessere Erkenntnis der umgebenden Wirklichkeit ermöglichen, sondern der Zerstreuung, der Befriedigung von Neugierde und der Unterhaltung dienen. Die vermittelten Bruchstücke von Abbildern der Wirklichkeit dienen nicht der Auseinandersetzung mit der den Einzelnen bedrängenden Realität, sondern sind Vehikel zur kurzfristigen Flucht vor eben dieser Realität in eine leichter zu ertragende, konsumable, weil in sich stimmigere, widerspruchs- und konfliktarme Scheinwelt, die vermeintlich vom Entscheidungszwang befreit. Kriterien hierfür sind eben nicht Authentizität und Relevanz, sondern eine gradlinige, einfache aber lebhaft-interessante Handlung, Spannung und Sensation („action") und das Ritual einer Geschichte, die einen Anfang und ein Ende haben muß („story"). Diese Art, Neuigkeiten zu vermitteln, ist damit eine spezielle Ausprägung der Gattung „escapist material", eine Ausprägung, die die Grenze von Fiktivem und Nicht-Fiktivem überschreitet.

Dieser Berichterstattungsbereich ist gemeint, wenn in der vorliegenden Arbeit vom Trivialen im Informationsteil der Medien gesprochen wird. Es wird hier ein vorwiegend in der Germanistik entwickelter und benutzter Begriff verwandt, um zu verdeutlichen, daß es sich beim Trivialen im Informationsteil der Medien nur um die spezielle Ausprägung einer umfassenderen Gattung kommunikativer Inhalte handelt. Das Triviale als das unbegriffen Fremde kann und muß dabei getrennt werden vom Banalen, dem alltäglich Selbstverständlichen:

> „Das Banale hat statischen Charakter, es tritt nur im begrenzten und bekannten Bereich des Lebens zutage; es hat eine – wie auch immer geartete und empfundene – Gemeinsamkeit geistiger und sozialer Art zur Voraussetzung."[10]
> „Das Triviale geht nicht aus einer Gemeinsamkeit, aus einem Bekannten und Vertrauten, hervor, sondern aus der Vereinzelung, aus dem Unvertrauten, Unheimlichen und Fremden. Aber auch die Begegnung mit dem Fremden und Unbekannten bleibt in der Trivialität ohne Gewinn; denn auch das Fremde wird

---

[9] Holzer, 1969, S. 19.
[10] Greiner, 1964, S. 143.

in seinem innersten Wesen als leer, platt und gewöhnlich erfahren; es bringt keinen Zuwachs an Erfahrung und Erlebnis."[11]

Einen zu weit gefaßten und undifferenzierten Informationsbegriff einschränkend, kann man also zusammenfassend sagen:
Information zielt darauf ab, eine präzise und umfassende, zu sachadäquaten Entscheidungen befähigende Kenntnis relevanter Sachverhalte zu ermöglichen, die in einen übergeordneten Zusammenhang einzuordnen ist.
Trivialität zielt darauf ab, die kurzfristige Flucht von Zwang zu sachorientierter Auseinandersetzung mit der Realität in eine konflikt- und widerspruchsarme Scheinwelt zu ermöglichen.

1.2 Zur Anwendung der Begriffe „informativ" und „trivial"

(1) Geht man von den obigen Überlegungen zu den Begriffen „informativ" und „trivial" aus, so ist zunächst festzustellen, daß es sich dabei um konträre Idealkonstruktionen handelt, wie sie tatsächlich in den Inhalten der Massenmedien nie auftreten werden: Die Funktionen von Information und Trivialität sind gegensätzliche, jedoch werden mediale Inhalte niemals ausschließlich informativ oder ausschließlich trivial sein. Informationsgehalt bzw. Trivialitätsgehalt sind vielmehr veränderbare Größen. Wenn man „trivial" und „informativ" als (unerreichbare) Endpunkte einer Skala ansieht, so ließe sich, stünde eine sinnvolle theoretische Meßeinheit zur Verfügung, im Einzelfall der Informationsgrad bzw. der Trivialitätsgrad festlegen:

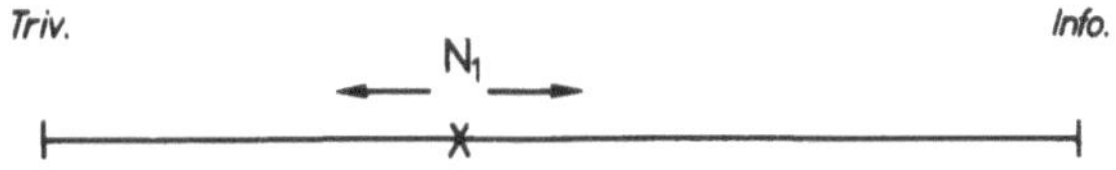

[11] Greiner, 1964, S. 143; die Unterscheidung Greiners erscheint hilfreich und notwendig. Die über die zutreffende Beschreibung des Trivialen und Banalen hinausgehende, unnötige und unpräzise pejorative Wertbesetzung der Begriffe bei Greiner dagegen soll hier nicht nachvollzogen werden: „Das Triviale dagegen ist das Gewöhnliche an der offenen Straße, das Armselige, Dürftige und Verschlissene, das Unedle und Elende, das Oberflächlich-Neuartige und Billig-Fremdartige, das bloß Neugierige an Stelle des Neuen . . ." (a.a.O., S. 143) – „Unedel und elend" kann ebenso das Neue wie das bloß Neugierige sein.

(2) Der Informationsgrad einer Nachricht ist abhängig von der Sinnstruktur des jeweiligen Rezipienten, d. h. je Rezipient wird sich die Einordnung auf der Skala nach Interessenlage, Vorkenntnis, Stimmung und anderen Faktoren verschieben:

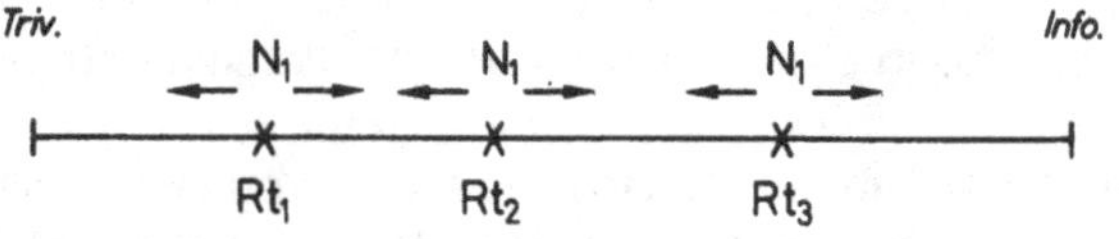

Es steht jedoch zu vermuten, daß bei adäquater Kommunikation[12] die Streuung der Einordnung für verschiedene Rezipienten sich auf relativ geringer Breite häuft, und zwar umso stärker, je größer die Gemeinsamkeiten von Interessenlage, Bildung, Vorverständnis einer bestimmten Rezipientengruppe sind. Dies bedeutet, daß je Rezipientengruppe der Informationsgrad einer Nachricht sich näherungsweise *global* bestimmen ließe, nicht jedoch *individuell*, wo gravierende Abweichungen nach beiden Richtungen denkbar sind (Experte – Ignorant). Wird dieser Gedanke weiter verfolgt, so gelangt man – bei aller Differenzierung von Interessenlage, Kenntnissen, Bildung einzelner Individuen und Gruppen – unter der Voraussetzung eines Grundlevels von gemeinsamen Interessen und gemeinsamem Wissen zu der Vermutung, daß sich die näherungsweise globale Bestimmung des Informationsgrades in abgeschwächtem, aber noch nachweisbarem Maße auch für die möglichen Rezipienten tagesaktueller, allgemein-politischer Massenmedien der BRD nachweisen ließe:

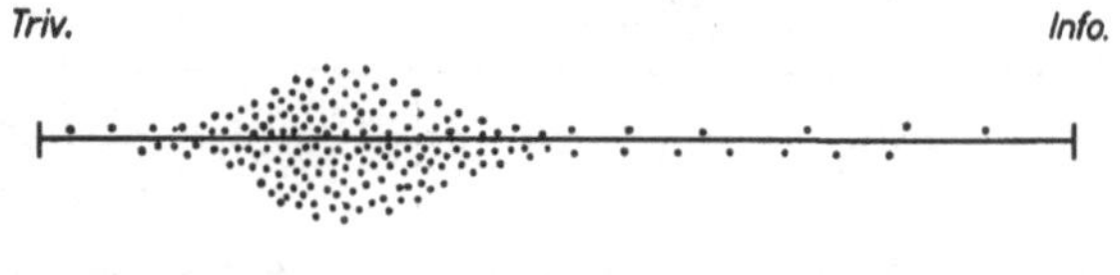

---

[12] Dieser Begriff ist – leicht variiert – von Prakke et al. (1968) übernommen; es sei darunter verstanden, daß die Aussageintention des Kommunikators mit der Aufnahmeintention des Rezipienten übereinstimmt, im Hinblick sowohl auf die Funktion der Kommunikation wie auch auf den Aussagegegenstand. Ein Beispiel inadäquater Kommunikation wäre demnach die Lektüre einer Zeitung zum Zwecke der Informationsgewinnung über eben diese Zeitung.

(3) Die Schwäche dieses Modells ist das Fehlen eines sinnvollen und brauchbaren Maßstabes zur Einordnung medialer Inhalte. Die Vielzahl der zu berücksichtigenden Faktoren, auch jener, die der subjektiven Beurteilung des Rezipienten unterliegen, verhindert die Erstellung eines derartigen Maßstabes – zumindest im Rahmen dieser Arbeit.
Dies schließt jedoch nicht aus, daß sich – objektive und quantitativ faßbare – Kriterien des Trivialen finden lassen, die eine Einordnung in eine *topologische* Skala ermöglichen.[13] Dazu ist zunächst eine grundsätzliche Unterscheidung zwischen zwei Aspekten notwendig, die Tannenbaum am Beispiel der Sensationalisierung trifft, die Unterscheidung zwischen Inhalt und Form:

> „We recognize at least two characteristics of such messages: content or subject matter (what is being communicated), and structure or form (how is being communicated). This is the familiar distinction between topic and style."[14]

Beim Trivialitätsgehalt einer Nachricht ist also zu unterscheiden zwischen dem Sinngehalt (topic) und der Darstellungsweise (style) der Nachricht.[15]
Für eine Definition des trivialen Gehaltes (topic) wäre also jene Gruppe von Nachrichten – in der journalistischen Praxis „human-interest-stories" genannt – mit nachprüfbaren, einfachen Kriterien abzugrenzen, von der behauptet werden kann, daß die Relevanz des Inhaltes, des Gegenstandes oder Vorganges, über den berichtet wird, mit Sicherheit geringer ist als die aller anderen Nachrichten. Dabei sind die letztlich willkürlichen Grenzen so eng zu halten, daß mit einer allgemeinen Übereinstimmung gerechnet werden kann, derartige Inhalte als trivial zu bezeichnen. Bei einem solchen Vorgehen kann *keine* Aussage darüber getroffen werden, in welchem *Verhältnis* der Informationsgehalt bzw. Trivialitätsgehalt von „inhaltlich-trivialen Nachrichten" zu anderen Nachrichten oder zu

---

[13] Diese Überlegung basiert auf den Ausführungen Tannenbaums zu einem Spezialgebiet des Trivialen, zur Sensationalisierung: „A fundamental feature of this work is, that sensationalism is regarded mainly as a judgmental phenomenon. It is not something inherent in the content. Rather, it exists mainly in the beholder. It is a function of the reaction made by a person to the message-part of the meaning that message has for him. It is, in short, part of his perception of the message stimulus. This does not rule out the possibility that there may be one or more objective characteristics of the message that correlate with the judgment of sensationalism." (Tannenbaum, 1960, S. 384).

[14] Tannenbaum 1960, S. 384.

[15] Eine Abhängigkeit von Inhalt und Form soll dabei nicht bestritten werden; wohl aber, daß Form und Inhalt zusammenfallen.

gleichartigen Nachrichten steht, d. h. wie „trivial" derartige Nachrichten sind. Weiterhin kann – berücksichtigt man die Unterscheidung von Sinngehalt und Darstellungsweise – daraus *nicht* geschlossen werden, die *Nachricht* selbst sei in jedem Fall trivialer als andere Nachrichten. Es kann nur behauptet werden, dasjenige, *was* berichtet wird, bewege sich im Rahmen dessen, was als „trivial" bezeichnet werden kann:

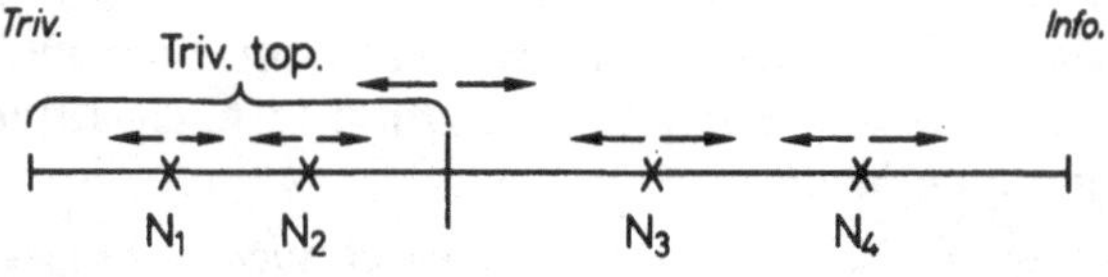

Erkenntnisse, die aus einem derartigen Vorgehen gewonnen werden, haben im jeweiligen Einzelfall einen nur sehr begrenzten Aussagewert, sie gewinnen ihre Bedeutung erst durch den Vergleich, durch die Korrelation mit anderen Variablen: Die Feststellung, dieser oder jener Zeitungsartikel habe einen „trivialen" Inhalt, ist relativ unbedeutend und beliebig, weil als subjektive Beurteilung angreifbar; die Feststellung, in der Zeitung A bzw. im Ressort C der Zeitung A seien erheblich mehr Artikel mit „trivialem Inhalt" als in der Zeitung B bzw. im Ressort C der Zeitung B nachzuweisen, hat demgegenüber eine ganz andere Qualität:

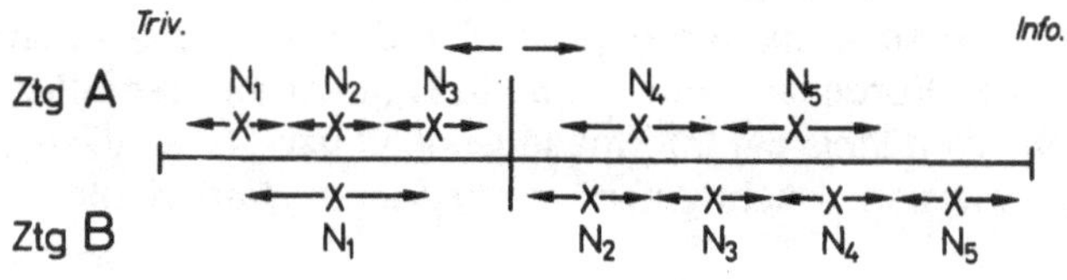

(4) Im Gegensatz zum „trivialen Sinngehalt" zielt der Begriff der „trivialen Darstellungsweise" nicht auf die Frage ab, *was* vermittelt wird, sondern darauf, *wie* es vermittelt wird. Dabei wird von der Überlegung ausgegangen, daß unabhängig vom Inhalt für die Einordnung einer Nachricht in Hinblick auf ihren Trivialitäts-/Informationsgehalt auch die Art der Nachrichtenproduktion und -vermittlung ausschlaggebend ist. Es lassen sich Mechanismen aufzeigen, die den Informationswert einer Nachricht unzweifelhaft steigern, beispielsweise das Ausmaß der Ver-

ständlich-Machung, des Aufzeigens von Zusammenhängen und Hintergründen, die erst eine Einordnung der Nachricht in einen übergeordneten Sinnzusammenhang ermöglichen. Ebenso müssen sich Mechanismen in der Nachrichtenproduktion nachweisen lassen, die den Informationswert einer Nachricht verringern: Trivialisierungsmechanismen.
Für das vorliegende Modell bedeutet dies, daß auf der Skala für die Einschätzung des Trivialitätsgrades, unabhängig von einer bereits – theoretisch – geleisteten Festlegung des Trivialitätsgrades des Nachrichten*inhaltes*, sich auf Grund der Nachrichtenvermittlung noch Verschiebungen ergeben werden, wobei sich bisher wiederum nur die Richtung der Verschiebungen, nicht jedoch ihr Ausmaß bestimmen läßt:

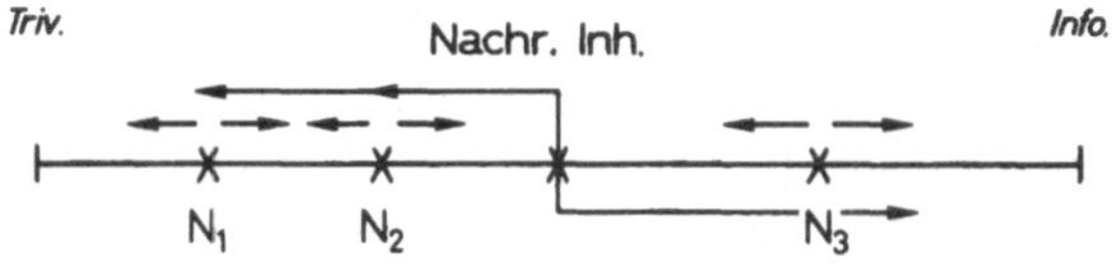

Wenn es nun gelingt, 1. einzelne Trivialisierungsmechanismen zu definieren, sie mit einfachen, nachprüfbaren Kriterien zu beschreiben und ihre jeweilige Funktion zu erörtern, sowie darüber hinaus 2. aufzuzeigen, daß bei aller Differenzierung von Form und Funktion es diesen Trivialisierungsmechanismen gemeinsam ist, den Informationsgrad einer Nachricht zu vermindern, so ist es möglich, Vergleiche innerhalb der Massenmedien sowie zwischen den einzelnen Medien über die Häufigkeit des Auftretens des jeweiligen Mechanismus' anzustellen und daraus Schlüsse über spezielle Arten der Trivialisierung zu ziehen.
Es kann damit nachgewiesen werden, wie häufig und wie gehäuft bestimmte, vorher festgelegte Trivialisierungsmechanismen verwendet werden. Es kann jedoch *kein* Maß der Trivialisierung abgeleitet werden; auch kann *nicht* unterstellt werden, daß die einzelnen Mechanismen bei verschiedenen Nachrichten oder verschiedene Mechanismen bei den gleichen Nachrichten jeweils ein gleiches Ausmaß der Trivialisierung medialer Inhalte bewirken – kurz es kann keine quantifizierbare Aussage darüber getroffen werden, in welchem Verhältnis der Informationsgehalt trivialisierter Nachrichten zu weniger/nicht trivialen Nachrichten steht:

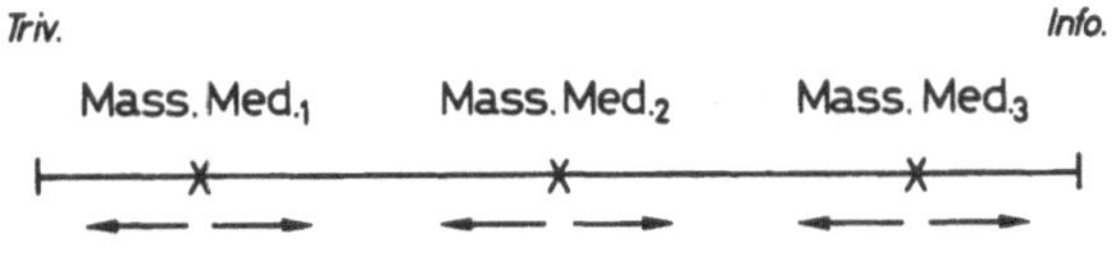

Nachrichten werden produziert. Damit wird aber auch der Informationsgrad bzw. der Trivialisierungsgrad von Nachrichten im Rahmen des Kommunikationsprozesses erzeugt. Dies ist für die Trivialisierungs*mechanismen* direkt einsichtig. Jedoch schon die Tatsache der Veröffentlichung oder Nicht-Veröffentlichung von Nachrichten mit hochinformativen oder stark trivialen *Inhalten* (topic), d. h. die Auswahl der Nachrichten, muß – zumal zu einem Zeitpunkt der extremen Überinformation[16] – als eine Entscheidung im Rahmen der Nachrichtenproduktion angesehen werden. Dies umso mehr, als davon ausgegangen werden kann, daß der potentiell vorhandene, latent politisch/soziale Gehalt einer derartigen Nachricht nicht aktualisiert wurde.
Zusammenfassung: Trivialität, wie sie in medialen Texten auftritt, kann nicht als absolute, sondern nur als relative Größe angesehen werden, die von vielen Faktoren abhängig ist. Eine quantitativ faßbare Maßeinheit des Trivialen, die die Abhängigkeiten von allen Faktoren zu berücksichtigen hätte, ist nicht zu leisten. Stattdessen wird versucht, unter zwei verschiedenen Aspekten, dem Sinngehalt und der Darstellungsweise, intersubjektiv nachprüfbare Indizien, die auf eine Trivialisierung von Nachrichten schließen lassen, aufzuzeigen.

Mit Hilfe dieser Indizien wird es möglich sein,

(1) eine Gruppe von Nachrichten zu isolieren, von der behauptet werden kann, der Trivialitätsgrad ihrer Inhalte sei besonders hoch, und

(2) nachzuweisen, daß Nachrichten in Hinblick auf ihren Informationsgehalt bei ihrer Produktion deformiert werden, und zwar mit einer Aussage über die Stärke der Deformation, ohne jedoch damit direkt auf das Ausmaß der Trivialisierung schließen zu können.

[16] Steffens (1969) führt an, daß allein von den Nachrichtenagenturen nur ca. 1% der eingehenden Nachrichten weitergeleitet werden können; vgl. auch Attesländer (1972).

2. Die Trivialisierungsmechanismen

In diesem Kapitel sollen einige der Trivialisierungsmechanismen, deren Vorhandensein im vorigen Abschnitt behauptet wurde, beschrieben und – an Hand vorliegender Literatur, wie auch einiger eigener Überlegungen – diskutiert werden.

> „Nichts interessiert den Menschen so sehr wie der Mensch. Deshalb sollen alle Spiegel-Geschichten einen hohen menschlichen Bezug haben. Sie sollen von Menschen handeln, die etwas bewirken."[17]

2.1 Die Personalisierung

Die Personalisierung von Nachrichten fand in der wissenschaftlichen Literatur von den zu beschreibenden Mechanismen bei weitem die stärkste Beachtung.[18] Dröge beschreibt sie vielleicht am prägnantesten:

> „Als erstes und wesentlichstes, weil für das rezipierende Bewußtsein folgenreichstes Material, ist eine dominierende Personalisierung gesellschaftlicher und politischer Tatbestände zu beobachten. D. h. politische Pläne und gesellschaftliche Ereignisse bzw. Zusammenhänge werden nicht als solche berichtet, analysiert und auf ihre übergreifende Rationalität hin beurteilt, sondern sie werden erstens als isolierte Geschehnisse nachrichtenmäßig verarbeitet und zweitens an handelnde Personen gebunden.
> Damit erscheinen die gesellschaftlichen Probleme nurmehr als solche für individuelle Leistungspotenzen und psychische Verfassungen von Funktionsautoritäten. Politische Programmatiken und eventuelle konzeptionelle Alternativen werden aufgelöst in Persönlichkeitsbilder und deren Konkurrenzen."[19]

Die Tatsache, daß „Politik im wesentlichen über Personen dargestellt und vermittelt" wird[20], ist offenkundig; schon die unsystematische, täg-

---

[17] Aus dem ‚Spiegel'-Statut; zit. nach Zoll/Hennig 1970, S. 253. Die Methode der Personalisierung wird erstmals zum Programm erhoben bei der Entwicklung von ‚Time' im Jahre 1923 (vgl. hierzu Magnus 1967b, S. 69 ff.). In Deutschland übernimmt zunächst vor allem der ‚Spiegel' auch diese Methode von seinem amerikanischen Vorbild und baut sie aus. Dies bleibt nicht ohne Folgen für die gesamte, auch tagesaktuelle Publizistik der Bundesrepublik.

[18] Vgl. hierzu besonders Horst Holzer 1969, 1971 (1), 1971 (2) und Franz Dröge 1972, Böckelmann 1975, S. 63 f., 84 f.

[19] Dröge 1972, S. 101.

[20] Zoll/Hennig 1970, S. 156.

liche Lektüre der Zeitung, die Betrachtung der Fernsehnachrichten erweist dies. Sie wird auch von den Praktikern des Journalismus, allerdings bisher fast ausschließlich von jenen aus Funk und Fernsehen, bestätigt und kritisch betrachtet.[21] Quantitativ-inhaltsanalytisch abgesicherte Ergebnisse fehlen dagegen noch weitgehend. Eine Zahl einer unveröffentlichten Inhaltsanalyse von Schatz-Bergfeld wird in der Literatur immer wieder zitiert. Bei einer Analyse der Fernseh-Nachrichtensendungen beider Programme in den Jahren 1966/67 seien pro Meldung wenigstens zwei Personen genannt worden oder als „Akteure" in Erscheinung getreten. Die Zahl der erwähnten Persönlichkeiten sei „klein", die Nennungen konzentrierten sich auf wenige Personen.[22] Kemptner kommt bei einer quantitativen Inhaltsanalyse der ‚Neuen Kronen Zeitung' zu dem Ergebnis, daß 37 Prozent aller Aussageeinheiten bzw. 32 Prozent ihres Inhaltes personalisiert sind.[23] Ansonsten herrscht über das Ausmaß der Personalisierung in den verschiedenen Medien Unsicherheit. Holzer, der sich nur auf statistisches Material für Illustrierte[24] stützt, bezweifelt noch, daß der Befund ohne weiteres auf überregionale Tageszeitungen und den Rundfunk übertragen werden kann[25], während Dröge dies – ohne empirische Absicherung – als erwiesen ansieht[26].
Die allgemeine Vermutung geht dahin – und hierfür spricht ebenfalls bereits die unsystematische Medienrezeption –, daß der von der Personalisierung betroffene Personenkreis sehr klein ist: wenige Spitzenpolitiker der Parteien, nicht einmal alle Regierungsmitglieder, eine kleine Anzahl von Spitzenfunktionären der Interessenverbände.[27]
Beim Fernsehen wird das Ausmaß der Personalisierung von Nachrichten besonders deutlich durch die Unfähigkeit der adäquaten Nutzung des zweiten Zeichenträgers Bild, auch wenn hier nach der Neugestaltung der ZDF- und auch der ARD-Nachrichten deutliche Verbesserungen, bei-

[21] Vgl. hierzu G. Gaus 1970, W. Koczian 1972, Schwarzkopf 1971.
[22] Marianne Schatz-Bergfeld: Inhaltsanalyse der Nachrichtensendungen der beiden deutschen Fernsehprogramme. Unveröffentlichtes Manuskript, Mannheim 1969; hier zit. nach Zoll/Hennig 1970, S. 156.
[23] Josef Kemptner, 1975, S. 127 f.
[24] Horst Holzer, 1966.
[25] Horst Holzer, 1969, S. 40; der Satz von Holzer: „. . . auf Informationen, die von der skizzierten Problematik nicht betroffen sind, kommt es in diesem Zusammenhang nicht so sehr an" (S. 40), erweckt freilich Verwunderung – auf was sonst sollte es ankommen?
[26] Dröge, 1972, S. 109.
[27] So: Schatz-Bergfeld, nach Zoll-Hennig 1970, S. 156.

spielsweise durch die häufigere Einblendung von Grafiken und Stichworten, festzustellen sind.
Die streckenweise totale Inhaltsleere des Bildes wird überdeckt, indem die Portraits der Handlungsträger eingeblendet werden, häufig genug Archivmaterial und damit schon rein äußerlich ohne Zusammenhang mit dem besprochenen Thema. (Im selben Umfang gilt dies für die entsprechenden Fotos, die nur aus optischen und umbruchtechnischen Gründen die Frontseiten der Zeitungen füllen.)
Diese Personalisierung der Nachricht wird im Fernsehen jedoch noch überlagert durch die Personalisierung des Mediums – wenngleich auch hier der Versuch einer Verbesserung nach der Nachrichten-Neugestaltung einzuräumen ist:

> „Wenn Köpcke ein Versprecher unterläuft, dann ist das eine unretuschierbare Katastrophe, die sich mit dem von ihm berichteten Schiffsuntergang in der Türkei messen kann. Was heißt messen: die den Schiffsuntergang (den fernen, abstrakten, nur verbal präsenten) übertrifft. Die Nachricht und ihr Ableser bilden ein Amalgam, und eher wäre die Nachricht entbehrlich als der Ableser."[28]

Die Verfechter der Personalisierung – sofern sie sich nicht wie der ‚Spiegel' auf schlicht behauptete „Leserinteressen" berufen –, sagen, „die Öffentlichkeit soll wissen, was diejenigen denken und wollen, die Kraft ihres Amtes Einfluß auf das Geschick dieser Öffentlichkeit haben"[29]. Selbst wenn man davon absieht, daß diese Auffassung auf einem sehr statischen, restriktiven und autoritären Politikbegriff begründet ist und außerdem noch die Illusion impliziert, jene, die in Amt und Würden stehen, würden tatsächlich sagen, was sie denken und meinen[30], erscheinen gegenüber dieser Argumentation Bedenken angebracht. Denn die Gefahren der Personalisierung lassen sich vorzugsweise unter den folgenden zwei Aspekten betrachten:

(1) Die Personalisierung bewirkt eine Vernachlässigung der Sachfragen, verhindert ihre Analyse und Abwägung; vor sie und an ihre Stelle treten durch die Bindung der Sachfragen an Personen sachunabhängige Sympathie- bzw. Antipathieeinflüsse, die von den genannten „Akteuren" auf

---

[28] Melchior Schedler, 1971, S. 11 – an dieser Feststellung ändert auch die Tatsache kaum etwas, daß Versprecher von den Fernsehanstalten selbst als nicht mehr so gravierend eingeschätzt werden.

[29] Küffner 1973, S. 14.

[30] Man vergegenwärtige sich, in welchem Ausmaß inzwischen programmatische Reden der Politiker von ‚Ghostwritern' nach allen Regeln der Werbe-Kunst verfaßt werden.

das behandelte Thema übertragen werden: „(Personalisierung) verdeckt den rationalen Gehalt von Auseinandersetzungen und bringt diese in einen emotionellen Zusammenhang"[31]; (Sie) „wird dazu benutzt, Stimmung zu erzeugen und damit Entscheidungen zu präjudizieren."[32] Personalisierung vereinfacht, indem sie die „Abstraktheit und Anonymität, Intransparenz und Komplexität sozialer Strukturen und Prozesse (– Erscheinungen, die in einer fortgeschrittenen kapitalistischen Industriegesellschaft[33] ausgiebig als Herrschaftsmittel benutzt werden –) verringert"[34] – scheinhaft verringert durch die Unterdrückung und Auslassung dieser Aspekte. Personalisierung reduziert die Entscheidung zwischen verschiedenen Ideen und Konzeptionen, zu der Begreifen, Abwägen, Auseinandersetzung und Kritikmöglichkeit notwendig wären, auf die Entscheidung zwischen verschiedenen Funktionsträgern. Personalisierung befreit scheinhaft von dem unangenehmen Zwang, ständig sich entscheiden zu müssen, indem sie diese Entscheidung an bereits vorgeprägte Einstellungen zu Handlungsträgern bindet.
Personalisierung ermöglicht insoweit eine passive, belastungsfreie Rezeption der Nachricht, als sie vom Denken entlastet. „Gleichzeitig verleiht die eingängige, auf Persönliches abgezogene Beschreibung solcher Politiker (. . .) den Beiträgen einen hohen Grad von Unverbindlichkeit"[35] – in der Aussage, nicht in der Wirkung. Sozial gesehen aber beschränkt sie gesellschaftliche Konflikte auf die Auseinandersetzungen zwischen einzelnen Handlungsträgern.

(2) Für die in die Personalisierung einbezogenen Funktionsträger wirkt sich dieser Mechanismus als eine nicht zu unterschätzende Werbung aus. Allein die Tatsache der ständigen Namensnennung, des Zeigens ihrer Portraits erhöht ihren Bekanntheitsgrad, erweckt den Eindruck der Aktivität: Wer ständig genannt wird, der muß, so erscheint es unter dem Einfluß des Mediums, auch etwas leisten; wer auf dem Bildschirm etwas sagt, der hat etwas zu sagen.[36] Der Hang zum Personenkult, zu einem Weltbild, das von den Namen exponierter Persönlichkeiten bestimmt wird[37], leistet der Autoritätsgläubigkeit Vorschub.[38]

---

[31] Koczian, 1972, S. 206.
[32] Holzer, 1969, S. 40.
[33] – aber nicht nur dort (eigene Anmerkung).
[34] Holzer, 1971 (2), S. 74.
[35] Holzer, 1969, S. 49.
[36] Vgl. Rager, 1972, S. 132.
[37] Walter, 1973.
[38] Dieser Aspekt der Personalisierung hat gute Tradition; man beobachte nur, wie

„Endlich ist nichts abscheulichers/ als wenn diejenige / die bey den Druckereyen sind / und die Zeitungen zu prüfen haben / worunter bisweilen Geistliche / öffentliche Lehrer und Rats-Bedienten befindlich / ihre Privat-Sachen in die Zeitungen bringen lassen. Da muß man dann hören / wie der Superintendent seine Tochter an etwa einen Schösser oder Amtschreiber verheuratet habe / was vor Gäste bey der Hochzeit gewesen / wie man gespeiset / und / ob die Braut in der Kutsche gefahren oder zu Fuß gegangen sey? Mancher Kanzler ist so närrisch / und darf wol in die Zeitungen setzen lassen / daß sein Sohn nach Holland und Frankreich verreiset sey / wozu ihm Gott Glück und Seegen / und eine fröliche Wiederkunft verleihen wolle. Amen."[39]

2.2 Die Privatisierung

Unter Privatisierung[40] soll der Mechanismus verstanden werden, Nachrichten aus der Privatsphäre mit Nachrichten von öffentlichem Belang zu vermischen oder auch nur Nachrichten aus dem privaten Bereich deshalb zu veröffentlichen, weil es sich bei den Handlungsträgern der Nachricht um Personen des öffentlichen Lebens handelt:

„Die Problematik der privaten Existenz wird in einem gewissen Grade von der Öffentlichkeit aufgesogen, unter der Oberaufsicht publizistischer Instanzen wenn nicht ausgetragen so doch ausgebreitet. Andererseits erhöht sich das Bewußtsein der Privatheit gerade durch eine solche Publizierung mit der die von den Massenmedien hergestellte Sphäre Züge sekundärer Intimität angenommen hat."[41]

Das Auftreten dieses Mechanismus, wurde bisher vor allem bei der Boulevard-, Regenbogen- und Illustriertenpresse aufgezeigt und diskutiert[42], von Holzer und Dröge jedoch auch für die tagesaktuellen, allgemein-politischen Nachrichtenmedien behauptet. Tatsächlich erweist wie-

---

viele Service-Fahrzeuge auf den Autobahnen mit der Aufschrift „Der Bundesminister für Verkehr" fahren, an wieviel Polizeiposten ein Schild mit dem Text „Der Polizeidirektor von ..." hängt, und mit welcher Selbstverständlichkeit dies allgemein stillschweigend akzeptiert wird. Die Kehrseite der Personalisierung, welche sich auf eine kleine Gruppe von Spitzenfunktionären bezieht, ist die Anonymisierung der Verwaltung und ihrer Tätigkeit.

39 Stieler, ed. 1969, S. 37 f.

40 Vgl. zu diesem Begriff insbesondere Dröge, 1972, Holzer (alles), Böckelmann 1975, S. 63 f.

41 Habermas [5]1974, S. 307.

42 Vgl. hierzu Nutz, 1969; Holzer, 1966.

derum schon das unsystematische Rezipieren von Massenmedien das – wenn auch zahlenmäßig geringe – Vorhandensein dieses Mechanismus'. Statistisch abgesicherte Ergebnisse über den Umfang der Privatisierung konnten nicht gefunden werden.
Die Privatisierung ist der Personalisierung verwandt, sie kann als deren konsequente Weiterführung angesehen werden:

(1) Die Kenntnis von Brandts Frühstücksgewohnheiten, des Industriemanagers Tierliebe und Straußens New Yorker Dirnen-Zusammenstoß suggeriert dem Rezipienten genau das, was inhaltlich nicht geleistet werden kann: die totale Kontrolle der Funktionsträger und die direkte Betroffenheit des Bürgers von politischen Sachverhalten. Die Undurchschaubarkeit gesellschaftlicher Herrschaft wird scheinhaft aufgelöst, indem sie repersonalisiert (Holzer) wird, der Eindruck erweckt wird, sie sei an eine Handvoll „großer Männer" und deren „ordentliche" Lebensweise gebunden.[43] Die Kehrseite einer privatisierenden Berichterstattung ist das Unzugänglichmachen politisch relevanter, komplexer Sachfragen, die „mit dem Schein billiger Konkretheit und Rationalität versehen" werden[44]. Die privatisierende Berichterstattung entlastet von der Notwendigkeit sachkundiger Argumentation. Hinter der Diskussion um die opportune Haarlänge von Politikern lassen sich vortrefflich gesellschaftliche Widersprüche verstecken:

> „Heute stellen wir eine Privatisierung des Öffentlichen fest im Sinne eines Rückzugs des Staates hinter nicht öffentliche Verwaltungstätigkeit und eine Veröffentlichung des Privaten im Sinne einer Vergesellschaftung der ehemals ‚intimen' Sphäre hin bis zum Sexualverhalten."[45]

(2) Privatisierung dient der Imagepflege der von ihr betroffenen Funktionsträger. Mit den in der Trivialliteratur und Werbung erprobten und bewährten Mitteln werden Helden aufgebaut, Idole, „die als veräußerlichte träumerisch-omnipotente Ich-Ideale interpretiert werden kön-

---

[43] Vgl. hierzu Holzer, 1971 (b), S. 74 f.
[44] Dröge, 1972, S. 102 – Daß dies nicht nur ein Problem der bürgerlichen Presse ist, zeigt das Ausmaß, in dem beispielsweise in der studentischen Diskussion allein die Nennung von Namen wie Nixon, Strauß und Springer von einer Sachargumentation entlastete.
[45] Zoll/Hennig 1970, S. 27. – Marcuse rechnet den „Angriff auf die Privatsphäre durch die Allgegenwart der öffentlichen Meinung, Auslieferung des Schlafzimmers an die Kommunikation der Massenmedien" (1972, S. 39) zu den Haupttendenzen der Abrieglung des Politischen in der „neuen Gesellschaft" der totalen Mobilisierung.

nen"[46]: einerseits Übermenschen, die Übermenschliches leisten[47] und an übermenschlichen Maßstäben zu messen sind, andererseits mit jenen Zügen und „kleinen Schwächen" ausgestattet sind, die Vertrautheit vorspiegeln, „einen minimalen Bezug zum Alltag des Publikums".[48] Trotz aller Größe: Menschen wie du und ich.[49]
Die Installierung einer beschränkten Anzahl von Helden, die natürlich nicht allein von den Massenmedien geleistet wird, an der aber personalisierende und privatisierende Berichterstattung einen gewichtigen Anteil haben, wurde in den letzten Jahren zu einem erprobten und äußerst gut funktionierenden System ausgebaut. Die Anforderungen, die an die Funktionsträger gestellt werden, sind von ihrer Persönlichkeit unabhängig und beschränken sich auf Äußerlichkeiten und Verhaltensmuster, die erlernbar sind. So wird selbst der Anspruch personalisierter und privatisierter Nachrichten, das Besondere, Persönliche und Individuelle zu vermitteln, nicht eingelöst, indem sie nur der Füllung einer bereits vorgefertigten Schablone dienen.

> „In der Kulturindustrie ist das Individuum illusionär nicht bloß wegen der Standardisierung ihrer Produktionsweise. Es wird nur so weit geduldet, wie seine rückhaltlose Identität mit dem Allgemeinen außer Frage steht. Von der genormten Improvisation im Jazz bis zur originellen Filmpersönlichkeit, der die Locke übers Auge hängen muß, damit man sie als solche erkennt, herrscht Pseudoindividualität. Das Individuelle reduziert sich auf die Fähigkeit des Allgemeinen, das Zufällige so ohne Rest zu stempeln, daß es als dasselbe festgehalten werden kann."[50]

Die Entpolitisierung des Nachrichtenteiles der Medien durch Personalisierung und Privatisierung schafft einen Freiraum der Beliebigkeit einer Aussage, der besonders wirkungsvoll genutzt werden kann für die Vermittlung von – in ihren Auswirkungen hochpolitischen – präpolitischen Leitbildern, wie sie Dröge beispielhaft und polemisch beschreibt:

> „Man kann an Ludwig Erhards Lieblingsgericht, dem als besonders kräftig berühmten Pichelsteiner Eintopf, förmlich schmecken, nach welch volkstümlich-gesunden Rezepten er weiland in der politischen Garküche unserer Pro-

---

[46] Holzer, 1971 (a), S. 56.
[47] Man vergegenwärtige sich dazu nur die beliebten Reportagen „Ein Tag im Leben des Politikers (Industriekapitän etc.) A" mit den Topoi ‚bis-in-die-Nacht-arbeiten', Hektik, Streß, überladener Schreibtisch, gesellschaftliche Verpflichtungen.
[48] Holzer, 1969, S. 56.
[49] Als Beispiel seien Erhards sprichwörtliche Zigarre und jenes in den meisten Medien abgedruckte Agenturbild des an einem „autofreien" Sonntag mit Familie im Wald spazierenden Bundeskanzlers genannt.
[50] Adorno/Horkheimer, 1947, S. 183.

> vinzrepublik gebraut hat. Der Politiker als Haus- oder Landesvater etc., das sind Topoi, die uns in der politischen Presse ebenso begegnen, wie im Fernsehen, den Illustrierten oder der Bildzeitung."[51]

(3) Personalisierung und Privatisierung kann schließlich eine Ventilfunktion zugesprochen werden. Unzufriedenheit und Verärgerung auf Grund der Unzulänglichkeit und der Widersprüche der Gesellschaft, wie sie tagtäglich jeder Bürger verspürt, werden abgeleitet, kanalisiert, *(nur)* als Unzulänglichkeit der Funktionsträger empfunden – und damit entschärft.
Bei einem Anstau derart nur auf Personen gerichteter Verärgerung kann sich dann die Installierung des Heldentums für ihre Nutznießer negativ auswirken; die Zerstörung eines Idols wird mit eben den Mitteln der Personalisierung und Privatisierung betrieben, die es zuvor aufgebaut haben, Prominente werden – wie es Holzer beschreibt – zum Objekt öffentlicher Belustigung degradiert:

> „(. . .) bei näherem Hinsehen erkennt man, daß die praktizierte Ironie sehr oft in pure Schadenfreude umschlägt, wenn der Prominente in Situationen vorgeführt wird, in denen er sich Schwierigkeiten – vor allem solchen moralischer Art – nicht gewachsen zeigt: wer fällt, muß noch getreten werden. Hier wird dann ebenfalls auf die Aggressionen des Publikums spekuliert, die es denen gegenüber hegt, denen es anscheinend besser geht und die sich alles erlauben können."[52]

Indem sich Verärgerung und Empörung in vordergründigen Symptomen erschöpft, wird gleichzeitig die Struktur und die Hierarchie der Gesellschaft abgesichert.

> „Firmen werden geboren, sie haben Schicksale, sie können zugrunde gehen."[53]

2.3 Die Verdinglichung[54]

Mit dem Begriff ‚Verdinglichung' soll der Mechanismus beschrieben werden, Ergebnisse und Folgen menschlichen Handelns nicht als solche zu beschreiben, sondern sie von ihren Entstehungsbedingungen abzu-

---

[51] Dröge, 1972, S. 102.
[52] Holzer, 1969, S. 58.
[53] FAZ (Hrsg.): Alles über die Zeitung, 1974, S. 55.
[54] Die Anregung zu diesem Abschnitt erhielt ich durch die Diskussion mit J. Kemptner; vgl. Kemptner, 1975, S. 86–91. – Der Gebrauch des Begriffes hier ist nicht identisch mit dem bei Marcuse, 1972, S. 56, der damit die Erniedrigung des Menschen zu einer Sache meint.

trennen und als vermeintlich selbständige, unbeeinflußbare Faktoren, als Sachzwänge, darzustellen:

> „Auf die einfachste Formel gebracht meint Verdinglichung eine bestimmte Form gesellschaftlicher Wirklichkeit, die darin besteht, daß gesellschaftliche Beziehungen der Menschen vorwiegend als Verhältnisse von Dingen erscheinen. Die Dinge treten den Menschen als scheinbar selbständig handelnde Wesen gegenüber und erhalten naturhaften übergeschichtlichen Charakter."[55]

Objektivationen gesellschaftlichen Handelns, Ergebnisse des Einsatzes von Macht, Folgen der Austragung von Interessenkonflikten erscheinen so als menschlicher Beeinflussung und Verantwortung entzogene, quasi naturgesetzliche Geschehensabläufe:[56]

> „‚Die Preise in der Bundesrepublik sind gestiegen', melden die Nachrichtenredakteure, wenn das Statistische Bundesamt wieder seinen Monatsbericht veröffentlicht. Aber handelndes Subjekt sind nicht, wie suggeriert wird, die Preise. Unternehmerinteresse setzt fest, was als bedrohliche ‚Preiswelle' mystifiziert wird."[57]

Die Verdinglichung bedient sich in der Regel der Metaphorik; nicht jede metaphorische Umschreibung freilich kann als Verdinglichung gewertet werden.[58] Verdinglichung beginnt dort, wo das gewählte Bild seinen Bezug zum zu beschreibenden Phänomen verloren, sich verselbständigt hat, und die Möglichkeit, Verantwortlichkeit und Interesse zu erkennen, verstellt. Dort, wo es nicht mehr möglich ist, das Bild sachadäquat rückzuübersetzen, muß der Versuch, zu verdeutlichen, scheitern, weil das zu Beschreibende unverständlich bleibt:

> „(Verdinglichung) wird von Redakteuren, sofern sie diese Technik überhaupt bewußt wählen, als Hilfsmittel zur Veranschaulichung und Popularisierung komplizierter (. . .) Zusammenhänge gerechtfertigt und damit begründet, daß das Interesse der Hörer an solchen vermeintlich undurchschaubaren Vorgängen nur gewonnen werden kann, wenn man sich einer dramatischen Bildersprache bedient. Größere Anschaulichkeit allerdings hebt Unverständlichkeit nicht auf. Der Rückgriff auf Bilder und Metapher signalisiert in aller Regel vielmehr die Kapitulation vor den Anforderungen einer auf Erkenntnis gerichteten und Interessen identifizierenden Vermittlung politischer Prozesse."[59]

Verdinglichung wird in der Literatur fast ausschließlich für den Bereich der Wirtschaftsberichterstattung beschrieben. Kemptner führt hierzu

---

55 Kemptner, 1975, S. 86.
56 Vgl. ebda.
57 Geyer, 1973, S. 84.
58 „Bonn" für Bundesregierung z. B. erscheint unproblematisch.
59 Geyer, 1973, S. 85.

eine Fülle von Einzelbeispielen an[60]. Quantitativ abgesicherte Ergebnisse wurden in der Literatur jedoch nicht gefunden.
Die Verdinglichung bildet das Gegenstück zur Personalisierung: werden dort gesellschaftliche Konflikte individualisiert, so werden sie in der Verdinglichung anonymisiert; werden dort Ideen und Konzeptionen an Einzelpersonen gebunden, so erscheinen sie hier als über-menschliche ‚Gegebenheiten'; werden dort Interessengegensätze auf die individualpsychologische Auseinandersetzung von einzelnen Handlungsträgern reduziert, so ergibt sich hier das Bild unauflösbarer Sachzwänge. Personalisierung verringert scheinhaft die Abstraktheit, Intransparenz und Komplexität sozialer Strukturen und Prozesse; die Verdinglichung stellt sie als naturgegeben, unbegreifbar und unveränderbar dar:

> „Indem (. . .) die ökonomischen Prozesse in der marktwirtschaftlichen Sprache als naturgesetzliche Abläufe erscheinen, diese Sprache aber in den Nachrichtenjargon voll integriert wurde, teilt sich in den einzelnen Informationsausschnitten das System Marktwirtschaft implizit immer als gewissermaßen naturgegebenes und seine Entwicklungen als zwangsläufig mit."[61]

Verdinglichung befreit von Entscheidungen, indem das Geschilderte als alternativfrei dargestellt wird: Verdinglichung rationalisiert Resignation.

> „Ohne ein Vorwissen, ohne eine Denkungsart, ohne die Möglichkeit der Anknüpfung an das schon vorhandene Wissen ist keine Information zu verstehen."[62]

2.4 Die Parzellierung

Unter Parzellierung soll die Technik verstanden werden, mediale Inhalte 1. auf Nachrichten über den menschlichen Sinnen unmittelbar zugängliche Ereignisse zu beschränken, 2. die Berichterstattung in kleine und kleinste, zusammenhanglose Nachrichtenpartikel zu zerhacken, und sie damit 3. von einem übergeordneten Sinnzusammenhang abzuschneiden:

> „Unter dem ersten Begriff (Detaillierung – d. i.: Parzellierung) haben wir das Verfahren verstanden, Zusammenhänge in Partikel aufzulösen und damit den Stellenwert von Nachrichten in Ereignisketten und Konzepten zu verwischen.

---

[60] Kemptner, 1975, S. 86–91; Einzelbspe. auch bei Geyer, 1973; weitergehende Bspe. bei Wember, 1972, S. 25 f., für die Beschreibung der Arbeitsbedingungen südamerikanischer Indios in einem Dokumentarfilm.
[61] Geyer, 1973, S. 84.
[62] Jaspers, 1963, S. 299.

Ich brauche hierfür keine weiteren Beispiele anzugeben; es genügt, wenn Sie die Titelseite einer x-beliebigen Zeitung ansehen und sich bei jeder Nachricht fragen, in welchem Kontext erhält sie eigentlich einen Sinn, denn Objektivität (?) gewinnt sie erst in einem größeren Sinngefüge, das in der Nachrichtengebung z. B. indessen fast immer abgeschnitten ist."[63]

Vor der Behauptung der Parzellierung ist allerdings die Periodizität der Berichterstattung zu berücksichtigen, die von Praktikern des Journalismus bisweilen als Rechtfertigung angeführt wird[64]: Zweifellos gibt es einige Themen – in aller Regel von besonders hoher Relevanz – über die längere Zeit mehr oder weniger kontinuierlich berichtet wird. Der Anteil dieser Themen an der Gesamtberichterstattung ist jedoch als gering einzuschätzen. Das Prinzip der Tagesaktualität verhindert in aller Regel eine kontinuierliche Berichterstattung.[65]

Die Parzellierung findet nach der Personalisierung in der wissenschaftlichen und vorwissenschaftlichen Literatur die meiste Beachtung[66]. Das Vorhandensein parzellierter Nachrichten wird auch von einigen Praktikern des Journalismus bestätigt[67]; statistische Materialien über das Ausmaß der Parzellierung fanden sich nur bei Kemptner. In seiner Untersuchung der ‚Kronenzeitung' bezeichnet er 73 Prozent aller Aussageeinheiten als parzelliert.[68]

Die Reduktion der Nachricht auf das sinnlich direkt Wahrnehmbare – „Das was an der Oberfläche schwimmt, gezählt und fotografiert werden kann, kommt allein als Nachricht in Betracht"[69] – kann als Rückzug der Journalistik auf die scheinbar unangreifbare Bastion einer vermeintlichen Objektivität angesehen werden[70], deren Behauptung auf dem grandiosen Irrtum beruht, eine bloße – möglichst genaue – Beschreibung des Bestehenden, gegenwärtig Sichtbaren reiche aus, Wirklichkeit begreifbar zu machen, und sei darüber hinaus noch frei von Herrschaftsinteressen, während tatsächlich ständig durch eine derartige Berichterstattung

---

[63] Dröge, 1972, S. 104.
[64] FAZ ^{2}1963, insb. S. 42; Küffner 1972.
[65] Bestätigungen hierfür bei Coulmas 1974, Mrakitsch/Szostak 1974, insb. Teil 2, S. 12.
[66] Vgl. hierzu: Donner 1971, Holzer 1971 (a und b), Schatz 1971, Schweppenhäuser 1971, Dahlmüller u. a. 1973, S. 48 ff., Geyer 1973, Neudeck 1973, Kemptner 1975, S. 96 ff., Böckelmann 1975, S. 65 ff.
[67] So bei: Bretscher 1969, Schwarzkopf 1971, Coulmas 1972, 1973, Cirullies 1974.
[68] Kemptner, 1975, S. 140; Kemptner versucht, zusätzlich Parzellierung unmittelbar aus der Länge der einzelnen Artikel abzuleiten; dieses Vorgehen erscheint problematisch.
[69] Rager, 1972, S. 120.
[70] Vgl. Fabris, 1971a, S. 36.

vorhandene Zustände und Gegebenheiten und damit die Ideologie, deren Ausprägung diese sind – weil alternativlos erscheinend – bestätigt werden. Auch und gerade die Beschreibung von Bestehendem beinhaltet eine Wertung politischer Verhältnisse, eine Wertung freilich, die nicht zugegeben wird.

> „Die Mutter der unbefleckten reinen Nachricht ist die wertfreie Wissenschaft, der Vater das Kapital. Ähnlich der positivistischen Wissenschaft, die sich wertfrei wähnte, während sie mit Exaktheit das Bestehende katalogisierte und sich dem Herrschaftsinteresse, ja sogar dem eigenen vorgängigen Erkenntnisinteresse entziehen zu können glaubte, verzichtet die „reine" Information darauf, Entstehung und Ursache von Ereignissen darzustellen und glaubt sich auf diesem Weg von jeglichem Herrschaftsinteresse befreien zu können. Einmal durch die Nachrichtenagentur verbreitet, erhält sie den Segen der offiziellen Anerkennung. Unter der Hand wird das Ereignis mit der Meldung darüber vertauscht. Aber nicht nur das, die Information erhält, nachdem sie vorher von ihrer Entstehung abgetrennt wurde, eine andere Qualität. Die „Tatsache" des Streiks in Polen, das bloße Ereignis steht im Zentrum, nicht aber die realen Gründe, die dazu führten, denn die sind ja nur Meinungen, bestenfalls Analysen, jedenfalls scharf zu trennen von der Nachricht."[71]

Die Beschreibung des Bestehenden wird sodann zerlegt in eine Unzahl punktueller Einzelnachrichten – Knipping spricht von der „Atomisierung der Vernunft"[72] – und gemixt zu einem unübersehbar gleichmäßigen Nebeneinander von für den Rezipienten relevanten und irrelevanten, wichtigen und unwichtigen Nachrichten:

> „Man unterscheidet nicht mehr zwischen Wesentlichem und Zufälligem, sondern nimmt das Zufällige für wesentlich. Wobei man wohl nicht einmal annimmt oder hofft, aus den vielen Zufälligkeiten werde sich am Ende doch ein Mosaik des Ganzen ergeben. Das Detail genügt. Man mißtraut der Abstraktion, weil sie zu subjektiv und unzuverlässig sei."[73]

Wird aber die Berichterstattung über ein Geschehen von der Vermittlung seiner Entstehung, seiner Gründe und seiner Auswirkungen, der Vermittlung des Vorhers und Nachhers abgetrennt, so wird das Verständnis der Nachricht abgeschnitten, ihre Bedeutung unkenntlich gemacht, ein Begreifen verhindert und die Möglichkeit einer Einordnung der Nachricht in einen übergeordneten Sinnzusammenhang genommen. Durch die Parzellierung wird eine Nachricht beliebig, zufällig. Und diese Zufälligkeit wird auf den Gegenstand der Nachricht übertragen:

> „Ihre Vagheit gerade, die fast scientivische Abneigung, sich auf irgend etwas festzulegen, das sich nicht verifizieren läßt, fungiert als Instrument der Beherr-

---

[71] Rager, 1972, S. 120.
[72] Knipping, 1969.
[73] Coulmas, 1972, S. 4; vgl. auch Schedler 1971, S. 12 für die Fernsehnachrichten.

schung. Sie wird zur nachdrücklichen und planvollen Verkündigung dessen, was ist. (...) Zwischen den Klippen der nennbaren Fehlinformation und der offenbaren Wahrheit windet sie sich meisterlich hindurch, indem sie getreu die Erscheinung wiederholt, durch deren Dichte die Einsicht versperrt und die bruchlos allgegenwärtige Erscheinung als Ideal installiert. (...) Zur Demonstration seiner Göttlichkeit wird das Wirkliche immer bloß zynisch wiederholt. Solcher photologischer Beweis ist zwar nicht stringent, aber überwältigend. Wer angesichts der Macht der Monotonie noch zweifelt, ist ein Narr."[74]

„Vergnügtsein heißt Einverstanden sein."[75]

2.5 Die Pointierung

Pointierung meint die Methode, zum Anlaß und/oder zum Schwerpunkt einer Berichterstattung den tatsächlichen oder vermeintlichen Gehalt an Situationskomik oder Kuriosität einer Nachricht zu wählen, die Struktur der Nachricht auf den – teilweise gewaltsam konstruierten – journalistischen „Gag" hin aufzubauen sowie den Sprachstil der Funktion des „Amusements" (Adorno) anzupassen.
Pointierung ist zu trennen von Ironie und Satire. „In der Satire wird die Wirklichkeit als Mangel dem Ideal als der höchsten Realität gegenübergestellt";[76] in der Ironie durch Lächerlichmachung die Illusion der Einheit von Ideal und Wirklichkeit zerstört. Beide zielen ab auf den Inhalt. Pointierung beschränkt sich auf die Form; sie bedarf nicht eines Inhaltes. Braun deutet diesen Mechanismus unter dem Aspekt der „Feuilletonisierung" des Nachrichtenteils an, wenn er – recht vage – von der „primitiven Lust" an der „‚gepfefferten' Nachricht" spricht: „Sie (die Feuilletonisierung) beruht letztlich darauf, daß die sachliche Mitteilung, die Nachricht, un-sachlich mitgeteilt wird, d. h. versehen mit einem Zusatz von Unterhaltlichem, der gefällt,"[77] – mit Wortwitz und Kalauer, der auf freier Assoziation, nicht auf Logik beruht. Die Schlußfolgerung freilich, die Braun daraus zieht, der „lustbetonte Gewinn" der Feuilletonisierung mache die Nachricht – im (künstlich konstruierten) Gegensatz zur Sensationalisierung, die übertreibe – „wärmer" und „menschenfreundlicher", erscheint sowohl uneinsichtig, als auch die Problematik entschärfend. Inhaltsanalytische Untersuchungen über das Ausmaß der Pointierung

---

[74] Adorno, 1947, S. 175 f.
[75] Adorno/Horkheimer 1947, S. 172.
[76] Schiller, ed. 1966, S. 313.
[77] Braun, 1965, S. 299.

liegen bisher nicht vor; Martin[78] erwähnt jedoch in seiner Analyse der Illustration von Tageszeitungen, die sich 1959 auf 19 494 Ausschnitte aller Kopfblätter der Bundesrepublik stützte, eine Bevorzugung des Kuriosen bei der Auswahl der Bilder.

Wird eine Nachricht ausgerichtet auf den – vordergründig-assoziativen – grotesken, kuriosen, amüsanten „Clou", so erzwingt diese Struktur die Vernachlässigung, wenn nicht die Beseitigung des inhaltlichen Gehaltes, dessen, was hinter der Fassade des Amüsanten bis Lächerlichen Interesse, Betroffenheit wecken könnte, des Informationswertes dieser Nachricht – sofern ein solcher vorhanden ist.

> „Der Zuschauer soll keiner eigenen Gedanken bedürfen: das Produkt zeichnet jede Reaktion vor: nicht durch seinen sachlichen Zusammenhang – dieser zerfällt, soweit er Denken beansprucht – sondern durch Signale."[79]

Nicht zuletzt ist das Vehikel des Amusements in aller Regel die Schadenfreude über das Versagen und das Elend Anderer, seien es die zuvor als Helden aufgebauten Funktionsträger, wie bei der Personalisierung beschrieben, oder der Nachbar nebenan.[80] Hinter der Fassade des Unterhaltenden blitzt nur allzu oft ein Gutteil Menschenverachtung auf.

Die Regeln der Pointierung sind von geringer Anzahl, kollektiv erlernbar und völlig unabhängig vom Inhalt der Nachricht. Jede beliebige Nachricht ist mit der Maske des Amusements überziehbar; je bedeutsamer, tragischer eine Nachricht, desto schlimmer für sie. Die Technik der Pointierung wurde in den letzten Jahren zu einem perfekten, wirkungsvollen System ausgebaut; in der Bundesrepublik zuerst vom „Spiegel"[81], später auch von anderen Medien bis hin zu den Nachrichtenagenturen:

> „Selbst gags, Effekte und Witze sind kalkuliert wie ihr Gerüst. Sie werden von besonderen Fachleuten verwaltet, und ihre schmale Mannigfaltigkeit läßt grundsätzlich im Büro sich aufteilen. Die Kulturindustrie hat sich entwickelt mit der Vorherrschaft des Effekts, der handgreiflichen Leistung, der technischen Details übers Werk, das einmal die Idee trug und mit dieser liquidiert wurde."[82]

---

[78] Martin 1959.
[79] Adorno/Horkheimer 1947, S. 163.
[80] Steffens (1969) führt hierzu einige Extrembeispiele aus Agenturmeldungen an (S. 285 f.).
[81] Vgl. hierzu Enzensberger, 1967, Just, 1966.
[82] Adorno, 1947, S. 150.

2.6 Die Referierung

Der Begriff Referierung meint die Methode, sich auf die Wiedergabe von – möglicherweise konträren, immer aber von handfesten Eigeninteressen geleiteten – Meinungen und Äußerungen zu beschränken, ohne den Problemkreis, zu dem die Meinungen geäußert werden, auf der Grundlage eigener Beobachtungen und Analysen darzustellen. Dieser Mechanismus fand bisher insbesondere bei Hörfunk und Fernsehen Beachtung:

> „Die Übermittlung realer Sachverhalte (. . .) macht nur noch einen Bruchteil der Fernsehsendungen aus. In der Hauptsache handelt es sich um das Sagen über Sagen, also das Berichten über Meinungen, das Wiedergeben von Äußerungen einer politischen Rede, der Resolution eines Kongresses, einer Stellungnahme für die Presse."[83]

Das Ritual von veröffentlichter Rede und Gegenrede hat sich inzwischen so verselbständigt, daß das zu Grunde liegende Problem häufig völlig unwichtig wird:

> „Da erklärt der Sprecher der A-Partei etwas gegen die B-Partei, deren Fraktionsvorsitzender repliziert, ein Regierungssprecher mischt sich ein, die Gewerkschaft sagt das Ihre dazu, und auch die Kirche realisiert Öffentlichkeitsanspruch. In Wahrheit hat außer einem Wortwechsel überhaupt nichts stattgefunden."[84]

Rager bemerkt dazu, daß weniger die Wichtigkeit der Äußerung als die Stellung der Person im öffentlichen Leben ausschlaggebend für eine Veröffentlichung sei.[85] Die Referierung beinhaltet die Personalisierung und verstärkt deren Wirkungen: Politische Akteure erhalten die Möglichkeit, sich selbst darzustellen.[86] Dabei wird eine starke Abhängigkeit zwischen den Akteuren und den sich extrem auf Referierung beschränkenden Medien deutlich. Die Chance, über verbale Scheingefechte sich in den Medien darstellen zu können, verleitet zu immer neuen verbalen Kraftakten, die wiederum von den Medien als Begründung für eine immer umfangreichere Referierung angeführt werden können. Auf dieser Grundlage ist Schedler zuzustimmen, wenn er schreibt:

> „Den zentralen Bestand der TV-Nachrichten bilden Situationen, die es gar nicht gäbe, wenn optische Massenmedien sie nicht provoziert hätten."[87]

---

83 Koczian, 1972, S. 203.
84 Gross, 1971, S. 10.
85 Rager, 1972, S. 122.
86 Koczian, 1972, S. 204.
87 Schedler, 1971, S. 12; eine Vorstufe zu dieser Überlegung findet sich bei Koczian, 1972, S. 203 f., wenn er davon spricht, daß Politiker Sensationelles vor inadäquaten Foren bekanntgeben.

An quantitativ abgesicherten Ergebnissen zur Referierung findet sich lediglich eine Zahl bei Schatz; danach enthalten etwa 60 Prozent aller Fernsehmeldungen Wertungen politischer Akteure zu den jeweils angesprochenen Themen.[88]

Wo in der journalistischen Praxis die Methode der Referierung verteidigt wird, geschieht dies mit der Begründung, durch die Verbreitung von Meinungen zur öffentlichen Diskussion und damit zur Austragung und Beilegung gesellschaftlicher Konflikte beizutragen. Diese Sicht erscheint zu idealistisch: Sie übersieht, daß nicht nur und nicht alle gesellschaftlich relevanten Konflikte auf der politischen Bühne offen in Rede und Gegenrede ausgetragen werden, sondern daß es sich hier in aller Regel um Scheingefechte und Selbstdarstellungen handelt. Sie verkennt vor allem, daß die Kenntnis auch konträrer Selbstdarstellungen unmittelbar an den Konflikten Beteiligter für eine sachadäquate Beurteilung nicht ausreicht.

> „So ist es beispielsweise von nur scheinbar großem Nachrichtenwert, wenn der für Entwicklungshilfe zuständige Minister und sein Fachgegner der Opposition in Berechnung der Verbreitung durch die Kommunikationsmittel mit bewußt lautstarken Rededuellen unterschiedliche Konzepte entwerfen, wohl aber sollte es der Nachrichtenredakteur als echte Sensation bewerten, wenn beide Seiten still und leise (da parteipolitisch unergiebig) zugunsten der Dritten Welt eine gemeinsame Front bilden."[89]

Referierung ist ein Trivialisierungsmechanismus: Nachrichten werden in die Form referierender Berichterstattung gepreßt; der Mechanismus Referierung wird im Kommunikationsprozeß erzeugt. Das Problem der Referierung reicht jedoch weiter: Referierung bedeutet immer auch Selbstbeschränkung, Passivität, das Fehlen eigener Recherchen und einer eigenen publizistischen Leistung (Coulmas) bei den Journalisten. Damit aber stellt sich die Frage, wo Nachrichten tatsächlich „gemacht" werden, wo die Aussagen über Wirklichkeit, die in den Medien publiziert werden, erstmals erarbeitet, recherchiert und in Sprache umgesetzt, formuliert und schriftlich fixiert werden: Das wörtliche und sinngemäße Zitieren der Erklärungen von Sprechern der A- und der B-Partei in Zeitungsmeldungen oder Rundfunknachrichten bleibt immer noch erkennbar als Referierung. In dem Augenblick jedoch, wo Anführungsstriche wegfallen, die Quellenangaben gestrichen werden, gibt sich eine Nachricht aus, als

---

[88] Schatz, 1971, S. 115; die Zahl von „über 90%" angelieferter Meldungen beim Fernsehen von Rager, 1972, S. 122, erscheint zumindest unpräzise und mißverständlich und ist nicht belegt. Es bleibt unklar, ob Rager damit nur die Referierung von Äußerungen und Meinungen meint oder auch die Übernahme bsp.weise von Agenturmeldungen einbezieht.

[89] Koczian, 1972, S. 204.

etwas, was sie nicht ist, nämlich als eigenständige publizistische Leistung. Die letzte Konsequenz dieser Entwicklung wäre, daß Nachrichten produziert, d. h. ausgewählt, erarbeitet und formuliert werden von den beteiligten Institutionen und Personen; von jenen selbst, über die berichtet werden soll. Insoweit scheint die bisherige Diskussion über das Ausmaß der Referierung in den Massenmedien verkürzt, als sie nur abzielt auf das offenkundige, nicht jedoch auf das latente und damit wirksamere Referieren fremdbestimmter Nachrichten. Fremdbestimmung aber muß als Indikator für eine Trivialisierung der Nachrichten angesehen werden. In Kapitel 3. wird zu fragen sein nach den Produzenten der in den Massenmedien veröffentlichten Nachrichten.

2.7 Zusammenfassung: Gemeinsame Wirkungen der Mechanismen

In den voranstehenden Abschnitten wurde versucht, einige Einzelmechanismen der Trivialisierung, die in der Literatur immer wieder genannt werden, zu beschreiben und ihre Funktion zu diskutieren. Es ist wahrscheinlich, daß nicht alle Mechanismen erfaßt wurden, daß noch weitere, nicht erkannte Mechanismen existieren (so wurde vermutlich der Sprachanalyse zu wenig Gewicht beigemessen), die den Informationswert einer Nachricht verringern. Andererseits erhebt der Katalog jedoch den Anspruch, die wichtigen der zur Zeit in der Literatur diskutierten Mechanismen zu enthalten. D. h. der Katalog ist notwendigerweise ein offener, unvollständiger, aber auf dem gegenwärtigen Stand publizistikwissenschaftlicher Diskussion nach Vollständigkeit strebender, kein Auswahlkatalog.
Es ist wichtig, festzuhalten, daß die mit der Behauptung von Einzelmechanismen verbundene Klassifizierung, als eine von außen an vorhandenes, komplexes Material herangetragene, nicht frei von Willkür und so mit einem gewissen Wirklichkeitsverlust belastet ist.
Bereits bei der Diskussion der Einzelmechanismen zeigte sich, daß zwischen ihnen, wenn auch unterschiedlich starke, Abhängigkeiten bestehen, daß sie sich wechselseitig beeinflussen, teilweise in den Auswirkungen sich gegenseitig verstärken. Bei aller Differenzierung sind grundlegende Gemeinsamkeiten in Hinblick auf eine Verringerung des Informationswertes von Nachrichten zu konstatieren:

(1) Die Verwendung der genannten Mechanismen reduziert Berichterstattung auf die endlose Reproduktion vom äußeren Schein des gegen-

wärtig Bestehenden, das von jeglicher Idee gelöst alternativfrei erscheint. Der so deformierte Nachrichtenteil enthält eine stark antirationale, emotionelle Komponente: „Instinkt tritt an die Stelle der ratio, Argument und Gegenargument sind ersetzt durch unkontrolliert hingenommene Sentiments."[90]

(2) Der äußere Schein und der emotionelle Gehalt entwickeln die Tendenz, eine Erkenntnismöglichkeit zu versperren, wie bei den einzelnen Mechanismen jeweils bereits aufgezeigt wurde. Die Mechanismen der Trivialisierung sind zur Erkenntnismöglichkeit gegenläufig. Trivialisierte Nachrichten degenerieren zum ‚escapist material', das die Auseinandersetzung mit der Realität flieht. Nachrichten werden konsumabel, ihre Rezeption unproblematisch, indem eine Welt des Scheins dargestellt wird, in der das Unbegriffene und vordergründig Unbegreifbare der komplexen Umwelt teils als überschaubar (in der Personalisierung und Privatisierung), teils als Anhäufung unabänderlicher Zufälligkeiten präsentiert wird.[91]
Die auf Grund einer derartigen Berichterstattung noch möglichen Handlungsalternativen sind durch die Methode der Nachrichtenaufarbeitung bereits vorherbestimmt: Trivialisierte Nachrichten sind eben keine wertfreien.

(3) Die Trivialisierungsmechanismen fügen sich zu einem geschlossenen, gut funktionierenden System, das ein hohes Maß an interner Stimmigkeit erfordert und leistet. Die anzuwendenden Regeln der Trivialisierung sind von geringer Anzahl und kollektiv erlernbar. Sie sind weitgehend unabhängig vom Inhalt der Nachrichten. Anwendbare Kriterien sind nicht mehr Bedeutung und Wahrheit einer Nachricht, sondern „Interessantheit" und „Glaubhaftigkeit", jene Konstellation des fremd-genug, um als außergewöhnlich, nicht den eigenen, alltäglichen Lebensbereich betreffend, akzeptiert, vertraut-genug, um für wahr-scheinlich, für möglich im Sinne des „das-ist-dem-zuzutrauen" gehalten zu werden[92]; nicht mehr

---

[90] Walter, 1965, S. 269, dort jedoch nur bezogen auf Illustrierte.

[91] Dies leistet nicht nur die Unterklassenpublizistik (vgl. hierzu Dröge, 1972, S. 102 f.), sondern es läßt sich ebenso für Meldungen der Prestige-paper, dort besonders für die Wirtschaftsberichterstattung, nachweisen.

[92] Es erscheint deshalb verkürzt (wenn auch möglicherweise politisch notwendig), mit der Kritik beispielsweise an der ‚Bild'-Zeitung einzusetzen beim Nachweis von Falschmeldungen. Wenn die ‚Bild'-Zeitung, wie geschehen und nachgewiesen, eine Vergewaltigungsstory schlicht erfindet, so bedeutet dies nicht mehr und nicht weniger, als eine Form der Kriminalitätsberichterstattung,

Verständlichkeit, sondern jene „Verstehbarkeit", die eine einfache und gradlinige, doch lebhafte Handlung mit agierenden Personen sowie einen Anfang und einen Schluß erfordert[93]; nicht mehr das von einer Nachricht Betroffen-Sein, sondern das Ergriffen-Sein, in allen Schattierungen vom sentimentalen Gerührt-Sein bis zum durch Spannung Gepackt-Sein.

3. Die Produktion des Trivialen

Bei der Diskussion des Begriffes „trivial" wurde bereits ausgeführt, daß Trivialität bei der Nachrichtenproduktion und -vermittlung erzeugt wird. Damit stellt sich die Frage, wer Trivialitäten produziert und weshalb Trivialitäten produziert werden.

3.1 Zeitungen, Hörfunk, Fernsehen

Es ist davon auszugehen, daß immer weniger Nachrichten von den Journalisten der Tageszeitungen, des Hörfunks und des Fernsehens selbst recherchiert und verfaßt werden. Heute wird – mit Ausnahme der Lokalberichterstattung[94] – von den kleinen Lokalzeitungen fast ausschließlich, von der Regionalpresse und vom Hörfunk überwiegend, von den überregionalen Zeitungen und dem Fernsehen zu einem großen Teil Agenturmaterial verwendet. Die Tätigkeit der Nachrichtenredakteure be-

---

wie sie täglich von der Mehrzahl der Massenmedien geleistet wird, bis zur letzten Konsequenz durchzuhalten.

[93] Vgl. hierzu Enzensberger, 1967, S. 85.

[94] Zur besonderen Problematik der Lokalberichterstattung, die hier nicht behandelt werden soll, vgl. Haenisch/Schröter 1971. Die Autoren kommen im Rahmen der ‚Wertheim'-Studie zu dem Ergebnis, daß die Lokalteile der vier vertretenen Zeitungen bei Informationsbeschaffung und -verarbeitung keine Selbständigkeit entwickeln, sondern nur die Verbreitung von Nachrichten übernehmen, an denen die informierenden Organe und Personen ein Interesse haben. Gleichzeitig werde jedoch nicht sichtbar, daß die Zeitungen nur Sprachrohre jener seien, die sich repräsentiert finden wollen: Medien als Instrument zur positiven Selbstdarstellung. Der Vermutung der Autoren, dies sei eine besondere Problematik der Lokalberichterstattung, soll hier jedoch widersprochen werden.

schränkt sich dabei auf Sichtung, Auswahl und Redigieren des Agenturmaterials; wobei Redigieren hier meist nichts anderes heißt, als kürzen und mit den vom technischen Apparat geforderten Hinweisen versehen.[95] Es kann vermutet werden, daß eine inhaltliche und strukturelle Veränderung der Nachrichten, ein eigenes Recherchieren, ein Zufügen von aktuellen Zusatz- oder Hintergrundinformationen in der Regel bei der Übernahme von Agenturmaterial nicht erfolgt. Dem Agenturtext wird großes Vertrauen in Hinsicht auf Objektivität, Vollständigkeit und Wahrheit entgegengebracht.
Der Nachrichten-Journalist bei Zeitung, Hörfunk und Fernsehen gerät immer mehr in die Rolle eines „Informationsbeamten"[96], er verkümmert zu einem passiven Journalisten, der Nachrichten nur noch verwaltet, statt eine „publizistische Leistung" (Coulmas) zu vollbringen.[97] Dies widerspricht sowohl dem eigenen Selbstbild der Journalisten[98], als auch den – häufig schon durch ihre großsprecherische Form peinlichen – Beteuerungen ihrer Verleger.[99]

3.2 Die Nachrichtenagenturen

3.2.1 Sofern die unter Punkt 3.1 ausgeführten Thesen stimmen, kann man davon ausgehen, daß es sich bei den von Zeitungen, Hörfunk und Fernsehen veröffentlichten Nachrichten mehrheitlich um – mehr oder weniger wörtlich übernommenes – Agenturmaterial handelt. In der Bundesrepublik besitzen die Nachrichtenagenturen dpa und ddp sowie der deutsche Dienst von AP ein Oligopol.[100, 101] Von der Abonnentenzahl in

---

95 Bestätigungen hierfür bei Fabris, 1971, S. 20; Brocker, 1971, S. 6 f.; Kristen, 1972; Peck, 1967; Coulmas, 1973; ähnliche Beobachtungen bei Rager, 1972 und Walter, 1973.

96 Fabris, 1971, S. 20.

97 Die Diskussion um die Pressekonzentration in der BRD erscheint unter diesem Aspekt verkürzt und die Problematik entschärfend.

98 Vgl. hierzu Fabris, 1971.

99 Vgl. hierzu u. a. die bisherigen Ausgaben von ‚Die Zeitung', Hrsg. J. Binkowski und A. Neven du Mont, einem PR-Blatt der Verleger; beispielhaft hierfür: „Journalisten und Verleger (. . .) haben mit ihrer Feder, ihrem Blatt für den Fortschritt, gegen Zwang und Unterdrückung, für soziale Gerechtigkeit gekämpft, insbesondere aber für die Freiheit"; Claus Detgen: Journalisten als Erzieher der Nation?; in: ‚Die Zeitung', Nr. 2, Dezember 1973, S. 3.

100 Vergleichbare Situationen bestehen praktisch in allen Ländern.

101 Als weitere Agenturen sind noch anzugeben: DIMITAG, der weitgehend dpa

der BRD am stärksten ist mit Abstand dpa, die von allen Fernseh- und Rundfunk-Anstalten, fast allen Zeitungen und anderen Interessenten (Ministerien, Interessengruppen) bezogen wird.[102] Die oligopolistische Struktur der Agenturen wird noch dadurch verstärkt, daß sich viele Agenturen weltweit vertraglich zu einem umfassenden Nachrichtenaustausch verpflichtet haben. Steffens gibt an, daß dpa 34 derartige Verträge abgeschlossen habe[103]; Peck stellte fest, daß 32,6% der dpa-Auslandsnachrichten von Reuter stammten.[104, 105]
Der Tätigkeit der Nachrichtenagenturen, denen somit im Kommunikationsprozeß eine entscheidende Bedeutung zukommt, und die ihre eigene Tätigkeit erfolgreich „mit dem Schleier eines Geheimnisses" umgeben und öffentliche Auseinandersetzungen scheuen[106], wird in der Publizistikwissenschaft ein zu geringes Interesse entgegengebracht.[107]
Die Agenturen beanspruchen für sich strikte Objektivität und Neutralität. Dieses Selbstbild dürfte weitgehend mit dem Fremdbild übereinstimmen, das ihre Kunden und die Öffentlichkeit von den Agenturen besitzen. Die behauptete Objektivität ist jedoch nicht gegeben. Die Berichterstattung kann schon deshalb nicht objektiv sein, weil zu einer Zeit der extremen Überinformation in starkem Maße ausgewählt werden muß. Die Tatsache, daß eine Information veröffentlicht wird, eine andere aber nicht, beinhal-

---

auswertet und eng mit ihr zusammenarbeitet; der afp-Dienst mit wenigen Abonnenten; der SAD, der in der BRD nur verlagseigene Zeitungen versorgt; der SID, eine private Agentur, die praktisch das Monopol für die Sportberichterstattung hat (vgl. hierzu die Kritik von Großkopf, 1965); evtl. noch: KNA und epd, die jedoch primär als Nachrichtendienste von Interessengruppen anzusehen sind.

102 Nach: Noelle-Neumann, 1971 und Holzer 1969 sowie der informativen, methodologisch vorbildlichen, in der Aussagekraft der Inhaltsanalyse jedoch beschränkten Arbeit von Robert Peck, 1967; vgl. auch Steffens, 1969, S. 234 ff.

103 Steffens, 1969, S. 235.

104 Dies ist eine Zahl aus dem Jahre 1967; in den letzten Jahren soll der Anteil nach Noelle-Neumann (1971) zurückgegangen sein.

105 Zu den Auswirkungen dieses weltweiten Nachrichtenkartells vgl. Steffens, a.a.O., der auch Beispiele dafür anführt, wie Meldungen aus einer unzuverlässigen Quelle, die einmal in dieses „Karussell" gelangten, binnen kurzer Zeit überall veröffentlicht wurden und dabei eine ständige Aufwertung erfuhren.

106 Peck, 1967.

107 Zwei Indizien hierfür: in Ubbens Bibliografie, die in diesem Bereich den Versuch der Vollständigkeit beansprucht, ist für den erfaßten Zeitraum von 1968–1971 keine einzige Literatur über Nachrichtenagenturen verzeichnet; im dtv-Wörterbuch Publizistik fehlt jeglicher Verweis auf die Nachrichtenagenturen.

tet notwendigerweise eine Wertung – nach welchen Gesichtspunkten auch immer.[108]

3.2.2 Meine These geht nun dahin, daß eine Scheinobjektivität der Agenturberichte durch eine verstärkte Trivialisierung der Nachrichten erreicht wird. In der Literatur finden sich dafür einige Hinweise: Clausse (1962) behauptet im Agenturmaterial eine Überbewertung der ‚spot news' und ein Vernachlässigen der Umstände, die zu einem berichteten Ereignis geführt haben. Rager (1972) behauptet eine permanente Verbreitung von Selbstdarstellung der Interessengruppen in den Agenturen. Noelle-Neumann (1971) führt an, daß 95% aller dpa-Meldungen ‚Ereignisnachrichten' seien.[109]
Gemäß der These besteht bei dem Agenturmaterial die verstärkte Tendenz, sich auf Äußerlichkeiten zu beschränken, diese in kleinste Nachrichtenteile aufzulösen und an Personen zu binden. Die „Objektivität" eines so deformierten und begrenzten Nachrichtenspektrums besteht dann in erster Linie darin, mit dem, was berichtet wird, unwiderlegbar zu sein und die Berichterstattung über „gesellschaftlich relevante Gruppen", will heißen jene Gruppen, die in der Lage sind und versuchen, Einfluß auf die Informationspolitik zu nehmen, anteilmäßig auszutarieren – und damit Pressionen der Interessengruppen, die ständig vorhanden sind[110], den kleinstmöglichen Ansatzpunkt zu bieten.[111]

3.2.3 Die folgende These lautet: Die Tätigkeit der Agenturen kann ebenfalls mehrheitlich als ‚Informationsbeamtentum' angesehen werden, das

---

[108] Die entsprechenden Normen sind vermutlich internalisiert; sie erscheinen den Beteiligten unproblematisch, weil über sie weitgehende Übereinstimmung besteht; sie werden rationalisiert, wie die Aufzählung der Auswahlkriterien von Noelle-Neumann (1971, S. 203 f.) zeigt.

[109] Für die Sportberichterstattung weist Großkopf (1965) eine stark ritualisierte Sprache beim SID nach.

[110] Vgl. hierzu Steffens 1969, S. 207–233.

[111] Von welcher Qualität die beanspruchte Objektivität beschaffen sein muß, zeigt sich u. a. darin, daß die Wirtschaftsnachrichten vom vwd, der zu einem Drittel dpa, Reuter und den Spitzenverbänden gehört, ausgestrahlt werden (nach Noelle-Neumann (1971, S. 205). Wenn dpa gegenüber Peck (1967) jede Abhängigkeit von der Wirtschaft zurückweist, so kann daraus nur auf eine totale Übereinstimmung der den vwd-Nachrichten zu Grund liegenden Ideologie geschlossen werden. Steffens führt einige Beispiele an (S. 57 f.), aus denen schon vordergründig hervorgeht, wie es um die Objektivität der Agenturen bestellt ist, sobald sie unter den Druck der Interessengruppen gelangen.

sich darauf beschränkt, vorbereitete fremde Materialien zu redigieren und nicht, eigene Nachrichten auf Grund selbständiger Recherchen zu produzieren – wie dies bereits zuvor für Zeitungen, Hörfunk- und Fernseh-Nachrichtensendungen beschrieben wurde. Das vorbereitete Material stammt dabei aus den Pressestellen der verschiedensten Interessengruppen, deren Material unter dem Gütesiegel „dpa" eine ungeheuere Aufwertung erfährt. Für diese Behauptung gibt es bisher in der Literatur kaum Hinweise. Immerhin berichtet Gerber aus seiner eigenen Erfahrung als Referent in der Geschäftsstelle einer Partei, daß nur diejenigen Reden mit einem Pressebericht rechnen konnten, von denen ein Abriß schriftlich zur Verfügung gestellt wurde[112], und konstatiert die „erfolgte Übernahme so wichtiger Funktionen wie Recherchieren, Informationsvorauswahl und – zum Teil – der publizistischen Aufbereitung des Informationsmaterials durch die Parteien und Interessenverbände selbst."[113] Bernd Rosema (1973) führt ein Beispiel dafür an, wie aus einer Plauderei Georg Lebers und eines MdB „zwischen zwei Brötchen" dank guter PR eine 30-Zeilen-Meldung von dpa, AP und ddp entsteht. Rager behauptet eine Vorliebe der – unterbezahlten – Agenturjournalisten für „offizielles Propagandamaterial".[114]

Die Übernahme vorbereiteten Materials von Pressestellen geschieht natürlich nicht nur durch die Agenturen; auch Zeitungen, Rundfunk und Fernsehen übernehmen derartige Materialien direkt. Damit schränkt sich der Bereich der selbständig produzierten Nachrichten hier noch weiter ein.

3.3 Die Pressestellen

3.3.1 Gegenwärtig ist eine unüberschaubare Flut von Presse- und Informationsstellen aller Art festzustellen – beginnend beim Bundespresse- und Informationsamt bis hin zu den Vertretern nur lokal bedeutsamer Firmen und Interessengruppen. Dem steht die beinahe totale Nichtbeachtung dieser Stellen in der Publizistikwissenschaft gegenüber.[115] Es

---

112 Gerber, 1969, S. 91.

113 Ebda – in rührender Bescheidenheit schließt er daraus, es sei „denkbar", daß dies „in bestimmten Fällen" zu einem Informationsverlust führe.

114 Rager, 1972, S. 124; zur Bezahlung der Journalisten vgl. Gerber/Stosberg, 1969.

115 Einen ersten kritischen Ansatz (auch) zu diesem Thema leistet Abromeit, 1972.

konnte noch nicht einmal gesichertes Zahlenmaterial über die Verbreitung der Pressestellen gefunden werden.[116]
Holzer nennt die Zahl von „ca 900" Informationsdiensten und Pressestellen in der Bundesrepublik[117]; diese Zahl erscheint eher zu niedrig gegriffen. Mühlbradt führt allein auf: 29 Pressestellen des Bundes, 89 der Länder, über 100 der Kommunen, 46 des Deutschen Industrie- und Handelstages, 18 der Gewerkschaften.[118]
Alleinige Aufgabe der Pressestellen ist es, unter Anwendung ausgefeilter wissenschaftlicher Methoden[119] die Öffentlichkeit gemäß dem Interesse ihrer Auftraggeber zu beeinflussen; soweit und nur soweit es sich für dieses Ziel als opportun oder notwendig erweist, werden dazu dem Auftraggeber nützliche (– d. h. im Krisenfall auch: die am wenigsten schädlichen –) Teilinformationen der Öffentlichkeit zugänglich gemacht werden. Die Wahrheit wird eingesetzt als Mittel zu einem übergeordneten Zweck. Die Tätigkeit der PR-Abteilung ist somit in gar keiner Weise eine zwiespältige – zwischen den Polen ‚Herstellung von Kommunikation' und ‚Vertretung spezieller Interessen ' –, wie dies Knipping (1969) behauptet, sondern höchst eindeutig.
Die Journalisten der Pressestellen stehen in aller Regel – im Gegensatz zu ihren Kollegen bei den Massenmedien – unter Erfolgszwang; die Wirksamkeit ihrer Tätigkeit ist in aller Regel nachprüfbar.[120]

[116] So finden sich weder in Noelle-Neumann (1971) noch im dtv-Wörterbuch Publizistik entsprechende Stichworte.
[117] Holzer, 1969, S. 6; dort übernommen von Meyn, 1966.
[118] Weitere Zahlen aus Mühlbradt, ohne Jahrg.: Presse- und Informationsamt der Bundesregierung: 734 Mitarbeiter, Etat 1970: 125,9 Mill. DM, 8 regelmäßige Publikationen; Anzahl der Pressereferenten der Ministerien und Etats (in Klammern): Verteidigung: 57, Innerdeutsche Beziehungen: 40 (3 700 000) (. . .), Jugend: 6, Justiz: 6, Städtebau: 3 (150 000); man beachte die Verteilung! Aufwendungen der Parteien nur auf Bundesebene: SPD 1972: 9,7 Mill. DM und für Wahlkampf 1970–72: 46 Mill. DM; FDP 1969 incl. Wahlkampf: 6 208 000 DM; CDU: keine Angaben.
[119] Zur Methodik von Public Relation und politischer Werbung: Behrens 1970, Management Enzyklopädie 1972, Mühlbradt o. J., Poth 1975; vgl. auch Dichter 1961, Packard o. J., Abromeit 1972.
[120] Bei den Journalisten der Pressestellen von überregionaler Bedeutung handelt es sich in aller Regel um hochqualifizierte und hochbezahlte Fachleute (vgl. hierzu Kaesbach/Wortig, 1967). Ihnen steht für ihre Tätigkeit heute ein auf wissenschaftlicher Grundlage erarbeiteter, ausgefeilter theoretischer und methodischer Apparat zur Verfügung. Belege s. Anm. 119. Die Journalisten der Pressestellen können auf ein klar umrissenes Selbstverständnis zurückgreifen: es ist zu unterstellen, daß sie genau wissen, was sie aus welchen Gründen mit welchen Mitteln und mit welchem Erfolg für wen tun. Dies alles im Gegensatz

3.3.2 Was die Tätigkeit der Pressestellen will, das läßt sich am besten an Hand von Veröffentlichungen der Praktiker und der sich in ihren Dienst stellenden Wissenschaftler nachweisen, die ihre Absichten in aller Offenheit publizieren: Ein Pressesprecher der Bundesregierung sieht seine Aufgabe in der „verzerrenden Nuancierung, die das Gemeinwohl erfordert", denn „die Kontinuität der Politik erfordert Verschweigen oder Halbwahrheit."[121] Ein PR-Praktiker will „das Interesse der Öffentlichkeit (...) mobilisieren und durch geschickte Informationspolitik (!) zu einem fruchtbaren Vertrauensverhältnis (!)" ausbauen[122] oder kurz und präzise: „PR ist Service für Unternehmensleitung und -ziel"[123]; Aufgabe der PR ist es, „gute Beziehungen" zu „führenden Presseleuten" zu schaffen und „interessierende" Nachrichten zu vermitteln, u. a. über „neue Einrichtungen, die der Wohlfahrt (?!) der Betriebsangehörigen dienen."[124]
Die Presse- und Informationsstellen, die PR-Abteilungen, sind heute weit davon entfernt, plumpe Demagogie zu betreiben, die sie nicht mehr nötig haben. Dank der Erkenntnisse von Psychologie, Soziologie und Publizistik[125] konnten sie ihre Methoden verfeinern und diffizilere, wirkungsvollere Möglichkeiten der Einflußnahme erarbeiten; es steht zu vermuten, daß die PR-Manager die Schwächen (und die Stärken) sowohl der Öffentlichkeit, als auch ihrer direkten ‚Kunden', der Journalisten, besser kennen, als diese selbst.[126]

---

zu ihren Kollegen bei den Massenmedien. Ihre Tätigkeit wird allgemein akzeptiert; sie sind in den Standesorganisationen der Journalisten vertreten. (Zum Selbstverständnis und Bewußtsein der Journalisten vgl. auch die entlarvende Stellenanzeigenanalyse von Henscheid, 1973.)

121 Enseling, 1965, S. 52; eine idealistische Gegenmeinung vertreten Sänger 1970, S. 52, und Vogel 1970.

122 Elbers, 1965, S. 46.

123 Management Enzyklopädie, 1972.

124 H. Müller in Behrens, 1970.

125 Es ist kein Zufall, wenn es sich bei dem größten Teil der Wirkungsforschung im Gegensatz zu anderen Forschungsbereichen in der Publizistik um Auftragsforschung handelt (vgl. Zoll/Hennig, 1970, S. 7).

126 Es erscheint jedoch verkürzt, zu behaupten, *nur* die etablierte Macht sei in der Lage, derart auf die Öffentlichkeit einzuwirken, wie dies bei Knipping (1969) und Rager (1972) zum Ausdruck kommt. Obwohl hier unzweifelhaft das Ausmaß der Beeinflussung und der Beeinflussungsmöglichkeit am größten ist, gibt es Beispiele für hochwirksame Manipulation von Außenseiter- und Randgruppen: neben der Resonanz, die beispielsweise Amnesty-International in der Presse findet, sei im überstaatlichen Bereich auf die erfolgreiche PR-Kampagne Biafras verwiesen (vgl. Zieser 1971). – Abgesehen von der Chancenungleichheit der einzelnen Interessengruppen liegt das Problem jedoch darin, daß das Interesse der Öffentlichkeit an einer umfassenden und sachorientier-

3.3.3 Wenn es stimmt, daß (über verschiedene Stufen) die Mehrzahl der Nachrichten in Hörfunk, Fernsehen und Zeitungen von jener interessierten Seite produziert werden, über die zu berichten vorgegeben wird, so ist der unerträgliche Zustand zu konstantieren, daß die den Massenmedien gesetzlich auferlegte[127] und von ihnen proklamierte „öffentliche Aufgabe" der Kontrolle und Kritik sich mehrheitlich in der Selbstdarstellung der zu Kontrollierenden und Kritisierenden erschöpft:

> „Gesellschaftliche und politische Gruppen, Staat, Parteien und Verbände bemühen sich, meist nachträglich, um demokratische Legitimierung ihres Verhaltens. Faktisch handelt es sich selten um mehr als um Akklamation. Staat und Organisation stellen sich selbst dar, weil ihre Handlungen nicht für sich genommen verständlich sind."[128]

---

ten Darstellung von Problemen, Ereignissen und Zuständen aus allen Bereichen der Gesellschaft sich nicht deckt mit der Summe der Interessen der einzelnen Gruppen dieser Gesellschaft. Es ist eine Illusion, zu erhoffen, aus der Summe auch konträre Entstellungen und Halbwahrheiten ergebe sich ein annähernd wahres, richtiges Bild der Realität.

[127] Vgl. hierzu die Landespressegesetze, § 3; abgedruckt in Rehbinder 1967, S. 110 ff.

[128] Zoll/Hennig 1970, S. 29. – Es zeigt sich, daß das funktionalistische Modell des Kommunikationsflusses Kt – A – M – Rt nicht ausreicht, sondern ergänzt werden muß zu It (Informant) – At (Agentur) – Kt – A – M – Rt. Vgl. hierzu Prakke, 1968; Maletzke, 1963, auch Knipping 1969.

Teil B Fallstudie

O. Methodendarstellung

0.1 Kurzer Überblick

Es wurden die Informationsteile der hauptsächlich rezipierten Medien einer Stadt mit *quantitativ-inhaltsanalytischen* Methoden daraufhin untersucht, 1. inwieweit in ihnen als „inhaltlich trivial" zu bezeichnende Nachrichten vorhanden sind und 2., ob in den Nachrichten einige – näher definierte – Mechanismen auftreten, die – entsprechend den Überlegungen des theoretischen Ansatzes – auf eine Trivialisierung der Nachrichten schließen lassen. Die Häufigkeit und die Verteilung der inhaltlich trivialen Artikel sowie der einzelnen Trivialisierungsmechanismen wurden festgestellt und statistisch aufbereitet.
Mit der quantitativen Inhaltsanalyse konnte nur ein Teil der im Theorieteil aufgestellten Thesen überprüft werden, da sich viele behauptete Zusammenhänge der Nachprüfbarkeit durch quantitative Analysen entzogen. So decken die operationalisierten Begriffe einzelner Trivialisierungsmechanismen nicht immer den gesamten im Theorieteil für sie behaupteten Bereich ab. Deshalb wurde die quantitative Analyse in ihren einzelnen Schritten durch eine weiterführende *qualitative Analyse* ergänzt. Beide Analysen werden in der Darstellung jeweils deutlich voneinander getrennt.
Die inhaltsanalytische Fallstudie für drei aufeinanderfolgende Werktage wurde mit einer eintägigen *Gate-keeper-Untersuchung* kombiniert, in der versucht wurde, die Inlandsnachrichten zu ihrer Quelle (Agentur – Korrespondent – Pressestelle) zurückzuverfolgen, um das Ausmaß ihrer Fremdbestimmung als Indikator für eine zusätzliche Trivialisierung und die Veränderung des Trivialisierungsgrades während des Kommunikationsprozesses festzustellen. Eine kurze stützende Kommunikatorenbefragung ermöglichte diese Studie.

0.2. Methoden, Definitionen, Abgrenzungen

1. *Untersuchungsziel*
Nachweis der Häufigkeit und der Verteilung von – gemäß dem Theorieteil – trivialen und trivialisierten Nachrichten im Informationsteil der Massenmedien;
2. *Untersuchungsmethoden*
.1 quantitative Analyse von Medienaussagen
.2 qualitative Analyse von Medienaussagen, teilweise gekoppelt mit
.3 vergleichender Inhaltsanalyse von Agentur- und Pressestellenmaterial mit stützender Kommunikatorenbefragung (Gate-keeper-Studie)
3. *Reichweite der Untersuchung*
Fallstudie für eine Stadt: Münster
4. *Untersuchungsgegenstand:*
.1 acht in Münster erscheinende oder hier vorwiegend rezipierte Medien:
(1) Münstersche Zeitung
(2) Westfälische Nachrichten
(3) Frankfurter Allgemeine Zeitung
(4) Die Welt
(5) Bild-Zeitung
(6) WDR-Hörfunk (I. und III. Programm)
(7) Fernsehen – ARD
(8) Fernsehen – ZDF
.2 als Kontrollgruppe für 4.1 (6):
Hessischer Rundfunk
– als Vertreter der Hörfunknachrichten ‚mit Hintergrund'
.3 zwei Agenturen:
(1) dpa
(2) AP
.4 Pressematerialien, soweit identifzierbar veröffentlicht und erhältlich. Außerdem die Pressedienste folgender Presse- und Informationsstellen komplett:

Bundespräsidialamt, 53 Bonn, Kaiser-Friedrich-Str. 16
Deutscher Bundestag, 53 Bonn, Bundeshaus
Deutscher Bundesrat, 53 Bonn, Bundeshaus
Bundeskanzleramt, 53 Bonn, Adenauerallee 139
Bundespresseamt, 53 Bonn, Welckerstr. 11
Auswärtiges Amt, 53 Bonn, Adenauerallee 99

Bundesministerium für Arbeit, 53 Bonn-Duisdorf, Bonner Str. 85
Bundesministerium für Bildung und Wissenschaft, 53 Bonn, Heussallee 2
Bundesministerium für Ernährung, 53 Bonn-Duisdorf, Bonner Str. 85
Bundesministerium für Finanzen, 53 Bonn, Rheindorfer Str. 108
Bundesministerium für Forschung, 53 Bonn, Rheindorfer Str. 108
Bundesministerium für innerdeutsche Beziehungen, 53 Bonn–Bad Godesberg, Kölner Str.
Bundesministerium des Innern, 53 Bonn, Rheindorfer Str. 198
Bundesministerium für Jugend und Familie, 53 Bonn–Bad Godesberg, Kennedy-Allee 105
Bundesministerium der Justiz, 53 Bonn 1, Rosenburg
Bundespostministerium, 53 Bonn, Adenauerallee 81
Bundesministerium für Raumordnung, 53 Bonn–Bad Godesberg, Deichmannsaue
Bundesministerium für Verkehr, 53 Bonn, Sternstr. 100
Bundesministerium für Verteidigung, 53 Bonn 1, Hardthöhe
Bundesministerium für Wirtschaft, 53 Bonn, Villemomblerstr. 76
Bundesministerium für wirtschaftl. Zusammenarbeit, 53 Bonn, Friedr.-Ebert- Allee
Bundeszentrale für politische Bildung, 53 Bonn, Berliner Freiheit
SPD-Fraktion im deutschen Bundestag, 53 Bonn 12, Bundeshaus
CDU/CSU-Fraktion im Bundestag, 53 Bonn, Bundeshaus
CSU-Landesgruppe Bonn, 53 Bonn, Bundeshaus
FDP-Fraktion im Bundestag, 53 Bonn, Bundeshaus
SPD-Bundesgeschäftsstelle, 53 Bonn 1, Ollenhauer-Str. 1
Sozialdemokratischer Pressedienst, 53 Bonn, Heussallee 2
CDU-Bundesgeschäftsstelle, 53 Bonn, Friedr.-Ebert-Allee
FDP-Bundesgeschäftsstelle, 53 Bonn, Bonner Talweg 57
Bund der Vertriebenen, 53 Bonn, Gorch-Fockstr. 1
Deutscher Beamtenbund, 53 Bonn–Bad Godesberg, Kölner Str. 157
Deutscher Gemeindetag, 53 Bonn–Bad Godesberg, Koblenzer Str. 37
Deutscher Landkreistag, 53 Bonn, Adenauer Allee 136
Deutscher Industrie- und Handelstag, 53 Bonn, Adenauerallee 14
Zentralverband des Deutschen Handwerks, 53 Bonn, Johanniterstr.
Zentralausschuß Werbewirtschaft, 53 Bonn–Bad Godesberg, Schultheissgasse 3
Arbeitsgemeinschaft der Verbraucher, 53 Bonn-Lengsdorf, Provinzialstr. 89
Deutscher Städtetag, 5 Köln-Marienburg, Lindenallee 11
Deutsches Einzelhandelsinstitut, 5 Köln 1, Sachsenring 89
Bundesverband der deutschen Industrie, 5 Köln 10, Oberländer Ufer 84
Institut der deutschen Wirtschaft, 5 Köln 51, Oberländer Ufer 8
Bundesvereinigung der deutschen Arbeitgeberverbände, 5 Köln 51, Oberländer Ufer 7
Bundessozialgericht, 35 Kassel, Postfach
Deutsche Bundesbank, 6 Frankfurt 50, Wilhelm-Epsteinstr. 14
Gemeinschaftsdienst Boden- und Kommunalkreditinstitute, 6 Frankfurt, Neue Mainzer Str. 66
Arbeitgeber Presse- und Info.stelle, 62 Wiesbaden, Bismarckring 23
CSU-Landesgeschäftsstelle, 8 München 2, Lazarettstr. 33
ADAC-Hauptverwaltung, 8 München 22, Königsstr. 9
Bundesanstalt für Arbeit, 85 Nürnberg, Frauentorgraben 33
Deutscher Gewerkschaftsbund, 4 Düsseldorf, Hans-Böckler-Str. 39

5. *Gesamtuntersuchung;* keine Stichprobe
6. *Binnengrenzen* des Materials:
   .1 für die Zeitungen:
   der täglich erscheinende redaktionelle Teil
   ohne (1) Kommentare (Pressestimmen, Karikaturen)
   (2) Unterhaltungsteil (Romane, Erzählungen)
   (3) Beilagen (Sonntagsbeilage, Frauenseite)
   (4) Sportteil und Sportberichte (auch in anderen Ressorts)
   (5) Kulturteil
   (6) Servicemeldungen (Wetterbericht, Börsennotierungen)
   (7) Impressum
   (8) Lokalteil
   (9) Regionalteil
   (10) Fotos
   .2 für HF und FS:
   die jeweilige Haupt- (abend)nachrichtensendung:
   (1) WDR I, 19.00 h, Nachrichten
   (2) WDR III, 20.00 h, Nachrichten
   (3) HR, 17.00 h, Nachrichten mit Hintergrund
   (4) ARD, 20.00 h, Tagesschau
   (5) ZDF, 19.00 h, heute
   ohne (1) Kommentare
   (2) Sportberichterstattung
   (3) Servicemeldungen (Wetterbericht, Börsennotierung)
   (4) An- und Absagen
   (5) Bildteil
   .3 für Agenturen:
   die Basisdienste
   ohne (1) bis (7) entsprechend 6.1
   (8) ‚Zusammenfassungen' und ‚Kurzdienst'
   .4 für Pressedienste:
   Materialien, deren Verwendung in 6.1 und 6.3 nachgewiesen werden konnte und die erhältlich waren; für die 51 wichtigsten Pressestellen: Gesamtmaterial.
   .5 für 2.3 *nur* Inlandsmeldungen (Bundesrepublik).
7. *Untersuchungszeitraum:*
   .1 für 2.1 und 2.2 drei aufeinanderfolgende Tage:
   .1.1 für die Zeitungen: 10. bis 12. 7. 1974 (Mittwoch bis Freitag)
   .2 für HF und FS: 9. bis 11. 7. 1974 (Dienstag bis Donnerstag)
   .3 für die Agenturen: 8. 7. 1974, 20.00 h bis 11. 7. 1974, 20.00 h

.2 für 2.3 ein Tag und zwar der mittlere des U-Zeitraums 7.1

.2.1 für die Zeitungen: 11.7.

.2 für RF und FS: 10. 7.

.3 für die Agenturen: 9. 7., 20.00 h bis 10. 7., 20.00 h

.4 für die Pressematerialien: eine Woche, endend mit dem 10. 7. für Fernschreiben und Materialien aus Bonn, dem 9. 7. für die übrigen Materialien.

8. *Untersuchungseinheit*

.1 systematische Einheit:

.1.1 für Zeitungen, Agenturen und Pressestellen:
der unter einer Überschrift zusammengefaßte Artikel

.1.2 für HF und FS:
die in sich thematisch abgeschlossene, durch eine Sprechpause abgetrennte Nachricht

.2 Zähleinheit:
die durch *Absätze* voneinander getrennten Textpassagen, durch Sprechpause getrennten Teile einer systematischen Einheit.

9. *Dimensionen:*

(1) Medium
(2) Ausgabe
(3) Zeichenträger
(4) Ressort (nur für Zeitungen, ohne ‚Bild')
(5) Ort der Handlung
(6) Themenbereich
(7) Handlungsträger
(8) Trivialer Topos
(9) Personalisierung
(10) Privatisierung
(11) Parzellierung
(12) Ritualisierung
(13) Pointierung
(14) Verdinglichung
(15) Quelle 1
(16) Quelle 2

10. *Kategorien*

zu Dimension *Medium:*

(1) dpa
(2) AP
(3) WDR I
(4) WDR III

(5) HR
(6) ARD
(7) ZDF
(8) FAZ
(9) Die Welt
(10) Bild-Zeitung
(11) WN
(12) MZ

zu Dimension *Ausgabe*
(0) 11. 7. 1974 für Ztgn, 10. 7. für RF u. FS, 9./10. 7. für Ag.
(1) 10. 7. 1974 für Ztgn, 9. 7. für RF u. FS, 8./ 9. 7. für Ag.
(2) 12. 7. 1974 für Ztgn, 11. 7. für RF u. FS, 10./11. 7. für Ag.

zu Dimension *Ressort*
(0) Ohne (für HF, FS, ‚Bild')
(1) Politik
(2) Wirtschaft
(3) ‚Vermischtes' (Deutschland und die Welt, Aus aller Welt)

zu Dimension *Handlungsort*
(0) BRD
(1) Ausland (incl. DDR)

zu Dimension *Themenbereich*
(1) Politik (incl. Wirtschaftspolitik der Staatsorgane)
(2) Soziales und Kultur (incl. Schulen und Hochschulen)
(3) Wirtschaft (ohne Wirtschaftspolitik der Staatsorgane)
(4) Justiz und Kriminalität (Gerichtsberichte, Kriminalberichte)
(5) Unfälle und Katastrophen
(6) Wissenschaft und Technik
(7) Prominenz (Sammelkategorie für alle Personalia und Klatschberichte über bekannte Personen, incl. ‚Stars')
(8) Klatsch und Schicksal Unbekannter (Sammelkategorie für alle Personalia und Klatschgeschichten über Personen, die nicht dem Bereich des ‚öffentlichen Lebens' zuzuordnen sind)
(9) Sonstiges (Sammelkatalog)
(10) Krieg (incl. Bürgerkrieg)

zu Dimension *Handlungsträger*
(1) Parlament (incl. Landes- und Stadtparlamente, Wahlen)

(2) Regierung (incl. Regierungsbürokratie, Landesregierungen, Bürgermeister, Bundespräsident)
(3) Parteien
(4) Öffentliche Institutionen (incl. Verwaltung, Bürokratie, Gerichte, Bildungsinstitutionen, Bundesbank etc.)
(5) Interessengruppen (incl. Gewerkschaft, Kirchen etc.; *ohne* I. der Unternehmer)
(6) Unternehmer – Interessengruppen (incl. Bauernverband)
(7) Firmen (*nur* wenn Berichterstattung *nicht* ausschließlich über und aus der Sicht des Kapitals)
(8) Unternehmer (*nur* wenn Berichterstattung ausschließlich über und aus der Sicht des Kapitals)
(9) Sonstige Organisationen (unabhängige Forschungsinstitute, gemeinnützige Verbände etc.)
(10) ‚Stars'
(11) sonstige nicht organisierte Einzelpersonen
(12) unbekannt, unklar (Sammelkategorie)

zu Dimension *Trivialer Topos:*
(0) Nein
(1) Ja
Der triviale Topos wird unterstellt, wenn (1) *nicht* Themenbereich (1) bis (3) vorliegt *und* (2) sich die Schilderung in einem abgeschlossenen Einzelfall ohne Einordnung in einen übergeordneten Zusammenhang erschöpft *und* (3) das geschilderte Geschehen für keinen Personenkreis außer den direkt Betroffenen, die nur eine kleine Gruppe darstellen, Auswirkungen hat *und* (4) dem Geschehen *nicht* auf Grund besonderer Umstände hervorragende Bedeutung zugewiesen werden muß.

zu Dimension *Personalisierung*
(0) Nein
(1) Ja
Personalisierung wird unterstellt, wenn
(1) Namen (oder Titel), die den Funktionsträger eindeutig kennzeichnen (Bundeskanzler), einer oder mehrerer Personen genannt werden *und* (2a) der Name/Titel in der Überschrift *oder* (2b) in mehr als der Hälfte der einzelnen Abschnitte dieses Artikels angeführt oder ausschließlich eine Äußerung des Funktionsträgers referiert wird.

zu Dimension *Privatisierung*
(0) Nein
(1) Ja
Privatisierung wird angenommen, wenn
Ausführungen über oder Hinweise auf die der Privatsphäre zuzurechnenden Bereiche eines Funktionsträgers, der namentlich genannt oder identifizierbar ist, enthalten sind (insbesondere: Familienverhältnisse, Lebensgewohnheiten, Freizeitverhalten).

zu Dimension *Parzellierung*
(0) Nein
(1) Ja
Parzellierung wird angenommen, wenn
(1) sich mehr als die Hälfte der Absätze eines Artikels darin erschöpfen, rein Äußerliches (Sichtbares) mitzuteilen und dabei den über das Äußerliche hinausgehenden Gehalt eines Geschehens unberücksichtigt lassen;
oder
(2) wenn für ein begrenztes, kleines Einzelereignis keine Begründung geliefert und kein Sinnzusammenhang hergestellt wird, obwohl dies naheliegend und erforderlich wäre.
Eine Überprüfung innerhalb des trivialen Topos ist nicht sinnvoll; deshalb entfällt sie dort.

zu Dimension *Pointierung*
(0) Nein
(1) Ja
Pointierung wird behauptet, wenn (1) die Nachricht ein Geschehen mit Situationskomik oder eine kuriose Begebenheit schildert *und* (2) durch den Aufbau und den Stil der Nachricht dies hervorgehoben wird,
oder (3), wenn ein in sich ‚trockenes' Geschehen bei der Nachrichtengestaltung durch die Verwendung von nicht sachbezogenen Assoziationsketten angereichert wird, die kurios oder komisch wirken.

zu Dimension *Verdinglichung*
(0) Nein
(1) Ja
Verdinglichung wird angenommen, wenn
(1) in einem Artikel die Handlungsträgergruppe für ein Geschehen nicht genannt wird, *obwohl* (2) eine solche Handlungsträgergruppe

existiert, und (3) an ihrer Stelle eine Sache als verantwortlich für das Geschehen bezeichnet oder eine Passivkonstruktion verwendet wird. Dabei reicht es (4) *nicht* aus, daß die Sachbezeichnung lediglich bildhaft für eine Personengruppe steht (beispielsweise „Bonn" für die Bundesregierung); vielmehr muß das Ersetzen der Sachbezeichnung durch eine Personen(gruppen)bezeichnung unmöglich sein.

zu Dimension *Quelle 1*

(1) Quelle unbekannt

(2) Vermutlich Eigenbericht (die Eigenkennzeichnung des Mediums läßt auf Eigenbericht schließen, ohne daß dies nachgewiesen werden konnte).

(3) Eigenbericht mit Zusatz (nach den Angaben der Kommunikatoren handelt es sich um einen Eigenbericht, in den jedoch weitere aktuelle Quellen eingebracht worden sind (die unter Quelle 2 genannt werden)).

(4) Eigenbericht (nach den Angaben der Kommunikatoren handelt es sich ausschließlich um einen Eigenbericht des untersuchten Massenmediums).

(5) dpa

(6) AP

(7) ddp

(8) afp

(9) Reuter

(10) SAD

(11) ASD

(12) alle Agenturen (die Meldung basiert auf mehr als zwei Berichten verschiedener Agenturen).

(13) Dokument

(14) Mischkategorie:
für Regionalzeitungen: dpa-lnw
für die anderen Medien: vwd (*nicht* über dpa)

(60) bis (149) und (151) bis (210): Pressestellen

(150) Sonstiges (Sammelkategorie; insb.: epd, KNA, Nachdruck von Veröffentlichungen und Interviews anderer Massenmedien)

zu *Dimension Quelle 2:*

(0) Ohne

(1) bis (210) entsprechend Quelle 1.

Die quantitative Untersuchung wurde Verläßlichkeits- und Gültigkeitstests unterworfen, die hier aus Platzgründen nicht abgedruckt sind.

Ebenfalls aus Platzgründen wurde verzichtet auf die Wiedergabe der Ergebnisse einer Korrelation der Basisdaten (Medium, Ressort, Handlungsort, Themenbereich, Handlungsträger), einer Bild- und Filmanalyse sowie einer Befragung der betroffenen Redaktionen zu ihrem Selbstverständnis.

> dpa 139 al
> die rose der rose =
> london, 9. juli 74 dpa – spontan griff der italienische gastarbeiter michele di tursi nach einer rose, als koenigin elizabeth in windsor an dem restaurant vorbeiging, in dem er seit zwei monaten als kellner arbeitet. er rannte auf die strasse. „fuer sie (anrede), weil sie (anrede) die schoenheit einer rose haben", sagte er artig in gebrochenem englisch und ueberreichte sein praesent. die monarchin in ihrem bunten sommerkleid dankte freundlich fuer „diese huebsche ueberraschung", das wohlwollen der koenigin ersparte dem 32jährigen junggesellen michele unannehmlichkeiten, denn als er sich von seiner galanten verbeugung aufgerichtet hatte, war er von weniger wohlwollenden sicherheitsbeamten umringt.
> die koenigin, so hiess es im schloss windsor, war ueber die gabe geruehrt und trug sie nach dem theaterabend „nach hause". vielleicht wertete sie als zeichen besonderer aufmerksamkeit, was der spender in der eile sicher gar nicht beachtet hatte: bei der rose handelte es sich um eine rosafarbene zuechtung mit dem namen „queen elizabeth".
> dpa 139 nm kn am 09. jul 74 1431

1. Der triviale Topos

1.1 Quantitative Analyse

1.1.1 Korrelation mit den Basisdaten (s. Tab. 1 und 2 auf S. 50 f.)

1.1.1.1 Globalverteilung

Mit der Definition des trivialen Topos wurde versucht, jene Gruppe von Nachrichten, von denen behauptet werden kann, daß die Relevanz ihres Inhaltes geringer ist als die aller anderen Nachrichten, abzugrenzen.

Dabei wurden die – letztlich willkürlichen – Grenzen so eng gezogen, daß von einer allgemeinen Übereinstimmung, diese Artikel als trivial zu bezeichnen, ausgegangen werden kann. Im Untersuchungsmaterial lassen sich deutlich vier Gruppen scheiden: Die Rundfunk- und Fernsehnachrichten, bei denen der Topos praktisch nicht auftritt, die Agenturen und überregionalen Abonnementzeitungen mit einem Anteil zwischen 10 und 16 Prozent, die regionalen Zeitungen mit 22 bis 24 Prozent und schließlich die ‚Bild'-Zeitung als Vertreterin der Massenpresse, bei der die Hälfte aller Artikel der Gruppe des trivialen Topos zuzurechnen ist. Bei einer Auswertung der Ergebnisse wird deutlich, daß Anteilsunterschiede zwischen den einzelnen Medien*gruppen* auf unterschiedliche Schwerpunkte der Berichterstattung zurückzuführen sind: Mediendurchgängig konzentrieren sich die Artikel mit trivialem Topos auf die Themenbereiche *Justiz, Prominenz und Klatsch,* bei der Dimension Handlungsträger auf die Gruppe der *‚nicht organisierten Einzelpersonen'.* Somit läßt sich der extrem geringe Anteil des Topos bei Rundfunk und Fernsehen mit ihrer Nachrichtenbeschränkung auf ‚Haupt- und Staatsaktionen' ebenso wie der extrem hohe Anteil der ‚Bild'-Zeitung mit den dort hohen Anteilen der Themenbereiche Klatsch, Prominenz und nicht organisierte Einzelpersonen, aus der Verteilung der unabhängigen Variablen ableiten. Dagegen trifft dies nicht – jedenfalls nicht allein – zu für die Unterschiede innerhalb der Mediengruppen Agentur und überregionale Zeitung sowie für die Stufe zwischen überregionalen und regionalen Zeitungen: Hier unterscheidet sich in erster Linie der Anteil von Artikeln mit trivialem Topos *innerhalb* der einzelnen Themenbereichs- und Handlungsträgergruppen. Mit anderen Worten: Der höhere Anteil des trivialen Topos bei der ‚Bild'-Zeitung gegenüber dem dpa-Material ist in erster Linie auf einen anderen Schwerpunkt der globalen Nachrichtengebung zurückzuführen; der höhere Anteil des trivialen Topos bei dpa gegenüber AP ist in erster Linie auf unterschiedliche Auswahl, Aufbereitung und Verarbeitung des Materials *innerhalb* der einzelnen Themenbereiche und Trägergruppen zurückzuführen.

1.1.1.2 Ressort

Bei der Aufgliederung nach Ressorts bei den Zeitungen läßt sich die Sonderstellung der überregionalen Zeitungen im Wirtschaftsressort – ein Drittel aller Artikel mit trivialem Topos ist hier angesiedelt, gegenüber 0 Prozent bei den übrigen Massenmedien – auf den eng begrenzten Bereich der Wirtschafts-Prominenz-Berichterstattung zurückführen. Bemerkenswert ist jedoch der deutlich höhere Anteil des trivialen Topos im *politischen* Ressort bei den Regionalzeitungen gegenüber den überregionalen Zeitungen: Während das politische Ressort bei den überregionalen Blättern praktisch frei vom trivialen Topos ist, läßt sich bei den regionalen Zeitungen eine Tendenz nachweisen zur verstärkten Trivialisierung auch im politischen Ressort. Dabei beschränkt sich der triviale Topos auf eine enge Gruppe, nämlich die Berichterstattung über die Regierungsprominenz (Anteil über 80 Prozent je Medium am Gesamtanteil des trivialen Topos im politischen Ressort).

1.1.1.3 Handlungsort

Eine Aufteilung des Materials nach dem Handlungsort zeigt: Die Auslandsberichterstattung ist nicht nur mediendurchgängig von geringerem Umfang, ihr Schwerpunkt liegt nicht nur auf den unpolitischen, ,unteren' Themenbereichen, zusätzlich ist der Anteil des Trivialen nicht nur global für die einzelnen Medien, sondern auch innerhalb der Mehrheit der einzelnen Themenbereiche und Trägergruppen höher als in der Inlandsberichterstattung.[1]

1.1.1.4 Themenbereich

Der triviale Topos konzentriert sich auf vier Themenbereiche[2]; sein Anteil ist am höchsten bei den Kategorien Klatsch, Unfall/Katastrophen, Justiz/Kriminalität und Prominenz. Das Verbrechen, der Kampf mit den Naturgewalten, das (,gar nicht so') süße Leben der Mächtigen und der Kochtopf des Nachbarn sind zentrale Kristallisationspunkte des Trivialen weit über den Bereich des medialen Nachrichtenteiles hinaus. Sie lassen sich ebenso in der Literaturgeschichte nachweisen wie in der Aufteilung der auflagenstärksten Heftchenreihen der großen Romanheftverlage: Krimi, Western, Grafenroman, Schicksalsroman.
Während die Kategorien Unfall und Klatsch mediendurchgängig einen hohen trivialen Topos-Anteil aufweisen, zeigen sich bei Justiz – durchschnittlich geringer Topos-Anteil – und Prominenz – durchschnittlich hoher Topos-Anteil – medienspezifische Unterschiede: Bei der ,Welt' konnte bereits ein geringer Anteil an Artikeln dieses Themenbereiches

---

[1] Ein gegenläufiger Trend ist bei den Themenbereichen Unfall/Katastrophen und Klatsch zu beobachten.

[2] Dabei ist zu berücksichtigen, daß die Themenbereiche (1) bis (3) qua definition keinen trivialen Topos enthalten.

ebenso wie das Spezifikum einer starken Verlagerung der Justiz/Kriminalitäts-Berichte in das politische Ressort aufgezeigt werden. Die sich dabei bereits abzeichnende Tendenz verstärkt sich beim trivialen Topos. Der Anteil des trivialen Topos an allen Kriminalberichten ist mit 15 Prozent deutlich geringer als bei den anderen Medien (Durchschnitt: 40 Prozent); gleichzeitig ist der Anteil der Kategorie ‚Kriminalität' an der Gesamtgruppe des trivialen Topos der kleinste Anteil aller Artikel bei der ‚Welt' im Vergleich zu allen anderen Massenmedien. Dem gegenüber ist der Anteil der Kategorie Prominenz mit 61 Prozent extrem hoch; der höchste aller untersuchten Medien. Im Vergleich zwischen FAZ und ‚Welt' bedeutet dies, daß die Struktur der Gruppe des trivialen Topos bei beiden Medien unterschiedlich ist: bei der FAZ annähernd die ‚Normalverteilung', bei der ‚Welt' stärkste Konzentration in der trivialen Prominenzberichterstattung bei gleichzeitig geringem und geringer trivialisiertem Anteil der Kriminalberichte. Vergleichbares gilt für dpa und AP.

1.1.1.5 Handlungsträger

Von den Handlungsträgern spielen die ‚nicht organisierten Einzelpersonen' im trivialen Topos die wichtigste Rolle. Diese Artikelgruppe ist nicht nur stark trivialisiert, sondern stellt gleichzeitig auch innerhalb des Gesamtbereiches des trivialen Topos mediendurchgängig die größte Einzelkategorie.[3] Dem gegenüber ist die Kategorie Stars zwar extrem trivialisiert, wegen ihrer geringen Größe aber innerhalb des trivialen Topos von untergeordneter Bedeutung. Von den Handlungsträgern Parlament, Regierung und Parteien läßt sich lediglich für die Regierung, und zwar in den regionalen Zeitungen und in der ‚Bild'-Zeitung ein Anteil des trivialen Topos nachweisen, während die beiden anderen Kategorien gegen 0 tendieren.

1.1.2 Trivialisierungsmechanismen im trivialen Topos

Mit dem Begriff des trivialen Topos sollte eine Gruppe von Artikeln abgegrenzt werden, deren Ausmaß der Trivialisierung höher ist als das aller anderen Artikel. Mit der Aussonderung dieser Extremgruppe aus dem Untersuchungsmaterial *vor* dem Nachweis der Trivialisierungs*mechanismen*verteilung soll versucht werden, ein differenzierteres Bild des

---

[3] Bei den überregionalen Zeitungen zeigt sich eine gewisse Abweichung durch den Spezialfall der Wirtschaftsprominenz.

Tab. 1 Der Anteil des trivialen Topos *an* den Basisvariablen *in %*

	dpa	AP	FAZ	WELT	BILD	WN	MZ
Gesamt	14	10	16	11	50	22	24
Pol	[18]	[11]	2	2	—	11	6
Wirt	0	0	15	9	—	0	0
Verm	—	—	51	45	—	61	63
BRD	13	9	17	11	46	15	17
Ausl	16	10	15	11	55	42	35
Jus	40	13	41	15	59	60	60
Unf	75	70	80	(50)	(88)	(100)	(78)
Prom	54	71	52	71	80	64	75
Klatsch	(100)	(50)	(100)	(75)	95	(100)	(83)
Reg	5	7	4	3	32	20	16
Öff	15	9	15	8	16	17	35
Uint	0	0	(11)	(5)	0	0	0
Unt	4	0	25	13	(9)	0	0
Star	(100)	(100)	(100)	(86)	95	(100)	(100)
Sonst	66	37	69	43	73	82	64
Pol/Prom			(83)			(87)	
/Reg			(83)			(80)	
Wirt/Prom			100				

	HR	WDR1	WDR3	FS1	FS2
Gesamt	0	3	0	2	5

[] Werte beinhalten Pol + Verm
() Basis < 10
— Kategorie trifft nicht zu

Nachrichtenmaterials der Massenmedien in bezug auf seine Trivialisierung zu geben. Dies schließt selbstverständlich nicht aus, daß innerhalb des Bereiches des trivialen Topos sich einzelne Trivialisierungsmechanismen nachweisen lassen. Im Gegenteil ist anzunehmen, daß gerade in dieser Extremgruppe die einzelnen Trivialisierungsmechanismen gehäuft auftreten (mit Ausnahme der Parzellierung, die ein Mindestmaß an inhaltlichem Gehalt der Artikel voraussetzt und deshalb hier außer acht gelassen wird).

Tatsächlich treten beim trivialen Topos die Mechanismen Personalisierung, Privatisierung, Ritualisierung und Pointierung gehäuft auf, und zwar – um ein Ergebnis der Auswertung des übrigen Materials vorwegzunehmen – durchgängig häufiger als im Restmaterial. Die Steigerungsraten sind extrem bei Privatisierung und Pointierung, die global im Restmaterial eine sehr untergeordnete Rolle spielen und nur punktuell in einigen

Tab. 2 Die Verteilung der Basisvariablen *innerhalb* des trivialen Topos *in %*

	dpa	AP	FAZ	WELT	BILD	WN	MZ
Pol	—	—	5	9	—	28	13
Wirt	—	—	31	33	—	0	0
Verm	—	—	64	58	—	72	87
			100	100		100	100
BRD	49	41	62	61	51	53	46
Ausl	51	59	38	39	49	47	54
	100	100	100	100	100	100	100
Jus	37	21	29	12	22	28	46
Unf	22	24	21	6	9	16	15
Wiss	3				3		
Prom	21	41	39	61	32	44	26
Klatsch	12	10	9	9	24	9	11
Sonst	6	3	2	12	9	3	2
	101	99	100	100	99	100	100
Parl		3				3	
Reg	10	24	7	6	10	22	13
Öff	19	21	11	9	4	13	20
Int			2				
Uint			4	3			
Wirt	1		2				
Unt	3		27	30	1		
Org	1			3	7		
Star	7	14	2	18	26	19	20
Sonst	54	34	43	27	45	44	46
Ohne	3	3	2	3	7		2
	98	99	100	99	100	101	101
N =	68	29	56	33	73	32	46

Rundungsfehler!

Themenbereichen hervortreten. Hier im Bereich des trivialen Topos zeichnet sich die Bedeutung beider Mechanismen für die Trivialisierung des Nachrichtenteils der Massenmedien bereits in der Globalverteilung der einzelnen Medien ab.

Der Anteil der *personalisierten* Artikel im Bereich des trivialen Topos liegt global bei den einzelnen Medien zwischen 49 und 82 Prozent. Dabei ragt der 82-Prozent-Anteil der ‚Welt' aus dem Durchschnitt deutlich heraus und gewinnt sowohl durch den ‚Welt'-spezifischen Schwerpunkt im ‚Vermischten' als auch dadurch zusätzliche Bedeutung, daß bei dieser Zeitung der Personalisierungsanteil im Restbereich der Berichterstattung

Tab. 3 Trivialisierungsmechanismen im Topos
Der Anteil der Trivialisierungsmechanismen innerhalb des trivialen Topos *in %*

	dpa	AP	FAZ	Welt	Bild	WN	MZ
Personalisierung	49	55	50	82	62	69	57
Privatisierung	19	24	11	18	34	22	11
Pointierung	49	45	27	36	50	25	41

mit 33 Prozent am unteren Ende der einzelnen Medien liegt: Der Trend zur Personalisierung konzentriert sich bei der ‚Welt' – im Gegensatz zu den übrigen Massenmedien – auf den Bereich des trivialen Topos im vermischten Ressort bei gleichzeitig im Medienvergleich geringer Nutzung dieses Mechanismus im übrigen Nachrichtenteil.
Der Einfluß des Trivialisierungsmechanismus Privatisierung ist gegenüber der Personalisierung, die in der Regel Voraussetzung für ihn ist, geringer, aber in allen Massenmedien deutlich nachweisbar.
In 25 bis 50 Prozent aller Fälle war bei den einzelnen Massenmedien im Bereich des trivialen Topos die Situationskomik eines Geschehens Anlaß oder Schwerpunkt der Berichterstattung.

1.1.3 Zusammenfassung der quantitativen Analyse

Der Anteil von Artikeln, die dem trivialen Topos zuzurechnen sind, differiert bei den einzelnen Mediengruppen sehr stark: Auf Grund der Themenbeschränkung dieser Medien taucht der Topos einerseits bei Hörfunk und Fernsehen nicht auf, während er andererseits bei der Kaufpresse die 50-%-Schwelle erreicht. Trotz dieser globalen Unterschiede lassen sich jedoch eine Reihe entscheidender mediendurchgängiger Tendenzen nachweisen: Der Topos konzentriert sich neben der insgesamt kleinen Gruppe der Star-Berichterstattung mit einem Topos-Anteil von 100% mediendurchgängig auf eine Handlungsträgergruppe: die nicht organisierten Einzelpersonen; entsprechend weisen einen hohen Topos-Anteil die Themenbereiche Justiz/Kriminalität, Unfall/Katastrophen, Klatsch und Prominenz auf. Wenn in der Zusammenfassung der Basisdatendarstellung darauf hingewiesen wurde, daß Einzelpersonen im Nachrichtenteil der Massenmedien zwar erscheinen, aber schwerpunktmäßig nur als Verbrecher, Opfer eines Unglücksfalles oder Objekte des Klatsches, so ist nun weitergehend zu konstatieren, daß die Möglichkeit, zumindest bei einem Teil dieser Themen zu einer sachkundigen, von Erkenntnisinter-

esse geleiteten, informativen Berichterstattung zu gelangen gerade über jenen Personenkreis, dem die Rezipienten angehören, nicht genutzt wird. Als Objekt des Amusements wird dem Rezipienten der Massenmedien zunächst und vor allem sein eigenes Spiegelbild angeboten.
Im Bereich des trivialen Topos lassen sich die Trivialisierungsmechanismen verstärkt nachweisen; gegenüber dem übrigen Material finden sich gehäuft insbesondere die – sonst kaum nachgewiesenen – Methoden der Privatisierung und der Pointierung: Beim Unwichtigen und Bedeutungslosen muß mehr noch als sonst Situationskomik und journalistischer Gag, der bekannte Namen und die Schlüssellochperspektive als Auslöser der Berichterstattung herhalten. Dabei erreichen Personalisierung, aber auch Privatisierung ihre hohen Anteile durch die Prominenten-Geschichten über Stars und Regierungsmitglieder. Für Situationskomik aber bieten insbesondere Klatschgeschichten und Kriminalberichte Gelegenheit.

1.2 Qualitative Analyse

Es soll versucht werden, den trivialen Topos beispielhaft an einzelnen markanten Artikeln aus dem Untersuchungsmaterial aufzuzeigen und seine Funktionen zu erläutern. Die bei der quantitativen Analyse festgestellten Schwerpunkte der Unfallberichterstattung, der Berichte über Prominente und über Menschen ‚wie du und ich' sollen dabei an je einem für sie charakteristischen Massenmedium dargestellt werden: Der FAZ, der dpa und der ‚Bild'-Zeitung. Die Justiz- und Kriminalitätsberichterstattung, an der auch Artikel ohne trivialen Topos einen erheblichen Anteil haben, soll später in einem getrennten Kapitel besprochen werden.

1.2.1 Unfall- und Katastrophenberichte im Nachrichtenteil der Massenmedien, dargestellt am Beispiel der FAZ

„Auf der Sauerland-Linie verunglückte in der Nacht zum Mittwoch bei Wetzlar ein Lastzug; er stürzte von einer Brücke etwa 25 Meter tief hinab. Der Beifahrer kam ums Leben, der Fahrer, der vermutlich übermüdet gewesen war, hatte kurz vor dem Absturz noch abspringen können. (dpa)"[4]
„In eine Schlucht von fast 200 Metern Tiefe ist in Peru, 800 Kilometer nördlich von Lima, ein mit 19 Personen besetzter Lastwagen gestürzt. Alle Insassen kamen ums Leben. Die Ursache des Unglücks ist ungeklärt. (dpa)"[5]

[4] FAZ, *11*, 58.
[5] FAZ, *12*, 77.

„Ein amerikanisches Militärflugzeug mit zwei Piloten und sieben Passagieren an Bord ist am Dienstag in der Nähe von Neapel abgestürzt. Die Insassen sind ums Leben gekommen. Ein Bauer und seine beiden Söhne, die in unmittelbarer Nähe der Absturzstelle auf dem Feld arbeiteten, erlitten lebensgefährliche Verbrennungen. Das Flugzeug befand sich auf dem Flug von Neapel nach Spanien. (dpa)"[6]

1.2.1.1 Um einige Daten zu rekapitulieren: Im Untersuchungszeitraum veröffentlichte die FAZ 15 Artikel der Kategorie ‚Unfall/Katastrophen'; dies sind 4 Prozent des Gesamtmaterials dieser Zeitung bzw. 22 Prozent des vermischten Ressorts. Zwölf dieser Artikel (= 80 Prozent) wurden dem trivialen Topos zugerechnet; diese 12 Artikel wiederum machen 22 Prozent aller Artikel mit trivialem Topos in der FAZ aus. Im Medienvergleich liegen alle genannten Prozentzahlen im oberen Grenzbereich der auftretenden Werte.

1.2.1.2 Die folgenden Ausführungen beziehen sich auf die FAZ. Sie sind jedoch übertragbar auf die anderen Massenmedien[7], bei denen keine grundsätzlichen Abweichungen in der Artikelstruktur festzustellen sind.

1.2.1.3 Die Unfall- und Katastrophenberichte bilden eine kleine Kategorie, wobei zusätzlich noch zu berücksichtigen ist, daß es sich bei den Artikeln in aller Regel um Kurzmeldungen handelt; aber eine Kategorie von hoher Homogenität und Konstanz: Drei bis vier Unfallmeldungen täglich gehören zum festen Erscheinungsbild einer Zeitung; eine FAZ-Ausgabe ohne Unfallbericht ist undenkbar. Die Auswahl der Einzelthemen ist jahraus, jahrein täglich dieselbe: Der Bus, der in Südamerika in eine Schlucht stürzt, der Flugzeugabsturz, bei dem sich der Pilot mittels Schleudersitz rettet (oder auch nicht), der Lastersturz von der Autobahnbrücke und sein übermüdeter Fahrer – sie alle sind längst festgefügte Klischees, die schon mit der Nennung nur eines Reizwortes einschnappen. Stil und Aufmachung der Meldungen sind ebenso standardisiert wie ihr Inhalt: Festgefügte Versatzstücke, die nur noch mit Namensnennungen gefüllt zu werden brauchen.

1.2.1.4 Unfall- und Katastrophenberichte werden, um ein Ergebnis der ‚Gate-keeper-Studie' vorwegzunehmen, in aller Regel aus dem Agentur-

---

[6] FAZ, *10*, 63.

[7] Mit Ausnahme der Rundfunk- und Fernsehnachrichten, bei denen eine Aussage wegen des geringen Umfanges nicht möglich ist.

material übernommen; bei den Agenturen läßt sich der Zwang zum täglich gleichen Grundlevel an ‚Unfall und Katastrophen' ebenso nachweisen wie bei ihren Kunden. Erhalten die Zeitungen die Meldungen von den Agenturen frei Haus geliefert, so beziehen die Agenturen ihre Texte ohne Mühen eigener Recherchen und ohne Arbeitsaufwand Tag für Tag aus dem immer gleichen, unüberschaubaren Strom der Verlautbarungen Hunderter örtlicher Polizeidienststellen allein in der BRD.

1.2.1.5 Das ständige Einerlei des Rituals wird unterbrochen höchstens durch die Situationskomik eines Geschehens. Der journalistische Gag wird zum Auswahlprinzip: Feuer auf Java. „Es entstand, als eine Katze eine Maus jagte und eine brennende Petroleumlampe umstieß."[7a]

1.2.1.6 Aus .1.3 bis .1.5 läßt sich ableiten:

- Schon die Vorstellung, eine derartige Berichterstattung könne das Wichtige und Symptomatische, das Besondere und die Ausnahme herausarbeiten, ist irrig. Von etwa 50 Verkehrstoten der BRD[8] werden Tag für Tag ein bis zwei in immer gleicher Manier journalistisch „aufbereitet" und „verbraten".
- Zwischen Tausenden von Einzelfällen nach einem Zusammenhang zu suchen oder gar nach Ursachen zu fragen, kurz: das Geschehen zu begreifen, wird erst gar nicht versucht; statt dessen wird das Äußerliche des Einzelfalles liebevoll bis ins letzte Detail nachgezeichnet: 18 500 Verkehrstote im Jahr und 517 000 Unfallverletzte[9] lassen sich nicht ins journalistische Konzept pressen, aber die Tatsache, daß der verunglückte Lastzug „Pudding und Käse" geladen hatte[10], macht eine Meldung meldenswert.
- Auch die Chance zur Betroffenheit über die Tragik des einzelnen Falles ist längst versperrt durch das Stakkato des täglich Gleichen und durch den Einheitslack eines Jargons, der 100 Taifuntote in Japan auf dieselbe Dimension schrumpfen läßt wie drei brennende Häuser auf Java dank mausender Katze.[11]

[7a] FAZ, *11*, 60.
[8] Quelle: Nimmergut (1973).
[9] A.a.O.
[10] dpa, *10*, 123.
[11] FAZ, *11*, 60.

1.2.1.7 Aber all dies – Betroffenheit wecken durch Einsicht, die Möglichkeit zum Begreifen bieten – ist auch gar nicht die Absicht der Unfall- und Katastrophenberichte der Medien. Wenn anhand eines so kleinen, banalen und scheinbar selbstverständlichen Berichterstattungsbereiches wie ‚Unfall und Katastrophen' eine Demaskierung der Nachrichtenproduktion und -verarbeitung als Vehikel zur Vermittlung von Ideologie als gewagt bis absurd erscheinen muß, dann liefert die FAZ in ihrer eigenen Selbstdarstellung und in dem ihr eigenen Stil einen Beleg hierfür:

> „Verbrechen, Hunger und Verschwendung, Glaubensmut und Albernheit, Reklamesucht und Großherzigkeit sind überall in der Welt zu finden; wir wollen von ihnen erfahren und darüber sprechen. Die Seite ‚Deutschland und die Welt' bemüht sich, zu verhindern, daß Freud und Leid, daß, mit einem Wort, der Mensch mit seinem Widerspruch, mit seiner Größe und Komik ganz im Dickicht der Politik verschwindet. (. . .) die Welt, in der wir leben, besteht aus mehr und bringt unablässig große und kleine Ereignisse hervor, die, genauer betrachtet, das *eigentliche Leben* ausmachen. (. . .) Auf der Seite ‚Deutschland und die Welt' werden sie mit offenen Armen aufgenommen, dort tummeln sie sich mit dem heimlich-stolzen Gefühl, daß sie *doch erst richtig das wahre Leben sind.* (. . .) (:) Ein schwerer Autounfall, eine auffallende Eheschließung oder ein Raubmord, eine Naturkatastrophe, alle Arten von Unglücksfällen, Verbrechen, Prozesse, Entführungen (. . .)."[12]

Hier also, nicht bei irgendeinem Provinzblatt oder der ‚Bild'-Zeitung, sondern bei „einer der großen Zeitungen der Welt", findet sie sich wieder, diese Vorstellung, das „eigentliche", „erst richtig wahre Leben" beginne jenseits des „Dickichts der Politik" – also offenbar jenseits von Interessen und Interessengegensätzen, in jenem unerklärbaren und unerklärlichen Bereich der Auseinandersetzung des Menschen mit Natur und dem (unbegreifbar, unbegriffen) „Bösen". Dieser FAZ-eigene Ideologieverschnitt spiegelt nichts anderes als Traum und Trauma eines Bürgertums von der großen Freiheit jenseits der eigenen Normen, wobei nur die extreme Ritualisierung und der Jargon der Berichterstattung noch verdecken können, daß auch diese Freiheit sich längst reduziert auf einen Haufen Schrott an der Leitplanke: Die Vorstellung eines „schweren Autounfalles" als Facette des „doch erst richtig, wahren Lebens" – nicht vom Autor in das Untersuchungsmaterial hineininterpretiert, sondern von den Journalisten selbst propagiert – bestätigt nicht nur Goddards ‚Weekend', die tagtäglichen Meldungen der FAZ lassen die Filmaussage noch harmlos erscheinen. Bei der Unfall- und Kriminalitätsberichterstattung

---

[12] FAZ (Hrsg.): Alles über die Zeitung (Frankfurt[2] 1974), S. 35 – durch die Zusammenziehung der Zitate wurde ihre Aussage polemisch überhöht.

handelt es sich um *ein* Mosaik, ein kleines Mosaik, eines degenerierten und ins Unendliche perpetuierten 1001-Nacht-Zyklus.

1.2.2 Die Berichterstattung über Regierungsprominenz am Beispiel der dpa-Meldungen über die Krankheit Francos

Für die Analyse des trivialen Topos bei der Berichterstattung über die Regierungsprominenz wurde mit Absicht ein Grenzfall ausgewählt, um durch die Gegenüberstellung zweier verschiedener Berichterstattungstypen die Methoden der Trivialisierung verdeutlichen zu können. Zum besseren Verständnis sind die schwer zugänglichen Originaltexte im Anhang wiedergegeben.[13] Der Bericht der FAZ erschließt als einziger von allen Medien die politische Dimension des Geschehens um die Erkrankung des spanischen Staatspräsidenten: Das Einsetzen des Machtkampfes um das politische Erbe, die Furcht des vereinten (auch des ausländischen) Großkapitals und der privilegierten Nutznießer eines diktatorischen Regimes um ihre Vorrechte, das Wiederauftauchen einiger obskurer, längst vergessen geglaubter Gestalten auf der politischen Szene, die mit Resignation gepaarte Hoffnung breiter Bevölkerungsschichten auf politische Veränderung nach dem Tod Francos – dies alles addiert sich zu einer momentanen Strukturkrise des diktatorischen Regimes. Von all dem ist aber in der umfangreichen Berichterstattung der dpa über die Krankheit Francos nichts zu finden. Hier reduziert sich das gesamte Geschehen auf die Schmerzen im Beine eines großen alten Mannes, auf das Persönliche und Private, das somit gleichzeitig öffentliche Relevanz erhält und als Einziges und Wichtigstes breit dargestellt den Blick für die politische Dimension versperrt.

1.2.2.1 In einer Vielzahl von Meldungen werden noch die obskursten und banalsten Details sorgfältig registriert und weitschweifig gemeldet, sofern sie nur oberflächlich und persönlichkeitsbezogen genug und von jeglichem sozialen Kontext gelöst sind: Die Fahrt mit dem Dienstwagen, das Treppensteigen hier alleine und das Treppensteigen dort am Arm der Ehefrau, der tiefe Schlaf ohne Schlafmittel, ja selbst die Morgengymnastik und die Hoffnung, „bald wieder in Galizien fischen zu können" – sie alle geraten in das Zentrum der Berichterstattung: „Das Belanglose, hier wird's Ereignis."[14] Daß derartige Einzelheiten zum Verstehen nichts bei-

[13] S. 166 ff.
[14] Coulmas (1972), Überschrift.

tragen können, ist evident; ebenso unzweifelhaft aber ist, daß diese Einzelheiten Symbolcharakter haben: Die Stilisierung des Banalen zum Besonderen bildet die Basis für eine völlig irrationale Stilisierung eines Helden, hier im Gewande des ‚grand old man'. Das Treppensteigen als Ausdruck physischer Belastbarkeit wird hier zur notwendigen und hervorragenden Eigenschaft eines fähigen Politikers, von dessen physischer Stärke offenbar gleichzeitig die politische Ordnung eines ganzen Landes abhängt.
Dabei wird auch die Beobachtung Holzers deutlich, daß die Kehrseite dieses Personenkultes die sofort wieder vorgenommene Relativierung des soeben aufgebauten Helden beinhaltet:[15] „Im wirklichen Leben jenseits der Politik", um im FAZ-Jargon zu sprechen, erscheinen die Probleme des so mächtigen Francesco Franco als eben dieselben wie die jedes anderen: Trotz all seiner Größe bedrohen auch ihn Krankheit und Krankenhausaufenthalt, ja selbst die Treppen muß er noch selber steigen. Die Strukturen einer derartigen Berichterstattung sind identisch mit den Strukturen der Schicksalsromane in Adelskreisen aus der Einheitsküche deutscher Heftromanverlage.

1.2.2.2 Die Berichterstattung der dpa über die Krankheit Francos beschränkt sich gerade dort auf die unkommentierte Wiedergabe offizieller Verlautbarungen und Kommuniqués, wo niemand ihnen glaubt: Die spanischen Politiker und Wirtschaftsbosse nicht, die Bevölkerung nicht[16] und die Journalisten, gerade auch die Berichterstatter der dpa, schon ganz und gar nicht: Die ständige hektische Berichterstattung über Francos Gesundheitszustand ist der Beweis dafür.[17] Dies führt in der Berichterstattung zu geradezu grotesken Widersprüchen: „(. . .) franco (. . .) befindet sich weiter auf dem wege der besserung. nach einem (. . .) bulletin (. . .)".[18] – „Zahlreiche spanische Ärzte halten einen Tod Francos in sechs bis neun Monaten für recht wahrscheinlich (. . .)".[19] Auf die

---

[15] Horst Holzer (1969).
[16] Vgl. den FAZ-Bericht.
[17] Daß die offizielle Version sich in diesem Falle als die richtige herausstellte, mag nachträglich der dpa eine Genugtuung sein; für die Argumentation ist dies ohne Bedeutung, ausschlaggebend bleibt: die Autoren selbst bezweifelten ganz offensichtlich die Glaubwürdigkeit des von ihnen übermittelten Materials. – Aufgrund der bisherigen Informationspolitik der spanischen Regierung war auch aller Anlaß zum Zweifel an der Glaubwürdigkeit der offiziellen Informationen geboten.
[18] dpa, *11*, 73, 11.57 Uhr.
[19] FAZ, *12*, 28.

allgemeine Problematik eines Objektivitätsbegriffes – insbesondere der Agenturen –, der sich reduziert auf die wortgetreue Wiedergabe der Verlautbarungen der jeweils Herrschenden, wie dies auch an diesem Beispiel deutlich wird, wird noch mehrmals einzugehen sein.

1.2.2.3 Festzumachen ist an diesem Beispiel auch die Vagheit der Berichterstattung (nicht nur) der dpa, die es peinlich vermeidet, sich festzulegen, und eine Zeile später bereits zurücknimmt, was sie einen Satz zuvor behauptet hat: „sein allgemeiner gesundheitszustand war im verlauf der letzten jahre anscheinend immer recht gut, zumindest wurde in der oeffentlichkeit kaum etwas ueber erkrankungen francos bekannt."[20] Die Abneigung, sich in irgendeiner Weise festzulegen, verbirgt sich dabei häufig hinter einer Pseudo-Bedeutsamkeit der Sprache: „eine entzuendung, die in extremen faellen den tod eines patienten ausloesen kann (. . .)"[21]. Dieser Satz ist ebenso inhaltsleer wie bedeutungsvoll.

1.2.3 Berichte über das Schicksal Unbekannter dargestellt am Beispiel der ‚Bild'-Zeitung

„*Deutscher Millionär heiratet Call-Girl*
Kann eine solche Ehe gutgehen?
Von Helga Boddenberg — Essen, 11. Juli
In einer kleinen schönen Barockkirche im Bayerischen Wald werden in diesen Tagen die Hochzeitsglocken für ein Paar läuten, bei dem man sich fragen muß: Kann diese Ehe gutgehen?
„Er" – ein Millionär, 33 Jahre alt, Alleinerbe eines großen Unternehmens im Ruhrgebiet.
„Sie" – war sechs Jahre lang Call-Girl und viele Männer in der Stadt kennen sie – für 50 Mark aufwärts konnte sie jeder haben.
(. . .)
„Ich sah ihre grünen Katzenaugen und dachte: Gott, wie schön ist diese Frau. Ich lud sie ein. Beim Espresso flüsterte sie mir plötzlich zu: Sie sind sehr lieb. Aber ich will Sie nicht enttäuschen. Ich verdiene mein Geld mit Männerbekanntschaften. Wollen Sie jetzt noch mit mir sprechen?"
Einen Monat später stand plötzlich Ilonas Zuhälter vor der Haustür und drohte: „Zahlen Sie mir 50 000 Mark – oder ich bringe Ilona um." Frank P. zeigte den Zuhälter an und das Paar wird seitdem in Ruhe gelassen.
(. . .)
Der bekannte Stuttgarter Psychotherapeut Dr. Dr. Rudolf Affemann (46) glaubt allerdings, daß diese Ehe nicht lange gutgehen kann: „Eine Frau mit einer

---

[20] dpa, *9.* 195.
[21] A.a.O.

solchen Vergangenheit kann sich nicht binden. Sie wird ihren Mann eines Tages verlassen."[22]

1.2.3.1 Um die Daten der quantitativen Analyse zu rekapitulieren: Im Untersuchungszeitraum fanden sich 19 Artikel der Kategorie ‚Klatsch' in der ‚Bild'-Zeitung; dies sind 13 Prozent des Gesamtmaterials gegenüber maximal 3 Prozent bei allen anderen Medien. Der Schwerpunkt des Themenbereiches liegt im Inland; Handlungsträger sind in 16 Artikeln ‚sonstige Einzelpersonen'; die 16 Artikel bilden gleichzeitig 36 Prozent aller Meldungen dieser Handlungsträgergruppe (gegenüber maximal 18 Prozent bei allen anderen Medien). Der Themenbereich ‚Klatsch' bildet – neben dem geringen Anteil an politischer Berichterstattung – das herausragende Spezifikum, das ‚Bild' von allen anderen Medien unterscheidet. 18 der 19 Artikel sind dem trivialen Topos zuzurechnen. Bei 72 Prozent dieser 18 Meldungen wurde Personalisierung, bei 53 Prozent Privatisierung, bei 50 Prozent Pointierung festgestellt. Zusätzlich ist zu berücksichtigen, daß diese Artikelgruppe in der ‚Bild'-Zeitung eine hervorragende Aufmachung erhält und stark mit Bildmaterial angereichert wird. An zwei der drei Untersuchungstage bildeten Artikel dieser Gruppe den Aufmacher 1 der ‚Bild'-Zeitung.

1.2.3.2 Spezifikum der ‚Bild'-Zeitung ist der Schwerpunkt der Berichterstattung auf diesem Gebiet. In geringerem Umfang, aber regelmäßig tauchen Klatschgeschichten auch in den anderen Massenmedien auf. Die Struktur der einzelnen Artikel unterscheidet sich nicht von der der ‚Bild'-Zeitung, das einführende dpa-Zitat dieses Kapitels auf S. 46 sei als Beleg hierfür angeführt. Die Ausführungen zur ‚Bild'-Zeitung lassen sich insoweit auch auf andere Blätter übertragen.

1.2.3.3 Vorab sind drei Sachverhalte zu betonen:
(1) Über den Themenbereich ‚Klatsch' hat sich die ‚Bild'-Zeitung als einziges Massenmedium gelöst von der weitgehenden Beschränkung der aktuellen Berichterstattung auf eine eng gefaßte Führungsgruppe aus Politik, Wirtschaft und Sozialem; in der Berichterstattung wurde schwerpunktmäßig die Masse der Bevölkerung – insbesondere auch der Leserkreis der ‚Bild'-Zeitung – mit einbezogen. Der Leser von ‚Bild' findet hier regelmäßig und kaum sonstwo Berichte über Menschen seiner sozialen Klasse, aus seiner direkten täglichen Umwelt, die seine Probleme zu

[22] ‚Bild', *11*, 2.

teilen scheinen: „Menschen wie du und ich". Die Entdeckung des Alltags und der Alltagsprobleme der überwältigenden Mehrheit der Bevölkerung für die tagesaktuelle Berichterstattung stellt eine neue Entwicklung in der Geschichte des Journalismus dar. – Freilich: Welcher Art und von welcher Qualität ist diese Berichterstattung!

(2) Die Artikel der Kategorie ‚Klatsch' in der ‚Bild'-Zeitung sind durchgängig selbstrecherchierte Eigenberichte und dies notwendigerweise. Der Themenbereich ‚Klatsch' ist der einzige innerhalb des überlokalen Informationsteiles der Medien, der ausreichend weder von den großen Agenturen noch von Spezialagenturen oder -diensten abgedeckt werden kann. Im nationalen wie internationalen Nachrichtenmarkt ist diese Sparte kaum vertreten. Darüber hinaus fehlt hier – und nur hier –, da keine institutionalisierte und potente Interessengruppe sich tangiert fühlt[23], das gesamte Spektrum von Pressestellen und Informationsämtern, das – um zu beeinflussen – wenn nicht Fertigberichte, dann eine Flut von Rohmaterialien, Ideen, Anregungen in den Nachrichtenfluß einspeisen und willig – weil der dadurch entstehenden Machtposition bewußt – Hilfsdienste bei der Nachrichtenproduktion leisten würde.
Dies bedeutet für Redaktion und Reporter journalistische Knochenarbeit, indem nicht nur das Recherchieren, sondern ebenso die Idee für eine Meldung ständige Eigeninitiative erfordert. ‚Bild' hat – vermutlich als einzige Tageszeitung – die BRD mit einem dichten Netz von Informanten („stringern") überzogen, die der Redaktion mehr oder weniger regelmäßig, aber im Ansatz systematisch gegen Bezahlung Informationen, Tips, Hinweise liefern, die dann von Reportern und Redakteuren im Einzelfall zu einem Artikel ausgebaut werden.[24] Mit dieser Regelung wurde ein Informationssystem aufgebaut, das Bereiche abdeckt, die von keinem anderen Massenmedium der BRD erfaßt werden können, und das potentiell in die Betriebe und die Interessengruppen hineinreicht, ohne bereits von deren Pressestellen gefiltert und beeinflußt zu sein. ‚Bild' hat damit den Beweis geliefert, daß es einer großen und wirtschaftlich starken

[23] Tatsächlich sind beispielsweise die Gewerkschaften in diesem Punkt sehr wohl tangiert.

[24] Es entbehrt in diesem Zusammenhang nicht der Tragikomik, den Enzensbergerschen Traum des „Jeder-sein-eigener-Sender", der in der linken Mediendiskussion im audiovisuellen Bereich eine gewisse Rolle spielt (vgl. hierzu insbesondere die regelmäßigen Artikelserien der Zeitschrift ‚medium'), im ersten Ansatz – freilich pervertiert – ausgerechnet bei der ‚Bild'-Zeitung wiederzufinden, als die Chance relativ vieler, mit ihrem ‚Tip' eine Meldung in der größten deutschen Tageszeitung zu veranlassen.

Zeitung möglich ist, ein Informationssystem aufzubauen, das weitgehend unabhängig ist von der Informationspolitik der je interessierten Seite. – Freilich: Wie wird dieses Informationssystem genutzt, und von welcher Qualität sind seine Früchte!

(3) Die Artikel der Kategorie ‚Klatsch' in ‚Bild' besitzen offensichtlich auch einen zentralen Stellenwert in der Marketing-Konzeption des Blattes: Im Untersuchungszeitraum wurde eine Preisausschreibenserie veröffentlicht, offenkundig mit der Absicht, nicht nur die Auflage kurzfristig zu erhöhen, sondern auch die Leser-Blatt-Bindung zu verstärken. Der Gewinner, er erhält für einen Monat seine ständigen Ausgaben bezahlt, wurde jeweils in einem ausführlichen Artikel vorgestellt:

> „Frau Wirtin hat gewonnen – und schon war BILD mit dem Radl da
> pg. München, 10. Juli
> Einen Monat lang keine Geldsorgen, 30 Tage nicht auf den Pfennig sehen – wie schön kann da das Leben sein! Direkt goldig . . .
> Käte Eichner (60), Wirtin vom ‚Weißbräustüberl' in Haag bei München, ist die dritte Gewinnerin im schönsten Preisausschreiben der BILDzeitung. Eine nette Frau, die Käte Eichner, eine, der wir das Glück von Herzen gönnen. Sie ist seit 21 Jahren verheiratet, und zwei Söhne hat sie: Der eine 20, der andere 16. Was das heißt, weiß jede Mutter. Ein ganzes Leben nichts als Arbeit. Na, und jetzt hat sie halt auch mal Glück gehabt. (. . .)
> Und den einzigen Luxus, den sich Käte jeden Tag leistet, zahlt BILD auch: Kokosschokolade für 1,10 Mark. (. . .)
> Weil Frau Wirtin nie Zeit hat, nimmt BILD ihr für diesen Monat den großen Einkauf ab. Kosmetikartikel inbegriffen (eine Flasche ‚Kölnisch Wasser' für 13 Mark und Gesichtscreme für drei Mark vergißt sie nämlich immer).
> Dazu kommen noch (. . .) 20 Mark für das Fleisch, das der Schäferhund ins Futter kriegt. Der Extra-Wunsch von Käte: ein Fahrrad.
> BILD war schon mit dem Radl da."[25]

Dieser Artikel kann geradezu als Prototyp von Berichten über Menschen ‚wie du und ich' in ‚Bild' angeführt werden; er soll zusammen mit den drei Berichten über einen Margarinefahrer als Lotto-Millionär[26] – dieses Thema wurde in allen drei Ausgaben des Untersuchungszeitraumes, zunächst als Aufmacher 1, aufgegriffen – als Beleg für die weiteren Ausführungen dienen.

1.2.3.4 In den Artikeln wird das Privatleben von Einzelpersonen oder Familien der Unter- bis unteren Mittelschicht abgeschnitten von jedem sozialen Bezug dargestellt. Die Beschreibung beschränkt sich auf das

---

[25] ‚Bild', *10,* 47.
[26] Abgedruckt im Anhang.

Äußerliche; eine Vielzahl von Einzelfakten wird bezugs- und begründungslos nebeneinandergestellt. Eine zentrale Rolle in den Artikeln spielt das Geld. Die Beschreibung der Einzelfakten erstreckt sich bis auf letzte Nebensächlichkeiten, die peinlich genau registriert werden: „Fünf Mark Futtergeld für die Wellensittiche ‚Coco' und ‚Bibo' und die 42 Zierfische im Wohnzimmer-Aquarium".[27] Die Beschreibung der Banalität des Alltags ist primär unaktuell; das aktuell Außergewöhnliche ist – sofern es überhaupt auftritt – eher ‚Aufhänger' als Schwerpunkt der Berichterstattung.
Einsicht geben, Erkenntnis fördern können diese Artikel selbstverständlich nicht; das ist auch gar nicht die Absicht. Die Artikel – immer verschieden und doch täglich gleich – besitzen Appellfunktion, die folgendermaßen beschrieben werden kann:

1. *Es gibt Menschen, denen geht es genauso wie Dir*
Ihr Leben ist genauso durchschnittlich und alltäglich wie das Deine; sie wohnen wie Du in einem kleinen Mietshaus und fahren VW-Käfer, haben vor kurzem 30 Pfennig Lohnerhöhung bekommen und schenken ihrer Frau Jeans-Sandaletten. Sie teilen sich wie Du ihr Geld ein: 130 Mark Miete, 12 Mark Wasser, 10 Mark Radio und als kleiner Luxus 1,10 für Schokolade.

2. *Diese Menschen sind mit ihrer Mittelmäßigkeit und der Banalität ihres Alltages zufrieden*
Menschen wie Du können glücklich sein. Die Schokolade für 1,10, der neue Scheibenwischer und ‚Kölnisch Wasser' für 13 Mark sind das stille Glück des ‚kleinen Mannes'.

3. *Das stille Glück des kleinen Mannes liegt in der Beschränkung auf den vertrauten Kreis der Privatheit seiner Familie*
„Die Welt draußen ist verschlossen. Sie besteht aus Dunkelheit und Geheimnis."[28] Nicht nur die Politik, schon die Auseinandersetzung mit der direkten sozialen Umgebung ist zu meiden (und wird in den Artikeln vermieden).

4. *Das Leben ist Schicksal*
Die Dinge sind so, wie sie sind. Sie sind nicht zu ergründen, nicht zu begründen und in ihrem Chaos nicht zu begreifen.

---

[27] ‚Bild' *11*, 75.
[28] Älteres ‚Bild'-Zitat nach Zoll/Hennig 1970, S. 173.

Die Berichte dienen nicht der Vermittlung von Erkenntnis, sondern der Vermittlung einer Ideologie, die Selbstbeschränkung und Selbstzufriedenheit propagiert, Probleme verschleiert und damit eine sachadäquate Reaktion auf die Umwelt zumindest erschwert, wenn nicht verhindert. Die Chance eines neuen Berichterstattungsbereiches, alltägliche und unmittelbar bedrängende Probleme des Einzelnen aufzugreifen und lösen zu helfen, wird nicht genutzt; stattdessen verkommt die Berichterstattung dazu, eine unzulängliche Wirklichkeit täglich neu als Paradies wieder anzubieten (Adorno).

2. Die Trivialisierungsmechanismen

„Bundeskanzler Schmidt hat (. . .) die Tatsache gewürdigt, daß die Preissteigerungsrate (. . .) wieder unter die 7-Prozent-Marke gesunken ist. (. . .)"
„Scharfe Kritik an der Wirtschaftspolitik der Bundesregierung hat der bayerische Staatsminister für Bundesangelegenheiten, Heubl, (. . .) geübt. (. . .)"
„Gegen eine Senkung der Benzinsteuer und gegen steuerliche Anreize für den Kauf von Personenkraftwagen hat sich Bundesfinanzminister Apel ausgesprochen. (. . .)"[29]

2.1 Die Personalisierung

2.1.1 Darstellung der Ergebnisse (s. auch Tab. 4 und auf S. 67 f.)

2.1.1.1 Globalverteilung des Trivialisierungsmechanismus bei den Medien

Mit dem Mechanismus der Personalisierung soll das Ausmaß der Bindung des Nachrichteninhaltes an einzelne Funktionsträger überprüft werden. Personalisierung wurde angenommen, wenn der Name des Funktionsträgers in der Überschrift genannt wurde oder in jedem Abschnitt eines Artikels erneut auftauchte. Dies ist etwa bei der Hälfte aller Artikel der Fall. Aus der Gruppe der untersuchten Medien lassen sich deutlich zwei Extreme von der Hauptgruppe abtrennen: Bei den Nachrichtensendungen der beiden untersuchten Programme des WDR liegt

---

[29] Drei aufeinanderfolgende Kurzmeldungen des WDR (*10,* 5–7).

der Anteil der personalisierten Artikel mit 71 bzw. 75 Prozent deutlich höher als bei den übrigen Medien. Diese erhöhte Personalisierung läßt sich durchgehend auch bei allen Einzelkategorien der unabhängigen Variablen, insbesondere auch des Themenbereiches Politik, nachweisen und ist nicht zu erklären aus dem engen Nachrichtenspektrum der Hörfunknachrichten. Gleichzeitig wird hier erstmals ein Unterschied zwischen den Nachrichtensendungen des WDR und den Nachrichten mit Hintergrund des als Kontrollgruppe in die Untersuchungen aufgenommenen Hessischen Rundfunks deutlich; hier liegt der Anteil der Personalisierung bei nur 59 Prozent.
Der Anteil der personalisierten Meldungen bei der ‚Bild'-Zeitung liegt mit 33 Prozent unter dem Mediendurchschnitt. Zwar zeigen sich vergleichbare Anteile global auch bei der ‚Welt' und der MZ; dort tauchen jedoch bei den einzelnen Themenbereichen (insbesondere bei der Politik) und den entsprechenden Handlungsträgergruppen Anteile im Mediendurchschnitt oder darüber auf, während ‚Bild' themenbereichs- und handlungsträgerdurchgängig niedrige Werte verzeichnet. Die ‚Bild'-Zeitung grenzt sich damit deutlich durch eine geringere Personalisierung – insbesondere im zentralen Themenbereich der Politik – von allen anderen Massenmedien ab.[30]

2.1.1.2 Aufgliederung nach den Basisvariablen

Personalisierung – die bei einem einzelnen Artikel unbestritten notwendig und nützlich sein kann – im festgestellten Ausmaß im Nachrichtenteil der Massenmedien ist kein Sachzwang und auch theoretisch nicht durch eine Skelettierung der Lasswell-Formel zu begründen: Eine Aufgliederung nach den einzelnen *Handlungsträger*gruppen zeigt, daß mediendurchgängig die Personalisierung auf wenige Gruppen beschränkt bleibt, denen geradezu eine Anonymisierung der Restgruppen gegenübersteht. Die Personalisierung konzentriert sich auf die drei institutionellen politischen Handlungs- und Entscheidungsträgergruppen Parlament, Regierung und Parteien. Innerhalb dieser drei Gruppen ragt die Parteienberichterstattung deutlich heraus, wo man bei einem Anteil zwi-

---

[30] Dieses Ergebnis steht im Widerspruch zu einer bei Zoll/Hennig zitierten Untersuchung: „Im Vergleich zu anderen überregionalen Zeitungen wird Politik in BILD überwiegend über Personen vermittelt". Als Quelle ist angegeben: H(eribert) Schatz: Eine Inhaltsanalyse der überregionalen Tagespresse in der Bundesrepublik. Unveröff. Mskr., Bonn 1968. Nähere Angaben hierzu fehlen. A.a.O., S. 179.

schen 64 und 93 Prozent je Medium von einer totalen Personalisierung sprechen kann; es folgt die Regierung und erst dann das Parlament. Demgegenüber ist die gesamte Berichterstattung über die verschiedenen Interessengruppen und Wirtschaftsunternehmen weitgehend personalisierungsfrei, während sonstige Einzelpersonen und öffentliche Institutionen eine Mittelstellung einnehmen. Die hier nachzuweisende Konzentration der Personalisierung auf wenige Bereiche setzt sich fort bei einer Aufgliederung nach *Themenbereichen:* Prominenzberichterstattung, Politik und Justiz-/Kriminalitätsberichterstattung sind hoch personalisiert, während alle anderen Themenbereiche, insbesondere die Wirtschaftsberichterstattung, demgegenüber weit zurücktreten.
Auffällig ist eine mediendurchgängig deutlich höhere Personalisierung in der *Auslands*berichterstattung gegenüber der Inlandsberichterstattung, die sich wiederum nicht aus den unterschiedlichen Themenschwerpunkten ableiten läßt: Die höheren Anteile sind jeweils auch in den einzelnen Basisvariablen nachweisbar. Dieser Trend macht die ganze Problematik der Personalisierung des Nachrichteninhaltes deutlich: Ist im halbwegs überschaubaren Bereich des Inlandes noch eine Chance gegeben, eine Namensnennung mit einer – wenn auch vagen, verfälschten – Vorstellung einer Idee, eines inhaltlichen Konzeptes zu verbinden (– der Name Strauß steht eben bereits für eine bestimmte politische Weltanschauung, so verzerrend dies auch sein mag –), in der Auslandsberichterstattung muß für einen Rezipienten, ist er nicht Experte, sich die Namenshülse (bis auf vereinzelte Ausnahmen) isolieren; sie kann nicht mehr die Andeutung einer Vorstellung geben, weder über die Persönlichkeit, die diese Namenshülse meint, noch über die Idee, für die diese Person steht – von der bereits ausführlich erläuterten Gefahr aus der Bindung von Ideen an Personen einmal ganz abgesehen:

> „In Bolivien hat Staatspräsident Banzer gestern die Regierung aufgelöst, der auch Zivilisten angehörten. Das neue Kabinett besteht ausschließlich aus Offizieren. Banzer war vor drei Jahren durch einen Militärputsch zur Macht gekommen.“[31]

---

[31] ZDF, *9,* 14

Tab. 4 Personalisierung (ohne Topos)

Der Anteil der Personalisierung am Gesamtmaterial und an Basisvariablen der Dimensionen Ressort, Handlungsort und Themenbereich *in %*

	dpa	AP	HR	WDR 1	WDR 3	FS 1	FS 2	FAZ	WELT	BILD	WN	MZ
Gesamt	42	48	59	71	75	56	57	46	33	34	41	32
Pol	[47]	[52]	–	–	–	–	–	68	52	–	46	42
Wirt	27	24	–	–	–	–	–	24	16	–	36	13
Verm	–	–	–	–	–	–	–	12	17	–	27	17
Inl	41	46	69	76	80	57	63	39	27	29	40	31
Ausl	42	50	x	x	x	50	48	55	43	41	48	33
Pol	55	60	64	78	80	59	63	69	60	47	49	54
Soz	19	27	–	–	–	x	0	17	10	0	23	0
Wirt	23	18	–	x	0	x	x	16	12	33	28	16
Jus	55	65	x	x	x	x	x	52	57	36	x	43
Wiss	8	27	–	0	0	–	x	0	x	0	46	x
Prom	100	(100)	–	–	–	–	x	80	(100)	(100)	x	x

– Kategorie tritt nicht auf
() Basis < 10
x Basis < 10, Anteil vorhanden
[] Zahl enthält Pol + Verm

Tab. 5 Personalisierung (ohne Topos)

Der Anteil der Personalisierung an Handlungsträgergruppen der einzelnen Medien *in %*

	dpa	AP	HR	WDR1	WDR3	FS1	FS2	FAZ	WELT	BILD	WN	MZ
Parl	36	50	x	x	x	54	60	48	65	x	41	44
Reg	56	69	x	92	93	52	65	68	47	53	54	52
Part	87	93	x	x	x	x	x	88	64	x	x	x
Öff	30	36	x	0	0	x	x	28	31	19	37	24
Int	13	20	–	x	—	0	x	14	20	0	0	x
Uint	10	0	–	—	—	—	0	0	21	0	20	14
Wirt	0	0	–	0	—	x	x	0	0	0	x	0
Unt	37	31	–	—	0	x	x	28	12	0	33	16
Org	8	8	–	0	0	—	—	54	27	0	x	0
Sonst	74	53	–	x	x	x	x	73	58	25	x	33

x Basis < 10, Anteil vorhanden
— Kategorie tritt nicht auf

2.1.2 Qualitative Analyse der Auswirkungen der Personalisierung am Beispiel der Berichterstattung über den kanadischen Wahlausgang

An der Berichterstattung über den ,Wahlsieg Trudeaus' in Kanada in allen Zeitungen und den Fernsehprogrammen während des Untersuchungszeitraumes lassen sich die Methoden und Funktionen der Personalisierung besonders drastisch nachweisen.

2.1.2.1 In allen Massenmedien wird das Wahlergebnis in Kanada primär dargestellt nicht als der Sieg einer politischen Zielvorstellung, noch nicht einmal der Sieg einer Partei, sondern als der persönliche Erfolg einer einzigen Person: Pierre Eliot Trudeau. „Trudeau erringt überraschend die absolute Mehrheit"[32]; „Ministerpräsident Pierre Eliot Trudeau (. . .) wurde zum großen Wahlsieger"[33]; „Ein neuer Trudeau trägt seinen Sieg bescheiden"[34].

2.1.2.2 Das Verhältnis zwischen einer politischen Partei und ihrem Spitzenkandidaten wird bis zur letzten Absurdität verdreht dargestellt: Trudeau ist nicht mehr Mandatsträger einer führenden Partei in einem großen Industriestaat, vielmehr ist die Liberale Partei das private Eigentum und Spielzeug eines Mannes, der es als Mittel zu seinem Wahlsieg benutzt. Die Partei wird dabei so unwichtig, daß sie, beispielsweise in den WN, noch nicht einmal genannt wird: „Er (Trudeau) gewann mit *seiner* Partei (. . .)"[35]; „*Seine* (T.s) Liberale Partei gewann (. . .)"[36]; „Kanada: Absolute Mehrheit für Trudeaus Liberale"[37].

2.1.2.3 Der Sieg des Privatmannes Trudeau ist ein Sieg seiner ,moralischen' Qualitäten; es ist der Sieg des „Staatsmannes" (,Welt') Trudeau über den „Playboy" (,Welt', FAZ) Trudeau. Diese höchst privaten Charaktereigenschaften sind ebenso äußerlich wie nebulös; wurde er früher als ,arrogant, kalt und rücksichtslos' (,Welt') beschrieben, so bescheinigt

---

32 WN, *10*, 23, Überschrift.
33 ARD, *9*, 10, zweiter zentraler Satz der Einleitungsmeldung.
34 ,Welt', *10*, 29, Überschrift.
35 WN, *10*, 23, basierend auf dpa-Meldung.
36 ARD, *9*, 10.
37 MZ, *10*, 19, Überschrift.

man ihm nun ‚Reife' (FAZ)[38] oder schlicht ‚eine überragende Persönlichkeit' (ZDF), was dann nicht näher mehr erläutert zu werden braucht.

2.1.2.4 Die Unterstützung, die Trudeau noch zu seinem Sieg brauchte, fand er nicht etwa primär in seiner Partei, vielmehr im privaten Kreis seiner Familie, bei seiner Frau, welche erstens nach übereinstimmender Meinung der Weltpresse „jung" (ARD) und schön war, und zweitens „viel von dem negativen Bild abbaute, das ihm in der Öffentlichkeit anhing" (ZDF) – ganz offensichtlich jenes des ‚Playboys'.[39]

2.1.2.5 Gesiegt hat Trudeau, der große – des Parteienhaders schon enthobene – Mann, im obigen Sinne ordentlich und gereift, dem es gelang, darzulegen, „daß *er allein* sein Land in eine bessere Zukunft leiten könne und daß er über sprachliche und nationale Gegensätze hinweg berufen sei, das Land zu einen".[40] Was hier der ARD-Korrespondent hinter dem Schleier einer vermeintlich nur berichtenden Objektivität kommentarlos-zustimmend betont, spricht ein Kommentar der FAZ deutlich aus:

> „Die hervorragende, *charismatische* Persönlichkeit erhält dann (in wirtschaftlichen Krisensituationen) wieder besonders Gewicht, kleiner Zank wird vergessen, (. . .) in seiner dritten Amtszeit befindet er (Trudeau) sich in einer in der kanadischen Geschichte fast beispiellos starken Position. Der Westen sähe ruhiger in die Zukunft, wenn alle seine Demokratien von so soliden Regierungen in die kommenden Jahre geführt würden".[41]

Die Ideologie des starken Mannes mit all ihren Konsequenzen: Auf eine kürzere Formel läßt sich die Funktion der Personalisierung im Nachrichtenteil der Massenmedien kaum bringen.
Und damit unterscheidet sich eben die ‚Bild'-Zeitung nicht mehr grundsätzlich in ihrer Berichterstattung von Regionalpresse, Prestigezeitungen

---

[38] Bei diesem und den folgenden Zitaten der FAZ ist zu beachten, daß es sich bei dem Text im Gegensatz zu den Zitaten aller anderen Massenmedien um einen *Kommentar* handelt. Der FAZ-Bericht selbst ist demgegenüber nicht personalisiert.

[39] Was jenseits aller blumigen Umschreibung und mild-bestätigenden Ironie in spießbürgerlichem Klartext ja nichts anderes heißt, als daß der Regierungschef eines westlichen Industriestaates gefälligst ein treuer Ehemann zu sein hat. Auf dieses Niveau reduziert sich der Anspruch moralischer Integrität an einen Politiker.

[40] ARD, *9,* 11.

[41] FAZ *10,* 3, Hervorhebung vom Autor.

und Fernsehnachrichten, wenn sie in der ihr eigenen drastischen Weise das ausspricht, was die anderen nur andeuten:

„Trudeaus großer Wahlsieg und seine wichtigste Helferin
sad Ottawa, 10. Juli
Glücklich schlägt eine junge Frau die Hände zusammen: Margeret Trudeau (25) freut sich über den großen Wahlsieg ihres Mannes Pierre (54) dessen liberale Partei den Sprung ins kanadische Parlament mit absoluter Mehrheit schaffte. Sie bekam 138 der insgesamt 264 Sitze. Nicht zuletzt durch seine attraktive Frau errang Trudeau, der nach Meinung seiner Gegner abgewirtschaftet hatte, den Sieg. Zwei Jahre hatte der politische Ex-Playboy mit einem Minderheitskabinett regieren müssen. Seine Affäre mit dem US-Showstar Barbara Streisand war bei dieser Wahl ebenso vergessen wie die ‚Jesus'-Latschen, mit denen er im Abgeordnetenhaus aufkreuzte.
Ehefrau Margeret, Ex-Studentin, hat ihm zwei Söhne geschenkt. Aus dem unruhigen und gereizten Millionärssohn mit dem sexy-harten Gesicht ist ein gereifter Politiker geworden. Es zahlte sich aus."[42]

2.2 Die Privatisierung

Die Privatisierung trat im trivialen Topos mit einem Globalanteil je Medium zwischen 7 und 28% als mittelgroßer Trivialisierungsmechanismus auf. Gleichzeitig wurde sie jedoch dort aufgebraucht. Außerhalb des trivialen Topos tritt die Privatisierung praktisch nicht auf. Sie erreicht nur einen Anteil zwischen 0 und 5 (‚Bild') Prozent je Medium.

„Der französische Außenminister Sauvagnargues ist heute zu einem dreitägigen offiziellen Besuch der Sowjetunion in Moskau eingetroffen. Auf dem Flughafen wurde er von seinem sowjetischen Amtskollegen Gromyko begrüßt, mit dem er kurz darauf die politischen Gespräche aufnahm.
Bei der Ankunft meinte Sauvagnargues, er könne nicht sagen, daß sein Besuch einer Verbesserung der französisch-sowjetischen Beziehungen dienen solle, denn man könne nicht verbessern, was schon ausgezeichnet sei. Allerdings könnten die Beziehungen weiter konsolidiert werden.
Nach Korrespondentenmeldungen aus der sowjetischen Hauptstadt würde der französische Außenmini-

[42] ‚Bild', *10,* 26.

> ster morgen an das Schwarze Meer fliegen, wo er in Oreanda mit Parteichef Breschnew zusammentreffen wird. Hauptthemen des französisch-sowjetischen Meinungsaustausch werden voraussichtlich die internationale Lage sowie die weitere Zusammenarbeit beider Staaten auf wirtschaftlichem und auf kulturellem Gebiet sein."[43]

2.3 Die Parzellierung

Unter Parzellierung wurde die Methode verstanden, Nachrichten in kleinste ihres Sinnzusammenhanges beraubte Partikel zu isolieren und die Berichterstattung auf die Darstellung der Äußerlichkeiten zu beschränken. Parzellierung wurde angenommen, wenn (a) mehr als die Hälfte der Abschnitte eines Artikels sich auf die Darstellung der rein äußerlichen Begleitumstände und Nebensächlichkeiten beschränken, ohne den darüber hinausgehenden Gehalt eines Geschehens zu berücksichtigen, und/oder (b) wenn für ein begrenztes, kleines Einzelereignis, das geschildert wird, keine Begründung geliefert, kein Sinnzusammenhang hergestellt wird, obwohl dies naheliegend und erforderlich wäre.
Eine derartige Definition der Parzellierung beschränkt sich auf die Beobachtung und Beurteilung des *tatsächlich Gemeldeten*, nicht jedoch auf die Nachrichtenauswahl. Dies ist nicht problemlos, denn beim Vergleich sowohl der einzelnen Mediengruppen, wie auch der anderen Basisvariablen muß berücksichtigt werden, daß eine Beschränkung der Berichterstattung auf simple, in ihrem Sinnzusammenhang direkt einsichtige, einer weiteren Begründung nicht bedürftige Meldungen gleichzeitig das Ausmaß der Parzellierung eines Nachrichtenteils beschränkt, während andererseits die Einbeziehung komplexerer Berichterstattung das Auftreten dieses Trivialisierungsmechanismus fördert. Andererseits erscheint – nach dem Verweis auf diesen Sachverhalt und bei seiner Berücksichtigung während der Datenauswertung und -interpretation – die Verwendung der obigen Nominaldefinition nicht inadäquat; denn sie mißt das Ausmaß einer begründeten und sachkundigen, begreifenden und begreifbar machenden, kurz: informativen, Berichterstattung je selbstgewähltem Anspruchsniveau bei der Themenbereichsauswahl.

[43] WDR I, 2, *11*.

2.3.1 Die Darstellung der Daten (s. Tab. 6 und 7 auf S. 75 f.)

2.3.1.1 In weit mehr als der Hälfte aller in die Untersuchung einbezogenen (nicht dem trivialen Topos zuzurechnenden) Einheiten muß das Fehlen einer begründeten und sachkundigen, das Wesentliche eines Geschehens begreifenden und vermittelnden Berichterstattung – eine „Atomisierung der Vernunft"[44] – konstatiert werden. Betrachtet man die einzelnen *Medien* und Mediengruppen, so sind die Anteile parzellierter Nachrichten bei den Hörfunksendungen besonders auffällig: Während die WDR-Programme mit 79 bzw. 86% den mit Abstand stärksten Parzellierungsanteil aufweisen, liegt dieser Anteil beim HR mit nur 24% ebenso deutlich unter dem Durchschnitt der einzelnen Medien. Eine derart große Diskrepanz innerhalb derselben Mediengruppe ist außergewöhnlich: der bereits mehrmals angesprochene, gelungene Versuch des HR von ‚Nachrichten mit Hintergrund' lieferte den Beweis, daß es auch Redaktionen, die zu extremer Selektion und Kürze gezwungen sowie ausschließlich auf die Bearbeitung von angeliefertem Agenturmaterial angewiesen sind, mit einem nur geringen Mehraufwand möglich ist, überdurchschnittlich sachkundige und präzise Nachrichten zu liefern. Bei allen anderen Massenmedien liegen demgegenüber die Parzellierungsanteile in einem relativ engen Mittelfeld von 50 bis 70%. Dabei ist der Anteil des 1. Fernsehprogramms deutlich geringer als der des ZDF, der der WN deutlich geringer als der der MZ, die als Beispiel einer kleinen Regionalzeitung mit nur einem Agenturabonnement und praktisch ohne Eigenberichtanteil in der überlokalen Berichterstattung mit 70% noch deutlich über dem 64%-Anteil der dpa liegt. Dieser hohe Parzellierungsanteil erklärt sich bei der MZ in erster Linie aus der Methode, möglichst viele und möglichst kurze Artikel in jede Zeitungsausgabe zu pressen;[45] zu diesem Zweck werden die bereits sehr knappen dpa-Meldungen nochmals gekürzt und dabei häufig ihres Begründungsteiles beraubt, während das Äußerliche in aller Regel ungekürzt abgedruckt wird. Der Anteil der Parzellierung bei den überregionalen Abonnementzeitungen liegt durchaus im Bereich des Mediendurchschnitts (wobei hier das oben angesprochene Problem des sicherlich überdurchschnittlich hohen Anspruchsniveaus bei der Nachrichtenauswahl berücksichtigt werden muß). Der Globalanteil bei der ‚Bild'-Zeitung liegt ebenfalls im Bereich des Durchschnitts, unterscheidet sich jedoch – wie die Aufgliederung nach den übrigen Basisva-

[44] Knipping (1969).
[45] 193 Einheiten gegenüber 149 bei den WN im Untersuchungsmaterial.

riablen zeigen wird – in seiner Struktur deutlich von dem aller anderen untersuchten Massenmedien: Die ‚Bild'-Zeitung wird als Sonderfall innerhalb der untersuchten Massenmedien anzusehen sein.

2.3.1.2 Bereits bei der Aufgliederung nach *Ressorts* zeichnet sich bei den vier Zeitungen und den Agenturen ein deutlicher Trend ab, der sich auch bei Themenbereichen und Handlungsträgern nachweisen lassen wird: Die Wirtschaftsberichterstattung hat mediendurchgängig einen deutlich höheren Anteil an parzellierten Artikeln als die beiden übrigen Ressorts.

2.3.1.3 Überraschend ist die Tatsache, daß das Ausmaß der Parzellierung in der *Auslands*berichterstattung nicht größer, sondern – zwar nicht mediendurchgängig, aber im Mediendurchschnitt – sogar geringfügig kleiner als in der Inlandsberichterstattung ist. Dieser Trend ist nicht mit unterschiedlichen Berichterstattungsschwerpunkten zu erklären, sondern setzt sich – wie die Doppelkorrelation zeigt – auch in den einzelnen Themenbereichs- und Handlungsträgerkategorien fast durchgängig – teilweise sich noch leicht verstärkend – fort. Als Begründung kann wiederum das geringere Anspruchsniveau der Auslands- gegenüber der Inlandsberichterstattung, die Beschränkung der Berichterstattung auf einfachere, weniger komplexe, unmittelbar einsichtige Themen – auf einen kleinen, festen und bekannten Bereich von Haupt- und Staatsaktionen – angeführt werden.
Diese Erklärung, obzwar stimmig, erscheint alleine nicht ganz ausreichend, zumal die Ergebnisse der statistischen Auswertung der quantitativen Analyse dem ersten Eindruck nach intensiver Lektüre des Untersuchungsmaterials ebenso widersprechen, wie sie sich mit den objektiv erheblich schlechteren Voraussetzungen der Auslandsberichterstattung nicht in Einklang bringen lassen. Eine Überprüfung der Zuverlässigkeit der Ergebnisse brachte keinen Befund. Eine zusätzliche Erklärung für das Ergebnis wurde bisher nicht gefunden.

2.3.1.4 Eine Aufgliederung der Ergebnisse nach den *Themenbereichen* bestätigt zunächst die verstärkte Parzellierung im Themenbereich Wirtschaft; ebenso sind deutliche Steigerungen in dem kleinen Bereich der Wissenschaftsberichterstattung nachzuweisen. Demgegenüber liegen die Anteile bei den Themenbereichen Politik und Justiz im Mediendurchschnitt leicht unter dem Globalanteil; die Anteile beim Themenbereich Soziales schwanken zwischen den einzelnen Medien stark. Eine Sonder-

Tab. 6 Parzellierung (ohne Topos)

Der Anteil der Parzellierung am Gesamtmaterial und an den Basisvariablen Ressort, Handlungsort und Themenbereich der einzelnen Medien *in %*

	dpa	AP	HR	WDR1	WDR3	FS1	FS2	FAZ	WELT	BILD	WN	MZ
Gesamt	64	57	24	86	79	50	62	56	59	57	54	70
Pol	[60]	[67]	—	—	—	—	—	49	48	—	54	69
Wirt	77	59	—	—	—	—	—	70	74	—	56	75
Verm	—	—	—	—	—	—	—	47	43	—	53	67
BRD	67	57	23	81	80	52	61	59	63	56	55	71
Ausl	60	57	x	x	x	42	64	53	51	59	52	70
Pol	58	57	29	87	80	46	61	50	47	67	39	62
Soz	75	50	—	—	—	x	x	46	52	x	85	x
Wirt	77	62	—	x	x	x	x	74	72	53	59	76
Jus	45	50	0	0	0	x	x	35	39	73	x	71
Unf	x	x	—	—	—	x	—	(100)	0	x	—	0
Wiss	75	73	—	x	x	—	x	x	x	x	55	x
Prom	42	x	—	—	—	—	x	60	x	x	x	x
Klat	—	x	—	—	—	—	—	—	0	0	—	x
Sonst	62	0	—	—	—	—	x	x	x	x	x	x

x Basis < 10, Anteil vorhanden
— Kategorie tritt nicht auf

Tab. 7 Parzellierung (ohne Topos)

Der Anteil der Parzellierung an den Handlungsträgergruppen der einzelnen Medien *in %*

	dpa	AP	HR	WDR 1	WDR 3	FS 1	FS 2	FAZ	WELT	BILD	WN	MZ
Parl	55	42	0	x	x	23	60	43	48	x	41	61
Reg	60	67	x	100	87	63	61	55	53	67	57	71
Part	63	36	x	x	x	x	x	44	36	x	x	x
Öff	69	62	0	x	x	x	x	54	67	75	53	65
Int	63	40	–	x	–	x	x	50	40	x	x	x
Uint	77	58	–	–	–	–	x	88	84	x	50	79
Wirt	x	0	–	x	–	x	x	x	x	x	x	x
Unt	78	56	–	–	–	x	0	65	72	x	67	79
Org	67	75	–	x	x	–	–	39	46	0	x	x
Sonst	42	47	–	0	0	x	x	36	42	50	x	50
Ohne	x	x	–	–	–	–	–	80	0	x	0	x

– Kategorie tritt nicht auf
x Basis < 10, Anteil vorhanden

stellung innerhalb der Medien nimmt die ‚Bild'-Zeitung ein, bei der die Anteile parzellierter Artikel im Gegensatz zu allen anderen Medien bei Politik und Justiz zunehmen (bei der Wirtschaftsberichterstattung dagegen leicht abnehmen).

2.3.1.5 Die Aufgliederung nach *Handlungsträgern* bestätigt die bisherigen Ergebnisse: Deutlich über der Globalverteilung liegt bei der Parzellierung die Interessengruppe der Unternehmer; Parlament, Parteien, die übrigen Interessengruppen sowie die nicht organisierten Einzelpersonen verzeichnen dagegen einen unterdurchschnittlichen Parzellierungsanteil, während Regierung, Öffentliche Institutionen und sonstige Organisationen medienspezifisch leicht unterschiedlich um die Globalwerte schwanken.

2.3.1.6 Zusammenfassung der Ergebnisdarstellungen: Parzellierung läßt sich in über 50% aller Fälle nachweisen, verstärkt in der Wirtschaftsberichterstattung; es läßt sich ein Zusammenhang nachweisen zwischen verstärkter Parzellierung und verstärkter Abhängigkeit von Agenturen, insbesondere von nur einer Agentur. Diese Gesetzmäßigkeit läßt sich jedoch mit nur geringer Eigeninitiative der Redaktionen durchbrechen.

> „Eine Milliarde – wieviel ist das?
> Tübingen (dpa). Von Milliarden-Krediten und Defiziten ist häufig die Rede, aber nur gut jeder dritte Wahlberechtigte weiß richtig zu sagen, wieviel Millionen eine Milliarde hat. Dies ergibt sich aus einer Umfrage der ‚Wickert-Institute' Tübingen. 50 Prozent tippen falsch, elf Prozent sagten ‚weiß nicht' und nur 39 Prozent wußten es richtig. Mit 44 Prozent richtigen Antworten überrragen die Männer bei dem Milliardenrechenexempel die Frauen (34 Prozent). Übrigens hat eine Milliarde Tausend Millionen."[46]

2.3.2 Qualitative Analyse

2.3.2.1 Modellbeispiel: Die Faszination der Zahl.

Bevor die verschiedenen Formen der Parzellierung, ihre Ursachen und Funktionen, an einzelnen Beispielen jeweils nachgewiesen werden, soll an einem relativ kleinen, aber für ihn typischen Berichterstattungsbe-

---

[46] MZ, 23. 8. 1975.

reich dieser Trivialisierungsmechanismus dargestellt werden. Zahlen aller Art üben offensichtlich – und wie sich zeigen wird, nicht zufällig – eine Faszination auf die Journalisten aus. Meldungen, die Zahlen, Prozentzahlen allzumal, enthalten, werden häufig veröffentlicht, gleich ob es sich um den Preissteigerungsindex oder die Geschlechtskrankenstatistik, die Zahl der Schafe in der BRD oder die Größe des Butterberges, um ominöse ‚Seniorenumfragen' oder ein Quiz der ‚Bunten' handelt: ‚Wer ist Deutschlands bei Frauen beliebtester Mann?'. An dem Umgang mit Zahlen in der Berichterstattung der Medien läßt sich die Problematik der Parzellierung beispielhaft, weil eher formal und unmittelbar einsichtig, nachweisen; was hier aufgezeigt wird, läßt sich dann unschwer auf andere Berichterstattungsbereiche übertragen.

2.3.2.1.1 Das Fehlen jedes Sinnzusammenhanges.

„Die Luftverkehrsgesellschaften haben 1973 in der ganzen Welt 478 Millionen Passagiere befördert"[47]

Eine Zahl als Größenbezeichnung erhält erst in dem Augenblick einen Sinn, in dem sie in ein Bezugssystem eingeordnet, zumindest mit einer anderen Zahl in Beziehung gesetzt werden kann: Die Behauptung des obigen Zitates, 1973 seien 478 Millionen Fluggäste befördert worden – faktisch sicher richtig – ist – es sei denn für einen Experten, dem aber dann diese Zahl alleine auch nicht ausreichen würde, – sinnleer; grammatikalisch dekodierbar bleibt sie inhaltlich unbegreifbar.[48] Möglich ist allein die vage Vorstellung von ›viel‹, da es sich um Größenordnungen handelt, die den Bereich der persönlichen Erfahrung im Alltagsleben in der Regel übersteigen. Das Fehlen eines Sinnzusammenhanges für die genannten Größenbezeichnungen, der als bekannt noch nicht einmal bei einer nennenswerten Minderheit des Rezipientenkreises vorausgesetzt werden kann, ist bei der MZ-Meldung besonders drastisch; die Meldung ist jedoch keine Ausnahme: „Die Sprengkraft (der Bomben eines Atomtests) lag im Bereich zwischen 20 und 200 Kilotonnen".[49] „In der EG (lagerten Mitte 1974) insgesamt 225 259 Tonnen Butter gegenüber 323 278 Tonnen vor einem Jahr".[50] Bisweilen wird die Sinnlosigkeit

---

[47] MZ, *10*, 30, ‚Tagestelegramm'.

[48] Ein Sinnzusammenhang für diese Meldung könnte ohne Schwierigkeiten in vielfacher Richtung hergestellt werden; durch die Zahl der Passagiere im Jahr 1972, durch die Zahl der Eisenbahn- und Autobuspassagiere im selben Zeitraum etc.

[49] dpa, 255, *10*.

solcher Berichterstattung den Redaktionen bewußt, aber der Versuch einer Erläuterung, der Versuch dessen, was dann bereits als ‚Hintergrundinformation' bezeichnet wird, beweist häufig die Hilflosigkeit der Journalisten beim Umgang mit dem Nachrichtenmaterial und gerät bisweilen zur Groteske: „die stärke der erschütterung (bei der Messung durch ein seismologisches Institut im Zusammenhang mit den oben bereits angeführten Atomtests) betrug 5,2 grad auf der *nach oben unbegrenzten* richter-skala"[51].

2.3.2.1.2 Die Scheinobjektivität des von interessierter Seite publizierten Materials

„EG-Butterbestände nehmen *ab*
Die Butterbestände in der europäischen Gemeinschaft nehmen weiter *zu*, liegen aber noch spürbar niedriger als vor einem Jahr (...)"[52]

„buttervorraete der eg nehmen weiter *zu*
die butterbestaende in der europaeischen gemeinschaft nehmen weiter zu, liegen aber noch spuerbar niedriger als vor einem Jahr (...)"[53]

Die Tatsache, daß sich mit Zahlen vortrefflich lügen läßt, ist schon eine Spruchweisheit, die Tatsache, daß es beim Jonglieren mit Zahlen möglich ist, ohne nachweisbare Unwahrheit Sachverhalte bis zur Unkenntlichkeit verdreht darzustellen, ist evident. – Das in den Medien veröffentlichte Zahlenmaterial stammt fast ausschließlich[54] aus den Pressestellen der jeweils interessierten Institutionen. Dies schon allein deshalb, weil die Redaktionen den Aufwand einer eigenen Datenerhebung scheuen, teilweise auch der Aufwand ihre Möglichkeiten übersteigen würde. Daß die je interessierte Seite bevorzugt Zahlen veröffentlichen wird, die ihr nutzen oder die sie in einem positivem Licht erscheinen läßt, und nach Möglichkeit Zahlen unterdrücken wird, die diesem Image zuwiderlaufen, ist ebenso selbstverständlich wie der Versuch, bei der Darstellung der Daten ‚positive' Aspekte hervorzuheben und ‚negative' zu verhüllen. – Die Faszination der Zahl für die Massenmedien läßt sich nicht zuletzt aus ihrem reduzierten Objektivitätsbegriff ableiten: Das Zahlenmaterial, das ihnen zur Verfügung gestellt wird, hat den Vorzug des Nachweisbaren

50 dpa, 139, *10*.
51 ap, *10*, 77 (Hervorhebung vom Autor).
52 Pressedienst des Bundesministeriums für Ernährung, Landwirtschaft und Forsten, *10*, (Hervorhebung vom Autor).
53 dpa, 139, *10* (Hervorhebung vom Autor).
54 Dies ist nicht statistisch abgesichert.

und Vorzeigbaren; die Zahl, sofern richtig abgeschrieben, ist ‚wahr' und faktisch richtig, die Angriffsfläche bei Druck von außen denkbar klein. Bei Beschwerden kann die Quelle herausgezogen und bewiesen werden: hier steht es schwarz auf weiß. Daß bei einer derart reduzierten Berichterstattung die Auswahl des entsprechenden Nachrichtenspektrums und die ‚Objektivität' der einzelnen Meldungen im besten Fall gerade noch so groß sind, wie die Interessenlage der Nachrichtenproduzenten es zuläßt, kann vom Rezipienten, dem die Vorgeschichte der Nachricht unbekannt bleibt, zwar vermutet aber nur noch in Ausnahmefällen, bei ‚Betriebsunfällen' im normalerweise problemlosen Zusammenspiel von Pressestellen und Medien, nachgewiesen werden: Die oben angeführten Zitate einer Pressemitteilung des BMELF und der dpa sind ein Beleg hierfür. Hätte der diensthabende Redakteur im Ministerium nicht die Ungeschicklichkeit begangen und sich selbst in zwei aufeinanderfolgenden Zeilen widersprochen, sondern ein wenig intelligenter formuliert, er hätte mit aller Wahrscheinlichkeit davon ausgehen können, daß die Tendenz, die er mit diesem Artikel verfolgte, unredigiert in das Nachrichtenkarussel eingegangen wäre. Seine Meldung selbst nämlich wurde von dpa in ihrer ganzen Unzulänglichkeit wörtlich übernommen[55].
Demgegenüber ist die teilweise Verwendung fragwürdiger Quellen für eine Veröffentlichung, da meist erkennbar, noch weniger problematisch: Eine ‚Seniorenumfrage der Stadt Würzburg' vorwiegend unter Altenheimbewohnern mit einem Rücklauf von 3000 der ausgegebenen 21 000 Fragebögen wird verallgemeinert unter dem Titel „Jeder Dritte möchte wieder arbeiten" veröffentlicht[56].

2.3.2.1.3 Die Scherbenwelt der begründungs- und beziehungslosen Einzelfacts.

„wiesbaden, 10. juli 74 dpa/lh – den weitaus groessten teil ihrer einkuenfte haben die bundesbuerger im vergangenen jahr für nahrungs- und genussmittel sowie fuer wohnungsmieten ausgegeben. so wendeten rentnerhaushalte 90 prozent fuer den privaten verbrauch auf, arbeitnehmerhaushalte mit mittleren einkommen 84 prozent und haushalte mit hoeheren einnahmen 76 prozent.
in den „sparstrumpf" stopften rentnerhaushalte sieben prozent ihrer einnahmen, haushalte mit einem mittleren verdienst brachten es auf zwoelf prozent ersparnis, waehrend die besonders gut gestellten familien sogar 17 prozent

---

[55] Die Verärgerung des dpa-Journalisten über diesen Versuch, ihn auszutricksen, ist förmlich zu spüren: seine Überschrift ist genauso ‚wahr' und genauso ‚falsch' wie die des Pressematerials.
[56] WN *10*, 16, basierend auf dpa, *9*, 166.

„auf die hohe kante legten". das ist das ergebnis einer am mittwoch in wiesbaden veroeffentlichten erhebung des statistischen bundesamtes. waehrend der budget-anteil nahrungs- und genußmittel lediglich (!) in rentnerhaushalten leicht anstieg, gaben alle uebrigen haushalte im vergangenen jahr genausoviel geld fuer mieten aus wie 1972. der prozentuale anteil der aufwendungen fuer verkehr und nachrichtenuebermittlung erhoehte sich 1973 lediglich (!) bei rentnern und familien mit mittleren einkommen, waehrend der anteil der ausgabengruppe elektrizitaet, gas und brennstoffe in allen befragten haushalten zunahm.[57]

Zahlenmaterial als Spiegel des gegenwärtig Bestehenden – sofern es aus einer seriösen Quelle stammt – würde sich geradezu aufdrängen als Ausgangsbasis für Berichterstattung, als auslösender Faktor für eigene Recherchen: neue, möglicherweise überraschende Kenntnis dessen, was ist, fordert Fragen danach, weshalb dies so ist, wie es dazu kam, in welcher Beziehung dieses zu anderem steht – kurz: die journalistische Leistung – geradezu heraus. Diese Chance aber wurde bei den untersuchten Medien in aller Regel nicht wahrgenommen; der teilweise hervorragende Ausgangspunkt für eine Meldung degenerierte zur im besten Fall lauen, meist unbegreifbaren Meldung selbst. Das umfangreiche, täglich erscheinende Pressematerial des Statistischen Bundesamtes beispielsweise zählte zwar zu den am häufigsten aufgegriffenen und nachgedruckten Pressediensten des Untersuchungszeitraumes; das nackte Zahlenmaterial aber wurde in aller Regel unbearbeitet und ohne die Mühen eigener zusätzlicher Recherchen weitergereicht.
Das oben angeführte Zitat über die Budgets privater Haushalte mag als Beleg dienen: seine zentrale Aussage, nämlich daß sich die Schere der finanziellen Voraussetzungen für ‚Lebensqualität' weiter geöffnet hat, wird in der dpa-Referierung der Pressemitteilung noch unterdrückt (– „lediglich . . ." –), geschweige, daß der Versuch unternommen würde, durch eine eigene journalistische Leistung deutlich zu machen, was die genannten Zahlen für die Gesellschaft, wie für die betroffenen Einzelnen bedeuten, welche Ursachen für diese Zahlen verantwortlich sind. Dies alles geschieht nicht; es würde mit dem Objektivitätsbegriff der Agenturen in Kollision geraten, der sich auf die Katalogisierung des Vorzeigbaren beschränkt. Damit wird deutlich, von welcher Qualität die Objektivität einer solchen Berichterstattung ist: daß eine derartige Nachricht wertfrei sei, daß der Verzicht auf die notwendige Analyse weniger Wertung beinhalte als noch der engagierteste Meinungsbeitrag, daß das Unterlas-

[57] dpa, 219, *10.*

sen weniger ‚eigene Meinung' enthält als die Tat, dies zu behaupten setzt eine gute Portion inhumaner Gedankenlosigkeit voraus.

2.3.2.2 Die Darstellung der Parzellierung an Einzelbeispielen

Die Parzellierung deckt einen umfangreichen und – im Gegensatz zu anderen Trivialisierungsmechanismen – differenzierten Berichterstattungsanteil ab. Innerhalb des Bereiches der Parzellierung lassen sich unterschiedliche und unterschiedlich zu begründende Ausformungen aufzeigen, die freilich so eng miteinander verwoben sind und sich häufig bedingen, daß diese Untergruppen im Untersuchungsmaterial nur sehr selten in reiner, sondern in der Regel als Mischform auftreten. Zwei verschiedene, voneinander abzugrenzende Methoden, die Beschränkung der Berichterstattung auf Äußerlichkeiten und die Beschränkung auf kleinste unbegründete und isolierte Einzelfakten, mit ihren jeweiligen Unterformen führen in ihrer letzten Konsequenz zum selben Ergebnis einer extremen Parzellierung: der offenkundigen Sinnleere eines Artikels.

2.3.2.2.1 Das Äußerliche – von seiner Bevorzugung zu seiner Ausschließlichkeit

> „(. . .) bayerischer ist am rande des parteitages ein weissblauer abend mit blasmusik, leberkaes, schweinsbraten und bier im muenchner hofbräuhaus."[58]

Die Darstellung des Äußerlichen unter Verzicht auf Relevanz beginnt bereits mit der minuziösen Aufzählung noch der banalsten und – im wörtlichsten Sinne – greifbaren Nebensächlichkeiten, bei denen sich ein Bezug zum Thema oder ein Symbolgehalt nicht mehr ableiten lassen.[59] Für die Beschäftigung mit solchen Banalitäten lassen sich (vordergründig) mehrere Ursachen aufzeigen. Zunächst dient die Methode dazu, von den Kommunikatoren für wichtig erachtete Geschehnisse, zu denen es an Information mangelt, aufzuwerten. Der Satz „wir halten diese Sache für außerordentlich wichtig, wissen aber nicht mehr darüber", würde dem verinnerlichten Objektivitätsbegriff der Journalisten zuwiderlaufen; deshalb produzieren insbesondere die Agenturen Nachrichten im Leerlauf. Der Umfang wird zur Wertung:

---

[58] ap, 4, *10,* Vorbericht zum CSU-Parteitag.

[59] Der Leberkäs im Hofbräuhaus, dies darf unterstellt werden, ist weder etwas CSU-typisches, noch – was immer dies auch sein mag – etwas typisch „bayerisches".

„den ausklang der begegnung beider regierungen bildete ein essen, zu dem giscard die deutsche delegation vor seiner fuer 16.00 uhr angesetzten rueckreise auf schloss ernich am rhein geladen hatte. neben den delegationen nahmen daran auch der spd-vorsitzende willy brandt und oppositionsführer karl carstens teil".[60]

Dies geht teilweise soweit, daß eine typische Nicht-Nachricht zur Nachricht wird, daß ausdrücklich gemeldet wird, es gäbe nichts zu melden:[61]

„bei seiner ankunft auf dem flughafen orly (nach dem deutsch-französischen gipfel) gab giscard keinerlei erklaerung ab. zusammen mit den sieben ministern, die ihn nach bonn begleitet hatten, hielt sich der staatschef nur wenige augenblicke im ehrensalon des flughafens auf, bevor er in den elysee-palast zurueckkehrte."[62]

In die Umgebung derartiger Nachrichten gehört auch eine Gruppe von Kurzmeldungen, die am besten mit „protokollarischen Nachrichten" zu umschreiben ist, ein Relikt absolutistischer Hofberichterstattung, von deren Notwendigkeit beispielsweise die FAZ überzeugt ist: „Was das Staatsoberhaupt unternimmt oder wohin der Regierungschef fährt, gehört auf Seite 1."[63]:

„kuala lumpur, 10. juli (ap) der neue deutsche botschafter in malaysia, dr. hans joachim hallier, ist am mittwoch in kuala lumpur eingetroffen, um sein amt anzutreten. vor journalisten bezeichnete es der diplomat als seine hauptaufgabe, die wirtschaftliche zusammenarbeit zwischen malaysia und der bundesrepublik zu foerdern. ende ap 28/bs/0729/10. Juli 74".

Als weitere Ursache für die Bevorzugung des Äußerlichen ist die naive Freude am Spektakulum, am unbegriffen Sensationellen hervorzuheben:

„unter dem schutz von zwei hundertschaften der kieler und eutiner polizei sowie eines bootes der wasserschutzpolizei haben am mittwoch rund 260 studenten der christian-albrecht-universitaet in kiel eine zum dritten mal angesetzte chemieklausur in einer bootshalle des olympiazentrums kiel-schilksee geschrieben (. . .)"[64]

„in rennes, fougeres, saint malo und redon schuetteten sie (gegen den Preissturz bei Fleisch protestierende Bauern) vor den staatlichen praefekturen und unterpraefekturen jauche aus und liessen vor diesen gebaeuden zahlreiche schweine und ferkel zurueck. in einem fall warfen die demonstrierenden bauern die fensterscheiben einer unterpraefektur ein. in roche sur yon holten

---

[60] ap, 98, *9,* zum deutsch-französischen Gipfeltreffen.

[61] Man erinnere sich in diesem Zusammenhang insbesondere an die legendären Bahr-Interviews während der Ost-Vertrags-Verhandlungen.

[62] dpa, 237, *9.*

[63] FAZ (Hrsg.): Alles über die Zeitung . . ., S. 11.

[64] dpa, 215, *10.*

> die demonstranten aus einem kuehlhause acht tonnen fleisch, uebergossen es auf der strasse mit benzin und zuendeten es an."[65]

In dem dpa-Artikel über die Protestaktionen französischer Bauern wird einer – allgemein-nichtssagenden – Begründung weniger Platz eingeräumt, als der genüßlichen Schilderung der Aktionen. Eine Schilderung der tatsächlichen Situation der Landwirtschaft in Frankreich wird nicht einmal ansatzweise versucht. Entbehrten die Aktivitäten der Bauern der Komik, aller Wahrscheinlichkeit nach wäre eine Veranstaltung dieser Größenordnung für dpa nicht meldenswert gewesen; verfügte der französische Bauernverband nicht über einen effektiven PR-Stab, der es versteht, auf sich aufmerksam zu machen und Nachrichten zu lancieren, wäre ein Artikel über die Lage der französischen Bauern nicht erschienen.

2.3.2.2.2 Die Atomisierung der Vernunft

> „in der umgebung der von saigon nach norden fuehrenden nationalstrasse 13 ist am mittwoch auch im raum ben cat weitergekaempft worden. (. . .) bei gefechten an der nordkueste von suedvietnam sind (. . .) 36 nordvietnamesen getoetet worden. (. . .) im mekong-delta warfen vietkongterroristen einen sprengkörper in eine wahlversammlung. (. . .) in kambodscha haben regierungstruppen nach der rueckeroberung der provinzhauptstadt oudong noerdlich von pnom penh (. . .) ihre verteidigungsstellungen weiter ausgebaut (. . .) eine kambodschanische kampftruppe dehnte ihre sicherheitszone (. . .) auf rund 45 kilometer aus. (. . .) rund zwoelf kilometer suedlich der hauptstadt begannen regierungstruppen mit einem grossangelegten angriff (. . .)"[66]

Bei der zitierten ap-Meldung handelt es sich, wie ausdrücklich vermerkt wird, um die Refereriung der militärischen Lageberichte Südvietnams und Kambodschas. Einem Experten in Südvietnam mag es durchaus möglich sein, aus den Angaben sich ein annähernd richtiges Bild der aktuellen militärischen Situation zu verschaffen. Für einen Laien in Europa bleibt als einzige filtrierbare Information die Tatsache, ‚in Vietnam wurde gekämpft'. Anhand einer Vielzahl von Einzelfakten ist es ihm weder möglich, sich eine Vorstellung von der Bedeutung der Gefechte für die militärische Lage, noch von der Härte und Grausamkeit der Kämpfe zu machen. Der Rezipient sieht sich einer Vielzahl kleinstgestükkelter Fakten gegenüber, die er nicht begreifen kann, da ihm ein Bezugssystem fehlt.

---

[65] dpa, 151, *10.*

[66] dpa *10,* 31 – Die Meldung ist im Original umfangreicher und enthält jeweils noch einige Einzelheiten zu den Gefechten.

Vordergründige Ursache für die Aneinanderreihung von Einzelfakten bildet wiederum ein Objektivitätsbegriff, mit dem jede Erläuterung, die eine Meldung überhaupt erst begreifbar machen würde, in Kollision gerät. Dies wird insbesondere bei kürzeren Meldungen aus Ländern, die nicht ständig im Blickpunkt der Berichterstattung stehen, deutlich:

„laotisches parlament soll aufgeloest werden
vientiane, 11. juli (ap) die laotische regierung hat am mittwoch nach auskunft gut unterrichteter kreise beschlossen, die nationalversammlung in naher zukunft aufzuloesen. die gewährsleute konnten einen termin für die entlassung nicht nennen. unmittelbar nach der parlamentsaufloesung sollen neuwahlen für die 60koepfige kammer ausgeschrieben werden. wie verlautete, soll es sich dabei jedoch nicht um allgemeine wahlen handeln. vielmehr sollen nur bestimmte personengruppen, wie dorfvorsitzende, beamte, polizisten und soldaten abstimmen duerfen."[67]

Um die Nachricht begreifen zu können, wären zumindest drei Voraussetzungen an Vorwissen notwendig, die mit Sicherheit bei der Mehrheit der Rezipienten nicht erwartet werden können: Was für eine Regierung herrscht zur Zeit in Laos? Weshalb will die Regierung das Parlament auflösen? Welche Folgen aus dieser Parlamentsauflösung sind absehbar? Die Antworten auf diese Fragen sind weder unmöglich – sie könnten von einem Sachverständigen am Schreibtisch beantwortet werden – noch sprengen sie den Rahmen einer Agenturmeldung – sie wären in drei Sätzen anzureißen. Sie würden einzig und allein die selbst auferlegte Beschränkung der Medien durchbrechen. Von diesen drei Antworten hängt jedoch ab, ob die Nachricht eine wenigstens vage Vorstellung von der augenblicklichen Situation des Landes gibt oder unverständlich bleibt und so in der Nachrichtenflut nur den vermeintlich raren Platz verschwendet. Gleichzeitig wird die Verantwortung für das Verständnis der Nachricht an den Rezipienten weitergegeben, der eben dieses, die Einordnung der Fakten auch leisten muß, nur unter einer unvergleichlich schlechteren Ausgangslage als der besser Informierte: indem ihm das notwendige Vorwissen fehlt, bleibt ihm bestenfalls die Möglichkeit der Spekulation.
Bei den Hörfunknachrichten werden Meldungen teilweise so gekürzt, daß sie, knapp über der Schwelle des Aufnahmevermögens, zwar noch verstanden, aber nicht mehr begriffen werden können: „Das Bundeskabinett beschloß außerdem eine Gesetzesnovelle, die der Entlastung der Gerichte bei Zivilverfahren dienen soll."[68]

---

[67] ap 5, *11*.
[68] WDR I, 2, *10*. Die Meldung ist eingebettet zwischen die Nachricht über die

Die Parzellierung führt zu Nachrichtenformen, die Enzensberger am Beispiel der FAZ „Journalismus als Eiertanz"[69] genannt hat. Es sind dies Meldungen, die des ‚Lesens zwischen den Zeilen' bedürfen, der Kenntnis eines speziellen Codes, der nur Eingeweihten vertraut ist. Im Ergebnis führt solche Berichterstattung zum Klassenjournalismus, der jenen, die über eine spezielle Ausbildung verfügen, zusätzliche Informationen verschafft, und diejenigen, denen der Jargon unvertraut ist, aussperrt. Das Unaussprechliche, die Wertung, wird versteckt hinter einem Jargon, der teilweise das Gegenteil dessen meint, was er schreibt:

> „Fahmi teilte in Kairo mit, Breschnew habe seine Bitte (um Verschiebung des Moskau-Besuchs des ägyptischen Außenministers) damit begründet, daß es der sowjetischen Führung z. Zt. nicht möglich sei, die vorgesehenen Verhandlungen mit der ägyptischen Delegation vorzubereiten."[70]

Die Meldung erhält ihre Bedeutung erst, wenn man weiß, daß alle Informierten, auch der WDR-Redakteur, die referierte Begründung für nicht stimmig halten. Zum Verständnis einer Nachricht, die nichts enthält, als die Wiedergabe des offiziellen Kommuniques, ist die Kenntnis der Sprache der Kommuniques notwendig. Eine der Hauptaufgaben journalistischer Tätigkeit, die Übersetzung der Nachrichten in eine allgemeinverständliche Sprache, unterbleibt mit dem impliziten Verweis auf das Gesetz der Objektivität.

Vergleichbares gilt für die Meldungen, daß die ‚Materialien zur Lage der Nation' künftig nicht mehr als Regierungsvorlage dem Bundestag zugeleitet werden, sondern vom Autorenteam selbst präsentiert werden. Es stellt sich die Frage nach den Ursachen. Während andere Massenmedien darauf überhaupt nicht eingehen[71], liefert dpa die Begründung in folgender Form:

> „das wissenschaftler-team (. . .) hat die diesjaehrigen ‚materialien' in die themen nation, staatliche und gesellschaftliche ordnung sowie wirtschafts- und sozialpolitik aufgegliedert. boelling betonte dazu (?) die materialien seien – wie schon frueher – weder als ganzes noch in teilen als amtliche stellungnahme der bundesregierung anzusehen. die autoren seien in ihren erkenntnissen frei gewesen und wuerden dies auch kuenftig sein."[72]

Veröffentlichung der Materialien zur Lage der Nation und über ein Treffen Schmidt/Schütz.

[69] Enzensberger ([4]1967), S. 18.

[70] WDR III, 9, *10;* ähnliche Meldung: ARD 8, *10;* dagegen: dpa 289, *10,* mit dem lead-Satz: „Die Sowjetunion dämpft offensichtlich ägyptische Erwartungen auf eine Verbesserung der Beziehungen."

[71] So: WDR I, *10,* 2

[72] dpa 242, *10.*

Wer zwischen den Zeilen zu lesen versteht, kann jene Aussage decodieren, die dpa auszusprechen nicht möglich war, nämlich, daß die Materialien einigen Ärger gemacht haben und der Regierung nicht ins politische Konzept paßten. Durch das ominöse und völlig widersinnige „dazu" wird der Leser verleitet, den Stein des Anstoßes aus einem Satz herauszudividieren, der in seiner Aussagekraft zunächst nur vergleichbar ist mit der Behauptung, die Autoren eines Kochbuches hätten dieses gegliedert in ‚Suppen, Vorgerichte, Fleisch und Gemüse'.
‚Journalismus als Eiertanz' findet seinen Höhepunkt dort, wo eine ganze Meldung – ihrer Aussage nach gerade das Gegenteil einer Nachricht – für eine andere steht, deren Veröffentlichung gegen den Objektivitätsbegriff verstoßen würde:

> „Kein Kommentar
> Karlsruhe (dpa) Generalbundesanwalt Siegfried Buback hat ‚mit Rücksicht' auf die laufenden Ermittlungen jede Stellungnahme zu Meldungen abgelehnt, Frau Christel Guillaume habe gestanden, mehrfach Agentenmaterial aus dem Bundeskanzleramt nach Osterberlin gebracht zu haben."[73]

2.4 Die Pointierung

Die Pointierung wurde definiert als die Methode, Situationskomik als Anlaß oder Schwerpunkt einer Berichterstattung zu nehmen. Die Pointierung trat beim trivialen Topos sehr häufig auf – in 40% aller Einheiten – wurde aber dort gleichzeitig weitgehend aufgebraucht. Insgesamt traten 137 Fälle beim trivialen Topos, aber nur 84 Fälle im restlichen Untersuchungsmaterial auf.
Die Pointierung stellt außerhalb des trivialen Topos eine sehr kleine Kategorie dar; die Anteile schwanken je Medium zwischen 0 und 12 Prozent. Die audio-visuellen Medien sind praktisch frei von diesem Mechanismus, während ‚Bild' den höchsten Anteil verzeichnet.

> „Es sieht fast so aus, als sei für das Unternehmen die seit langem ersehnte große Wende angebrochen. Bittere Jahre hindurch hatte die Auszehrung hoher Verluste zum Siechtum zu führen gedroht und der strangulierende Effekt einer erdrückenden Schuldenlast den finanziellen Atem knapp gehalten (. . .) Inzwischen be-

[73] MZ 13, *10.*

schert jedoch der konjunkturelle Umschlag am Zellstoff- und Papiermarkt dem Unternehmen deutlich geschriebene schwarze Zahlen. (. . .) Durch geschicktes Lavieren vor dem günstigen Wind des Marktes soll das Schiff endgültig flottkommen. (. . .) Aus dem Füllhorn der gegen Ende des Jahres beabsichtigten Kapitalerhöhung auf 165 Millionen DM sollen dem Unternehmen weitere 33 Millionen DM zufließen. (. . .)"[74]

2.5 Die Verdinglichung

Verdinglichung wurde angenommen, wenn innerhalb eines Artikels die Handlungsträgergruppe oder der Handlungsträger nicht genannt und an ihre Stelle Objekte gesetzt wurden, meist unter Zuhilfenahme einer Passivkonstruktion. Dabei wurden all jene Fälle ausgenommen, in denen ein Gegenstand lediglich bildhaft als Bezeichnung für eine Person(engruppe) gebraucht wurde; Verdinglichung wurde nur dort festgestellt, wo ein Ersetzen des Gegenstandes durch die Bezeichnung der entsprechenden Handlungsträgergruppe keinen Sinn ergab.

2.5.1 Darstellung der Daten

Die Verdinglichung stellt mit insgesamt 78 Einheiten eine sehr kleine Kategorie; bei den einzelnen Massenmedien schwankt der Anteil dieses Mechanismus zwischen null und sieben Prozent. Der Mechanismus trat nicht auf beim HR, der ARD und der ‚Bild'-Zeitung; sein Anteil war am stärksten bei der MZ. Innerhalb des trivialen Topos konnte die Verdinglichung in keinem Fall nachgewiesen werden. Die Verdinglichung konzentriert sich auf eine sehr geringe Zahl von Basisvariablen und erhält dort nennenswerten Einfluß.

Nach *Ressorts* ist die Verdinglichung deutlich im Wirtschaftsressort konzentriert und erreicht einen Anteil zwischen sieben und 24 Prozent je Medium. Die extreme Konzentration der Verdinglichung in der Wirtschaftsberichterstattung läßt sich beim Vergleich der Themenbereiche und Handlungsträgergruppen noch verdeutlichen: Von allen Einheiten dieses Mechanismus innerhalb eines Mediums finden sich bei den Agenturen und Zeitungen zwischen 83 und 91 Prozent beim *Themenbereich* Wirtschaft. Damit erreicht die Verdinglichung in diesem Themenbereich einen Anteil zwischen 7 und 22 Prozent. Bei den *Handlungsträgern*

---

[74] FAZ, 104, *11*; Bericht über die Jahreshauptversammlung der Papierwerke Waldhof-Aschaffenburg.

decken Unternehmer und deren Interessengruppen zwischen 50 und 97 Prozent aller verdinglichten Artikel je Medium ab. Damit erreicht die Berichterstattung über die Unternehmer einen Verdinglichungsanteil von 0 bis 21, über die Unternehmer-Interessengruppen einen Anteil von 20 bis 58 Prozent je Medium:[75] Bei der Wirtschaftsberichterstattung, insbesondere der Berichterstattung über die Unternehmer läßt sich die Methode nachweisen, Sachverhalte und Entwicklungen als zwanghaft und menschlicher Verantwortung entzogen, darzustellen.

Tab. 8 Verdinglichung (ohne Topos)

Der Anteil der Verdinglichung *an* den Basisvariablen (1. Spalte je Medium) und die Verteilung *innerhalb* der Basisvariablen (2. Spalte je Medium) *in%*

	dpa		AP		WDR		ZDF		FAZ		WELT		WN		MZ	
Gesamt	4		4		4		5		6		3		5		7	
Themenbereich Wirtschaft	13	83	22	91	0		x		20	89	7	89	16	83	20	91
Unt. Interessengr.	32	56	58	64					31	28	32	67	20	33	29	36
Unternehmer	0		6						9	22	3	30	7	17	21	36
Ohne	x		x						40		0		x		x	
Organisat.	0		0						15		0		0		0	

HR, ARD und BILD: O
x Basis < 10, Anteil vorhanden

2.5.2 Die Wirtschaftsberichterstattung als Beispiel hoher Verdinglichung und extremer Parzellierung

„Fast 500 Mill. DM Umsatz bei VP
Nürnberg (vwd). Die zur Schickedanz-Unternehmensgruppe (Fürth) gehörenden Vereinigte Schickedanz & Co. (Nürnberg) mit den Marken ‚Tempo, Camelia, Moltex, Bess, Lavex' etc., Marktführer für Hygienepapiere in der Bundesrepublik, erreichte im Geschäftsjahr 1973 einen Umsatzzuwachs bis dicht an die 500-Mill.-DM-Marke und infolge strenger Spar- und Rationalisierungsmaßnahmen den gleichen Betrag wie im Vorjahr."[76]

[75] Die Ausführungen gelten für die Agenturen und Zeitungen ohne ‚Bild'. Die Werte beim WDR (tendenziell gegenläufig) und beim ZDF (tendenziell beständig) sind für Folgerungen zu gering.

[76] MZ, 91, *11.*

2.5.2.1 Die Darstellung der Daten aus der quantitativen Analyse

2.5.2.1.1 Auf die außergewöhnliche Struktur der Wirtschaftsnachrichten in den Medien wurde bereits hingewiesen. Die Wirtschaftsberichterstattung stellt einen der großen, in der Inlandsberichterstattung mehrheitlich sogar den größten Themenbereich im Informationsteil der Massenmedien. Der sehr homogene Wirtschaftsbereich konzentriert sich auf wenige Handlungsträger; dabei stellen – mit Ausnahme von HF und FS – die Interessengruppe der Unternehmer und die Unternehmerseite der einzelnen Firmen mediendurchgängig mehr als die Hälfte aller Handlungsträger. Alle anderen Interessengruppen – einschließlich der Gewerkschaften und der Arbeitnehmerseite bei der Unternehmensberichterstattung – nehmen demgegenüber einen verschwindend geringen Raum ein. Die Wirtschaftsberichterstattung stellt mediendurchgängig den einzigen größeren Themenbereich, in dem der Mechanismus der Verdinglichung in nennenswertem Umfang nachzuweisen ist. In 53 bis 77 Prozent aller Einheiten dieses Themenbereiches ist der Sinnzusammenhang abgeschnitten; damit liegen die Parzellierungswerte in der Wirtschaftsberichterstattung um 5 bis 13 Prozentpunkte über dem jeweiligen Mediendurchschnitt. Demgegenüber liegt der Anteil der Personalisierung um 12 bis 30 Prozentpunkte je Medium (außer ‚Bild') unter dem jeweiligen Mediendurchschnitt.
Betrachtet man die beiden wichtigsten Handlungsträgergruppen des Themenbereichs, so verstärken sich die angeführten Tendenzen bei den Interessengruppen der Unternehmer weiter: Der Anteil der Verdinglichung steigt auf 20 bis 58 Prozent je Medium, während die Personalisierung gegenüber dem jeweiligen Mediendurchschnitt um 12 bis 48 Prozentpunkte absinkt (und damit in zwei Fällen sogar die 0-Prozent-Marke erreicht).[78]

2.5.2.1.2 Über diese statistisch abgesicherten Werte hinaus lassen sich weitere formale Besonderheiten bei einzelnen Medien nachweisen:

1. Die beiden überregionalen Zeitungen mit ihrem umfassenden Wirtschaftsteil versuchten während des Untersuchungszeitraumes durchgängig in einigen wenigen ausführlichen Artikeln – meist dem Aufmacher

---

[78] Demgegenüber lassen sich die Tendenzen bei der Unternehmerseite einzelner Firmen zwar noch deutlich, aber nicht mehr in dem extremen Maße wie bei den Interessengruppen nachweisen.

Tab. 9 Wirtschaftsberichterstattung

Die Anteile der Wirtschaftsberichterstattung *an* den einzelnen Variablen sowie Anteil (1. Spalte je Medium) und Differenz des aktuellen Trivialisierungsmechanismenanteils je genannter Basisvariablen zum Globalanteil je Medium (2. Spalte) *in* %

	DPA	AP	FAZ	WELT	BILD	WN	MZ
Ressort: Wirtschaft	22	12	34	42	–	17	16
Thema: Wirtschaft	25	15	24	39	10	22	26
in Wirtschaft:							
Personalisierung	23–19	18–31	16–30	12–22	33±0	29–12	16–16
Parzellierung	77+13	62+ 5	74+18	72+13	53–4	60+ 6	76+ 6
Verdinglichung	13+ 9	22+18	20+14	7+ 4	0	16+11	20+13
in Unternehmerinteressengruppen:							
Personalisierung	10–32	0–48	0–46	21–12		20–20	14–18
Parzellierung	77+13	58+ 1	88+32	84+25		50– 4	79+ 9
Verdinglichung	32+27	58+54	31+25	32+29		20+15	29+22
in Unternehmen:							
Personalisierung	37– 5	31–16	28–18	12–21		33– 8	16–16
Parzellierung	78+14	56– 1	65+ 9	72+13		68+14	79+ 9
Verdinglichung	0– 4	6+ 2	15+ 9	3± 0		7+ 2	21+12

der 1. Wirtschaftsseite – Einzelthemen in einem größeren Zusammenhang darzustellen. Diese Artikel heben sich jeweils deutlich von der Struktur der übrigen Artikel ab.[79]

2. Bei den beiden Regionalzeitungen nahmen die nicht in die Untersuchung einbezogenen „Servicemeldungen" (Börsen-, Devisennotierungen etc.) im insgesamt sehr kleinen Wirtschaftsressort – pro Ausgabe weniger als eine Seite – allein durchschnittlich ⅓ des Raumes ein. – Der Wirtschaftsteil der WN hob sich gegenüber der MZ deutlich durch eine stärker verbraucher- und problemorientierte Wirtschaftsberichterstattung ab.[80]

[79] Welt 64, *12:* Preissteigerungen belasten Entwicklungshilfe, Welt 64, *11:* Bundesregierung sorgt sich um Investitionen und Arbeitslose; FAZ 89, *11:* Erdölkartell; FAZ 97, *10:* Weltweite Baisse.

[80] So: umfangreichere Berichterstattung zu Herstatt-Pleite.

3. ‚Bild' war auch in der Wirtschaftsberichterstattung – im Gegensatz zu allen anderen Medien – deutlich auf das Amusement ausgerichtet: „Clopapier wird teurer"[81]; „Deutschlands kleinste Autofabrik schließt".[82]

> „commerzbank: grosswetterlage in eg besser geworden
> frankfurt, 9. juli 74 vwd – die wirtschaftliche grosswetterlage in den mitgliedslaendern der europaeischen gemeinschaft ist nach auffassung der commerzbank ag trotz der derzeitigen unsicherheit besser geworden. allerdings wird die gesundungszeit „wohl sehr lange dauern", erklaerte vorstandssprecher paul lichtenberg am dienstag in frankfurt. nach seinen worten ist die spitze der welt-inflation „wahrscheinlich in sicht", da die internationale konjunktur bereits auf langsamere gangart gedrosselt sei und die rohstoffhausse abklinge. fuer die bundesdeutsche wirtschaft wird das exportgeschaeft laut lichtenberg dann schwieriger werden, sei es durch importbarrieren oder wegen des abgeschwaechten nachfragesogs in den nachbarlaendern, dies waere allerdings nichts anderes als eine „notwendige normalisierung", verbunden mit einer ueberfaelligen ernuechterung nach so vielen jahren der wachstumseuphorie, meinte der grossbanksprecher.
> dpa 180 lz kn smo 9. jul 74 1604"

2.5.2.2 Qualitative Analyse

Die Wirtschaftsberichterstattung der Medien läßt sich in zwei große Gruppen aufteilen: in die Berichterstattung über wirtschaftspolitische und volkswirtschaftliche Fragen einerseits und die Firmenberichterstattung andererseits. Die Verwendung ähnlicher Methoden der Trivialisierung führt in beiden Bereichen zu differenzierten Ausprägungen und Formen des Trivialen im Wirtschaftsteil der Medien.

2.5.2.2.1 Die triviale Berichterstattung über wirtschaftspolitische und volkswirtschaftliche Fragen

> „mit einem 25 prozent niedrigeren angebot an suesskirschen und um zehn prozent geringeren bei sauerkirschen wird in diesem jahr gerechnet. nach angaben der zentralen markt- und preisberichtstelle vom donnerstag muss der

---

[81] *11*, 23.
[82] *12*, 82.

verbraucher fuer beide kirscharten rund elf prozent mehr als vor einem jahr bezahlen. suesskirschen kosten im durchschnitt 3,75 mark und sauerkirschen 3,59 mark das kilogramm."[83]

2.5.2.2.1.1 Die Beschränkung auf die Referierung am Beispiel der Verbraucherberichterstattung

Die Entlastung von eigenen Recherchen und damit von eigener Verantwortung führt dazu, daß über jene Bereiche, bei denen eine kontinuierliche und vielfältige Versorgung von Pressestellen fehlt, nur bruchstückhaft berichtet wird. Verbrauchernachrichten finden sich nur vereinzelt und isoliert: Da meldet der deutsche Touring Automobil Club, daß die Benzinpreise etwas sänken[84], dort eine zentrale Markt- und Preisberichtsstelle, daß die Kirschpreise[85], eine PR-Stelle des Wirtschaftsministeriums, daß die Pflaumenpreise höher als vor einem Jahr lägen[86]. Es findet weder eine kontinuierlich-zusammenhängende, noch eine aktuelle, unmittelbar verhaltensrelevante Verbraucherinformation statt, obwohl dies zweifelsfrei für die Mehrheit der Rezipienten hochinformativ wäre, von ihnen erwünscht wird,[87] und mit angemessenem eigenen Arbeitsaufwand der Redaktion durchzuführen wäre.[88] Für die nachdrücklichen Verfechter der sozialen Marktwirtschaft – und alle untersuchten Zeitungen zählen sich hierzu – führt dieser Verzicht zu dem Widerspruch, daß die Redaktionen einerseits an der Illusion eines „kritischen" Käufers als

---

[83] dpa, 91, *11*.
[84] dpa, 135, *9*.
[85] dpa, 91, *11*.
[86] dpa, 137, *10*.
[87] Glotz/Langenbucher (1969) führen als Beispiel den ‚Kölner Stadtanzeiger' auf, wo eine Verbraucheraktion erst aufgrund nachhaltiger Leserreaktionen begonnen und gegen die Absicht der Redaktion durch das Leserinteresse über einen langen Zeitraum fortgesetzt wurde.
[88] Die FAZ veröffentlichte im Untersuchungszeitraum einen monatlichen Bericht über die Verbraucherpreise bezeichnenderweise außerhalb des Nachrichtenteiles als Kommentar. Er basierte überwiegend auf mehreren Pressematerialien, insbesondere auf einer Statistik des Hessischen Statistischen Landesamtes. Trotz einer umfassenden Darstellung war der Gebrauchswert des Artikels für den Verbraucher gering, da er global die Entwicklung des vergangenen Monats nachzeichnete, ohne durch die Projektion dieser Daten auf die unmittelbare Zukunft Entscheidungshilfen zu leisten. Zu den aufgeführten Preisen ist vermerkt: „Durchschnittspreise sollen in erster Linie dem Nachweis von Veränderungen dienen und sind zu lokalen Vergleichen nicht geeignet". (FAZ *10*, 96). – Bei Regionalzeitungen finden sich häufig – so auch in den untersuchten Blättern – im *Lokal*teil wöchentliche Marktberichte, die jedoch nur eine begrenzte Auswahl an Lebensmitteln erfassen und einfallslos produziert sind.

gleichstarkem Partner gegenüber dem Produzenten festhalten, gleichzeitig aber die Voraussetzung für die Kritikfähigkeit des Verbrauchers, nämlich eine sachkundige, aktuelle, gründliche und verhaltensrelevante Verbraucherinformation nicht leisten.

> „Weitere Bau-Insolvenzen befürchtet
> Bonn, 10. Juli (vwd). Mit weiteren Entlassungen von Arbeitskräften und einer Zunahme der Insolvenzen in der Bauwirtschaft rechnen die Mitgliedsunternehmer des Zentralverbandes des deutschen Baugewerbes (. . .)“[89]

2.5.2.2.1.2 Die Bevorzugung der Unternehmerseite

Die Interessengruppen der Unternehmer erhalten in den Wirtschaftsteilen der Medien ausgiebig Gelegenheit zur Darstellung wirtschaftlicher Gegebenheiten aus ihrer Sicht, ohne mit der Darstellung einer Gegenmeinung oder gar mit einer Objektivierung ihrer Aussagen durch eigene Recherchen der Medien rechnen zu müssen. Das von den Medien selbst stets betonte Prinzip der Ausgewogenheit, der gleichzeitigen Darstellung konträrer Meinungen zu einem Sachverhalt endet dort, wo nicht mehr zwei annähernd gleich starke Gruppen annähernd gleich großen Druck auf die Massenmedien ausüben.
Daß die Bauindustrie in der Wirtschaftslage des Sommers 1974 daran interessiert war, ihre Situation als besonders schlecht zu schildern und deshalb Entlassungen[90] wie Investitionskürzungen[91] anzukündigen, kann nicht überraschen. Zu diesen, sich im Untersuchungszeitraum häufenden Meldungen, die durchweg auf Pressematerial[92] basierten, wurden jedoch keine Stellungnahmen der Arbeitnehmerorganisationen eingeholt; es wurde auch nicht versucht, durch eigene Recherchen zu ergründen, inwieweit die Meldungen Zweckpropaganda enthielten. – Die Ausschließlichkeit, mit der über weite Teile hinweg, nur die Kapitalseite zu Wort kam, nahm teilweise groteske Ausmaße an: Im Untersuchungszeitraum wurde über drei Tarifabschlüsse verschiedenster Art berichtet[93]. In allen drei Fällen lagen den Meldungen Pressemitteilungen der Arbeitgeber zugrunde, die ein Interesse an diesen Meldungen und ihrer Form

[89] FAZ, 84, *11*.
[90] Obiges Zitat.
[91] dpa, 507, *9*.
[92] In einem Fall des IFO-Instituts.
[93] MZ, *11*, 88 (nach dpa), dpa *9*, 292, dpa , 193.

hatten und ihre Stellungnahme teilweise mit einbrachten. In keinem der drei Fälle erschien eine korrigierende Anmerkung aus der Sicht der Gewerkschaft.

> „In der Zementindustrie zum Beispiel hatten es die Unternehmen Ende der sechziger Jahre auch aus einem anderen Grund leichter, den Absatzrückgang 1966/67 zu überwinden. Fast überall gab es noch Rationalisierungsreserven; die Belegschaften konnten abgebaut werden; die Gewerkschaften zeigten damals durch maßvolle Tarifabschlüsse noch Einsicht. Der Personalaufwand konnte dadurch absolut reduziert werden; gleichzeitig war es möglich, den Aufwand für Roh-, Hilfs- und Betriebsstoffe einschließlich Energie überproportional zu vermindern."[94]

2.5.2.2.1.3 Die mangelnde Distanz gegenüber Unternehmerinteressen bei der Berichterstattung

Die Referierung der Meinungen der Unternehmer findet in der Wirtschaftsberichterstattung nicht nur dem Umfang nach, sondern auch in einer – nur hier zu findenden – Form der völligen Distanzlosigkeit gegenüber dem Berichteten statt, die sich nur aus einer völligen Identifikation der Redaktionen mit den Interessenlagen der Unternehmer erklären läßt. Als Beleg sei ein Artikel der FAZ angeführt. Es handelt sich um die Referierung eines Beitrages, der für den von der FAZ herausgegebenen ‚Blick durch die Wirtschaft' geschrieben wurde; dadurch läßt sich ein Mindestmaß an Identifikation der Redaktion mit diesem Artikel nicht ableugnen:

> „‚Keine andere Alternative'
> Kr. Frankfurt, 10. Juli. Nicht ‚ob' man im Ausland produzieren soll, sondern allein ‚wo' das am besten geschehen kann, ist für die deutsche Bekleidungsindustrie die Frage. Darauf weist Gerd Seidensticker, der Leiter der größten deutschen Hersteller-Gruppe für Herrenhemden, in einem Beitrag zu der im ‚Blick durch die Wirtschaft' erscheinenden Aufsatzreihe ‚Unternehmensführung in der Inflation' hin. Seidensticker erinnert an das Beispiel Portugal, das das Risiko von Auslandsinvestitionen deutlich gemacht habe. Allgemein seien die westlichen Länder für die Bekleidungs-Industrie nicht so wichtig wie der Ostblock und die Länder der dritten Welt, wo freilich andere Risiken zu bedenken seien. Dennoch gäbe es für diesen Industriezweig keine andere Alternative als der Weg ins Ausland. Werde den Unternehmen dieser Weg verstellt, dann hätten sie ‚die letzte Überlebens-Chance verloren, so hart es klingt', meint Seidensticker."[95]

---

[94] FAZ, 124, *12*. Bericht HV Portland-Zementwerke, Heidelberg.
[95] FAZ, 87, *11*.

Die FAZ referiert den Beitrag Seidenstickers ohne die Darstellung einer Gegenmeinung und ohne eigenes Zurechtrücken der Dimensionen, bei den entscheidenden Passagen in auffälliger Vagheit und Verklausuliertheit: „das Beispiel Portugal ...", „andere Risiken". Daß für Herrn Seidensticker seine Gewinnerwartungen einen höheren Stellenwert haben, als die Einführung eines elementaren Grundrechtes, des Streikrechtes, in einem westeuropäsichen Land ist sicher sehr aufschlußreich, wenn auch kaum überraschend. Wenn dieses von einer führenden deutschen Wirtschaftszeitung in der zitierten Art und Weise kommentarlos-zustimmend vermeldet wird, dann ist vorauszusetzen, daß diese Zeitung unter der Vorgabe einer objektiven Berichterstattung sich die Auffassung zu der ihrigen gemacht hat und propagiert.

> „Für die Wende in der Automobilkonjunktur machte der neue Vorstandsvorsitzende, John P. Mc. Cormack, eine Reihe von Gründen verantwortlich: Eingeleitet worden sei die Wende zum Schlechteren durch die Konjunkturdämpfungsmaßnahmen der Bundesregierung und der Bundesbank. Die parallel dazu steigenden Versicherungsprämien, Reparaturpreise und Mineralölsteuern, die sich schneller als die Lebenshaltungskosten erhöhten, taten das ihre. Die Folgen des Ölschocks, wie Mc. Cormack es nannte, ließen den Markt schließlich zusammenbrechen. (...)
> Auf lange Sicht zeigte sich Mc. Cormack für die Automobilindustrie optimistisch. Es werde jedoch weitgehend von der wirtschaftlichen Entwicklung nicht nur in der Bundesrepublik abhängen, ob die Talfahrt für die Automobilindustrie und damit auch für Opel beendet ist. Seine Zuversicht, daß das Auto als Mittel zur Gewinnung der individuellen Freiheit auf längere Sicht nicht zu ersetzen sei, drücke sich auch darin aus, daß Opel im laufenden wie auch im kommenden Jahr jeweils 400 Millionen DM investieren will, etwas mehr als im unsicheren Jahr 1973".[96]

2.5.2.2.2 Die triviale Firmenberichterstattung

Firmenberichterstattung heißt für alle untersuchten Medien ausschließlich Berichterstattung aus dem Blickwinkel des Kapitals, heißt primär immer, wie erging es und was ist zu erwarten für jene Menschen, die aus diesem Unternehmen Gewinn ziehen, heißt primär nie, wie erging es und

---

[96] FAZ, 147, *12*.

was ist zu erwarten für jene Menschen, die in diesem Unternehmen arbeiten. Auf das Ausmaß der Referierung ist bereits in der quantitativen Analyse hingewiesen worden. Hier soll versucht werden, Methoden der trivialen Firmenberichterstattung aufzuzeigen, die über die bloße Referierung hinausreichen.

2.5.2.2.2.1 Die fehlende Distanz zum Bericht

Die triviale Firmenberichterstattung identifiziert sich mit der Interessenlage der Kapitalseite jener Firma, über die zu berichten ist, ohne aus der Distanz eines unabhängigen, kritischen Berichterstatters zu prüfen, inwieweit diese Interessen mit anderen Interessen kollidieren. Sie referiert die hochritualisierten Reden und Wortwechsel einer Aktionärsversammlung, übernimmt vorgelegtes Zahlenmaterial und Texte, ohne sie durch eigene Recherchen zu erhärten. Daß der Vorstand der Opel-Werke die Ursachen für die schlechte Ertragslage überall sucht, nur nicht bei sich selbst, daß er vor den Aktionären Optimismus verbreiten muß, daß er hierfür Zuflucht sucht in der irrationalen Stilisierung des Autos als Ausdruck individueller Freiheit, weil er anders seine Ware nicht mehr an den Käufer bringt – dies alles ist nicht überraschend. Wenn jedoch Medien nicht nur in diesem Einzelfall, sondern tagtäglich die immer gleiche Selbstdarstellung der Unternehmer weitervermitteln ohne das Korrektiv einer Gegenmeinung, ohne die Distanz, die auch einen anderen Blickwinkel ermöglicht, so nützen sie damit vielleicht den kurzfristigen Interessen einer gesellschaftlichen Gruppe; statt einer ausgewogenen und sachkundigen Information jedoch, vermitteln sie ein verzerrtes Bild, das durch die ständige Wiederholung sich als vortreffliches Beeinflussungsinstrument eignet.[97]

---

[97] Die Berichterstattung der ‚Welt' unterscheidet sich hier deutlich von den Unternehmensberichten der übrigen Medien, insbesondere von der FAZ. Mehrheitlich wird bei dem Vergleich einzelner Berichte zum selben Thema bei der ‚Welt' eine größere Distanziertheit deutlich, lassen sich einige- wenn auch zaghafte – Versuche nachweisen, über das referierte Material hinaus eigen Recherchen mit einzubringen. Auffällig ist ein ‚Welt'-Artikel zur VW-Hauptversammlung, der freilich nicht im Wirtschafts- sondern im politischen Ressort abgedruckt ist. Hier wird ausführlich, begründet und hart die Farce solcher Veranstaltungen dargestellt: „So genügen Hauptversammlungen bestenfalls der Form. Sinn hat ihre jetzige Art, die im Falle VW eine runde halbe Million kostet, kaum". (‚Welt', *10*, 25).

2.5.2.2.2.2 Die Behauptung eines Sachzwangs

Die Entscheidungen und Handlungen des Managements werden in der Berichterstattung häufig dem Begreifen, Werten und Analysieren entzogen, indem sie dargestellt werden nicht als die Leistungen und Fehlleistungen einer Personengruppe, die dafür verantwortlich ist, sondern als nirgends begründete und unbegründbare Auswirkungen einer nie definierten, außerhalb menschlichen Zugriffs liegenden Macht, die scheinbar notwendigerweise zu den geschilderten (in der Regel unerwünschten) Auswirkungen führt.[98] In der Selbstdarstellung der FAZ wird dies ausdrücklich betont:

> „Firmen werden *geboren*, sie haben ihre *Schicksale, sie können zugrunde gehen.* (. . .) Zuweilen bricht über Nacht das *Unwetter* über eine Firma herein; sie muß die Zahlungen einstellen, ein Vergleichsverfahren beantragen oder Konkurs anmelden. Wenn aber das *Verhängnis* über ein Unternehmen hereingebrochen ist, so widmet die Firmenredaktion einem solchen Vorgang stets ihre besondere Aufmerksamkeit. (. . .) *Geburt* und *Aufschwung, Verfall* und *Untergang* eines Unternehmens interessieren die Öffentlichkeit (. . .). *Da wechseln Aktienpakete* ihren Besitzer, da lehnen sich Unternehmen an einen finanzstarken Konzern an; (. . .)"[99]

Die Behauptung eines unbegründeten Sachzwanges setzt sich fort in Sprachregelungen, die wörtlich aus den Pressemitteilungen der Unternehmer übernommen werden und durch die regelmäßige Verwendung bereits selbstverständlich erscheinen. Unpopuläre und abträgliche Maßnahmen, seien es nun Preiserhöhungen oder Entlassungen werden regelmäßig dargestellt als ‚notwendig' und ‚erzwungen', wobei Gründe für diese Notwendigkeit oder diesen Zwang häufig nicht genannt oder aber vordergründig-fragwürdig Zweckbehauptungen der Unternehmer ohne Überprüfung kommentarlos übernommen werden: „Dagegen (gegenüber den Hoffnungen des Handels) spricht die Bekleidungsindustrie zunächst noch von der *Notwendigkeit* weiterer Preiserhöhungen"[100] „zum 1. April und 1. Juli *mußten* Preiserhöhungen vorgenommen werden"[101]; „auch bei den advance-booking-charter Flügen (abc-Flüge) sind

---

[98] Als Beleg sei das in das Kapitel ‚Verdinglichung' einführende Zitat der FAZ über die Hauptversammlung der PWA erwähnt.

[99] FAZ (Hrsg.) 1974, S. 55; die Zitate wurden aus einem größeren Text zusammengezogen, indem sie jeweils die Funktion eines ‚lead'-Satzes haben, der dann an Beispielen erläutert wird. Die Methode der Verdinglichung wurde durch die Zitation betont.

[100] FAZ, *10*, 103.

[101] ‚Welt', *11*, 95, HV Elektromark.

Preiserhöhungen infolge der wirtschaftlichen Entwicklung *nicht zu vermeiden*"[102]; „in der Außenproduktion sei SEL jedoch *gezwungen* gewesen, vor einigen Tagen die Entlassung von rund 600 Mitarbeitern zu beantragen"[103]; „Hochbaufirmen *mußten* entlassen"[104].
Dem distanzlos übernommenen Bild der Selbstdarstellung von Unternehmensleitung und Management als sachkundig und unfehlbar Handelnde – es taucht in der Berichterstattung keine Kritik auf –, die bei Fehlentwicklungen von ihnen nicht zu vertretenden Sachzwängen unterliegen, steht um so drastischer ein Bild der Gewerkschaften gegenüber, die unverantwortlich und ohne Sachverstand von außen an die Wirtschaft ‚fordernd' herantreten und so das Wirtschaftssystem gefährden. In der Mehrzahl der Unternehmensberichte werden distanzlos und unrelativiert durch Einschübe der Redaktion, insbesondere aber ohne jede Darstellung der gegenteiligen Auffassung (wie dies demgegenüber beispielsweise ausgiebig bei der Parteienberichterstattung der Fall ist), Vorwürfe der Unternehmer gegen die Gewerkschaften referiert. Dies wird deutlich bei der Frage der Tarifverträge:

> „Der nächsten Lohnrunde im öffentlichen Dienst komme eine zentrale Rolle zu; die Lohnpolitik müsse sich an den neuen gesamtwirtschaftlichen Grenzen orientieren und die geplanten Steuerentlastungen sowie das neue Kindergeld honorieren (meint Staatssekretär Schlecht)"[105] – „Die bevorstehenden Lohnverhandlungen betrachten die privaten Banken als das entscheidende Signal für die künftige Entwicklung"[106] – „Unter dem Beifall der rund 2500 Aktionäre (. . .) sagte Leiding, es gehe nicht darum, den Arbeitnehmern einen verdienten Lohn vorzuenthalten. Bleibe man aber nicht auf dem Boden des ökonomisch Machbaren, könnten sich die Siege an der Lohnfront als Pyrrhussiege auch für die Beschäftigten erweisen"[107]. – „Schärfere von demonstrativem Beifall begleitete Attacken zielten nicht auf die Verwaltung sondern insbesondere an das Aufsichtsratsmitglied Loderer, den Chef der IG Metall, von dem der Berliner Aktionärsvertreter Schmidt di Simoni im Wortspiel meinte, es sei ein Omen, daß Herr Loderer auf der Bühne vor den Aktionären zwischen den Aufsichtsratsmitgliedern ‚Greulich' und ‚Schlecht' sitze. Tiefste Beunruhigung gegenüber der Lohnpolitik der Gewerkschaften äußerte insbesondere auch der Sprecher der Deutschen Schutzvereinigung für Wertpapierbesitz (. . .)"[108].

Zweifellos ist es das gute Recht jedes Mediums, sich dieser Argumentation anzuschließen und sich dafür zu engagieren; sicher ist es notwendig,

---

[102] dpa (vwd) 510, *9.*
[103] dpa 508, *10.*
[104] MZ, 134, *12.*
[105] ‚Welt', 64, *9.*
[106] ‚Welt', *10,* 71.
[107] ‚Welt' *10,* 80.
[108] FAZ, *10,* 133.

derartige Äußerungen aus dem Bereich der Wirtschaft zu vermelden. Die Tatsache jedoch, daß sich tagtäglich (und wie eine aufmerksame Lektüre zeigt, weit über den Untersuchungszeitraum hinaus) in den Zeitungen und Agenturen derartige Angriffe auf die Gewerkschaften finden lassen – verhüllt unter dem Mantel einer ‚objektiven' Berichterstattung, ohne die Berücksichtigung und Darstellung einer Gegenmeinung –, macht die Wirtschaftsberichterstattung zu einem hochwirksamen und untergründig wirkenden Beeinflussungsinstrument. Hierin liegt die Gefahr solcher Berichterstattung.

Die Identifikation mit den Unternehmerinteressen und die wörtliche Übernahme deren Pressematerialien führt in Einzelfällen zu folgenschweren und grotesken, aber bereits selbstverständlichen Verdrehungen: „*Die Opel-Werke* haben das Angebot *an ihre Mitarbeiter*, bei einer freiwilligen Kündigung eine Abfindung zu zahlen (...) auf ein größeres Kontingent ausgeweitet"[109]. Hier wird mit der Methode der Verdinglichung die Bezeichnung für eine Personengruppe durch eine Sachbezeichnung ersetzt und die Sachbezeichnung dann unzulässigerweise als Begriff nur auf eine kleine Untergruppe – die Unternehmensleitung – beschränkt. Diese Meldung ist kein Ausrutscher. Sie deckt genau die Ideologie einer Berichterstattung ab, die die Tätigkeit und die Interessen der Unternehmer gleichsetzt mit denen des Gesamtunternehmens, für die die Arbeiterschaft ein zwar notwendiges, aber häufig eher hinderliches Inventar darstellt, ohne Interessen und eines Berichtes nicht wert. Ein Blick wiederum in die Selbstdarstellung der FAZ belegt dies. In dem ausführlichen, achtzehnseitigen Kapitel über den Wirtschaftsteil findet sich kein einziger Hinweis auf die Arbeiter, wohl aber dieser Abschnitt: „Nicht zuletzt wird hier die Rolle der Menschen gewürdigt, die hinter (?!) den Betrieben stehen. (...) Denn das Unternehmen ist nichts ohne den Unternehmer, dessen Wägen und Wagen, dessen Handeln oder Unterlassen sein Schicksal bestimmen"[110]. Woraus sich logisch ergibt: die Tätigkeit von 500 oder 5000 Arbeitern ist für das „Schicksal" dieses Unternehmens ohne Bedeutung.

2.5.2.2.2.3 Die Parzellierung

Die fehlende Distanz zum berichteten Ereignis führt dazu, daß Fragen, die sich im Zusammenhang mit den berichteten Geschehen unmittelbar aufdrängen, unberücksichtigt bleiben, sofern sie nicht von der Unterneh-

---

[109] MZ, *10*, 23, basierend auf dpa. Hervorhebung v. Autor.
[110] FAZ (Hrsg.) 1974, S. 55.

mensleitung selbst aufgeworfen werden, will heißen, eine Behandlung in deren Interesse liegt. Relevant ist für die triviale Firmenberichterstattung das, was der jeweilige Unternehmer öffentlich als relevant bezeichnet. Dem nicht fachkundigen Rezipient wird dieses Fehlen von Nachrichten in aller Regel verborgen bleiben, nur dort auffallen, wo ein Bericht tendenziell im Widerspruch zu anderen Nachrichten der jüngsten Vergangenheit steht. Dies ist im Untersuchungszeitraum bei den Berichten über die Hauptversammlungen der Papierwerke Waldhof-Aschaffenburg und der Vereinigten Papierwerke der Fall. Die Preisexplosion bei Papier nahm in der Diskussion des ersten Halbjahres 1974 einen breiten Raum ein, sie wurde insbesondere von Zeitungsverlegern und Journalisten, die hierdurch unmittelbar betroffen waren, als Rechtfertigung für die schlechte finanzielle Situation der Verlage und daraus resultierende Preiserhöhungen angeführt. Die Ursachen für die allgemeine Papierpreiserhöhung blieben weitgehend ungeklärt. In diese Situation fielen die Hauptversammlungen zweier führender deutscher Papierfabriken. In keinem der Berichte wurde den Ursachen der Papierpreiserhöhung nachgegangen, die sich allenfalls aus den kommentarlos referierten Äußerungen des Managements dieser Firmen mit Mühe erschließen lassen:

„fuer die papierwerke waldhof-aschaffenburg ag – pwa – (muenchen) sieht die zukunft wieder rosiger aus. nach einer reihe verlustreicher jahre ist ende 1973 eine deutliche wende zum besseren eingetreten. in einer zeit, in der die allgemeine konjunkturelle entwicklung von abschwung und stagnation gekennzeichnet ist, konnte die papierindustrie ‚den weg zur normalisierung des preiskostenverhaeltnisses beschreiten'. (. . .) die lebhafte nachfrage nach zellstoff und papier brachte der pwa im bisherigen verlauf des Jahres 1974 eine volle auslastung der kapazitaeten. deshalb befinden sich die massgeblichen betriebe (. . .) derzeit in der gewinnzone. (. . .)"[111]

2.5.2.2.2.4 Wiederholung des Immer-Gleichen

Mit Ausnahme der ausführlicheren Berichterstattung über wenige Großkonzerne sind die Hauptversammlungs-Berichte vor allem der Agenturen und der auf Agenturmaterial angewiesenen Regionalzeitungen hoch ritualisiert. Gestützt auf das Pressematerial enthalten sie neben dem Nachdruck der blanken Umsatz- und Gewinnzahlen in aller Regel nur kurze Zitate aus der Rede des Vorstandsvorsitzenden, wo dieser sich selbst – je nachdem: auf der Welle einer guten oder trotz schlechter Konjunktur – eine geschickte Unternehmenspolitik bescheinigt, für Widrigkeiten

---

[111] dpa, *10*, 501/502, vergleichabere Berichte: FAZ, *11*, 104, ‚Welt' *11*, 86 für pwa: dpa, *10*, 503/504, ‚Welt', *11*, 87 für vereinigte Papierwerke.

Gewerkschaften, Regierung oder die Situation verantwortlich macht und zum Schluß fein abgestuft, aber doch immer noch optimistisch in die Zukunft blickt:

„Optimismus bei Opel
Rüsselsheim (dpa). Die konjunkturelle Talfahrt sowie der ‚Ölschock' haben die Opel-Werke im laufenden Geschäftsjahr stärker getroffen als die meisten anderen Autohersteller. Wie der Vorstandsvorsitzende der Adam Opel AG, John P. Mc.Cormack, jetzt bei der Bilanz-Pressekonferenz dieser General-Motors-Tochter in Rüsselsheim mitteilte, lag das Produktionsergebnis mit 321 000 Fahrzeugen im ersten Halbjahr 1974 um fast 38 Prozent unter dem Vorjahr. Im Branchendurchschnitt betrug der Produktionsrückgang der deutschen Autohersteller ‚nur' etwa 20 Prozent. Der Opel-Marktanteil ist auf 18,6 Prozent am Inlandsmarkt gegenüber 20,7 Prozent im Gesamtjahr 1973 gefallen. Über die künftige Entwicklung äußerte sich Mc.Cormack jedoch ‚mit einigem Optimismus': ‚Das Konjunktur-Tal liegt hinter uns.'"[112]

2.6 Zusammenfassung der Mechanismen

2.6.1 Zusammenfassung der quantitativen Analyse

Obwohl die Anteile der einzelnen Mechanismen bei den verschiedenen Medien stark schwanken, lassen sich mediendurchgängige Trends nachweisen:

1) Die Bindung von Nachrichten an Personen ist weder Sachzwang noch undurchbrochenes journalistisches Prinzip, vielmehr von der Nützlichkeit für die betroffene Handlungsträgergruppe abhängig: Mediendurchgängig konzentriert sich die *Personalisierung* auf wenige Gruppen, während andere einen unterdurchschnittlichen Personalisierungsanteil aufweisen. Besonders extrem ist die Personalisierung bei der Parteienberichterstattung; mehr als 85% aller Einheiten waren in den einzelnen Medien an die Namen weniger Spitzenfunktionäre gebunden. Ebenfalls überdurchschnittlich stark personalisiert ist die Berichterstattung über Regierung und Parlament, also jenen Personenkreis, der an einem hohen Bekanntheitsgrad interessiert sein muß. Demgegenüber sinkt der Anteil personalisierter Einheiten deutlich, wenn von Unternehmern oder deren Interessengruppen die Rede ist. Nach Themenbereichen heißt dies: Verstärkte Personalisierung bei Politik, abgeschwächte Personalisierung bei

[112] WN, *12*, 60.

der gesamten Wirtschaftsberichterstattung. – Im übrigen läßt sich auch nachweisen: Je geringer für den Rezipienten die Chance, mit einem Namen eine Vorstellung verbinden zu können, desto größer der Anteil der Personalisierung: die Auslandsberichte sind stärker personalisiert als die Inlandsberichterstattung.

2) Vom Sinnzusammenhang abgeschnitten sind insbesondere der große Bereich der Wirtschaftsberichterstattung und die kleine Gruppe der Artikel über Wissenschaft und Technik. Demgegenüber nimmt der Anteil der *Parzellierung* etwas ab bei politischer und Justiz-Berichterstattung. Diese Tendenz findet bei den Handlungsträgergruppen ihre Bestätigung: Wie stark die Parzellierung je Medium auch sein mag, Berichte von und über Regierung, Öffentliche Institutionen, Organisationen und alle Interessengruppen – außer denen der Unernehmer – sind mediendurchgängig allemal einsichtiger verfaßt als Artikel, die sich mit den Interessengruppen der Unternehmer beschäftigen.

3) Wirtschaftsberichterstattung ist nicht nur mediendurchgängig extrem parzelliert, gleichzeitig findet sich nur hier eine deutliche Tendenz, (meist unerfreuliche) Entwicklungen als Sachzwang darzustellen. 85 Prozent und mehr aller Fälle der *Verdinglichung* je Medium finden sich im Themenbereich Wirtschaft. Mehr noch als die einzelnen Unternehmer sind ihre Interessengruppen in den Medien von solch unbegründeten und vermeintlich unbegründbaren Zwangslagen betroffen.

2.6.2.1 Die Kriminalitätsberichterstattung

> „muss diebische oma endlich ‚sitzen'?
> hamburg 11. juli (ap) hamburgs aelteste und nach ansicht der polizei raffinierteste taschendiebin kommt jetzt moeglicherweise hinter schwedische gardinen. die 74 jahre alte frau war erneut auf einem wochenmarkt dabei erwischt worden, wie sie blitzschnell einer kundin die boerse aus einem einkaufsbeutel zog. oma hatte diesmal aber zweifach pech: sie war bereits seit tagen von weiblichen kripobeamten „observiert" worden, und als opfer hatte sie sich zudem die schwaegerin eines kripobeamten ausgesucht. sechsmal ist die alte dame bereits wegen taschendiebstahls vorbestraft worden und sechsmal war es ihr gelungen, unter hinweis auf ihre gebrechlichkeit und ihr alter haftverschonung zu erlangen. diesmal jedoch blieb der richter hart, und oma verschwand im gefaengnis – zunaechst allerdings nur als untersuchungshaeftling. ein prozesstermin steht noch aus."[113]

[113] ap 90, *11;* ähnliche Meldung: dpa 30, *11.*

2.6.2.1.1 Datendarstellung (quantitativ)

2.6.2.1.1.1 Die Kriminalitäts- und Gerichtsberichterstattung stellt mit 3 bis 18 Prozent am Untersuchungsmaterial einen mittelgroßen Themenbereich, verstärkt in der Regionalpresse und der ‚Bild'-Zeitung. Die Kriminalitätsberichterstattung hat ihren Schwerpunkt *im* vermischten Ressort (22–71%), bei den öffentlichen Institutionen (33–58%) und den nicht organisierten Einzelpersonen (15–56%). Der Themenbereich ist gleichzeitig Schwerpunkt *für* das ‚Vermischte' (14–39%), die öffentlichen Institutionen (22–58%) und die nicht organisierten Einzelpersonen (25–48%). Der Anteil des trivialen Topos schwankt intermediär sehr stark (0% Rundfunk; 13% AP, Welt; bis 60% Bild, MZ). Die Personalisierung hat einen Anteil zwischen 36 und 65 Prozent, die Privatisierung einen Anteil zwischen 0 und 9 Prozent, die Parzellierung einen Anteil zwischen 35 und 73 Prozent und die Pointierung einen Anteil zwischen 7 und 13%.

Tab. 10 Kriminalitäts- und Justizberichterstattung

Die Anteile der Kriminalitäts- und Justizberichterstattung *an* den einzelnen Variablen (1. Spalte je Medium) sowie die Verteilung *innerhalb* der einzelnen Dimensionen (2. Spalte je Medium) *in %*

	DPA		AP		FAZ		WELT		BILD		WN		MZ	
Gesamt	13		15		12		9		18		10		18	
Politik	–		–		10	39	15	74	–		7	40	9	26
Wirtschaft	–		–		3	10	1	4	–		0	0	3	3
Vermischtes	–		–		29	51	14	22	–		24	60	39	71
Regierung	6		9		2		3				3		3	
Öffentl. Inst.	35	48	39	57	39	46	33	48	47	33	22	33	58	43
Sonstiges	41	37	26	15	40	36	33	26	33	56	47	53	48	46
BRD	15	60	13	37	12	59	8	56	17	52	9	67	18	63
Ausl.	11	40	17	63	11	41	10	44	20	48	14	33	18	37
Topos		40		13		41		15		59		60		60
Personalisierung		55		65		52		57		36		x		43
Privatisierung		0		3		0		0		9		x		0
Parzellierung		45		50		35		39		73		x		71
Pointierung		8		8		13		0		9		x		7

x Basis < 10; Anteil vorhanden

Nach Medien betrachtet nimmt die Kriminalitätsberichterstattung bei RF und FS einen geringen Raum ein; ebenso bei der ‚Welt', die gleichzeitig als einziges Medium die politische Dimension dieses Themenbereiches hervorhebt. Durchschnittliche Globalwerte verzeichnen die WN und die FAZ, bei der gleichzeitig Privatisierung und Pointierung im trivialen Topos sowie Pointierung außerhalb des Topos extrem hohe Werte aufweisen, sowie dpa, deren hoher Toposanteil extrem hohe Werte bei Personalisierung und Privatisierung enthält. Ein hoher Kriminalberichterstattungsanteil liegt bei AP, mit sehr geringem Toposanteil, sowie insbesondere bei ‚Bild' und MZ vor, die beide gleichzeitig die höchsten Anteile des Topos und der Parzellierung aufweisen.

2.6.2.1.1.2 Über die statistisch abgesicherten Werte hinaus bleibt festzuhalten, daß sich die Berichterstattung des Themenbereiches Recht und Kriminalität überwiegend nur mit Kriminalität und hier wiederum mit Gewaltdelikten beschäftigt.
Formal läßt sich der Themenbereich in zwei Gruppen gliedern: die Berichterstattung über Gerichtsverhandlungen einerseits und die Referierung der Mitteilungen von Polizeidienststellen und Staatsanwaltschaft über ihre Tätigkeit andererseits. Bei der zweiten Gruppe wird fast ausschließlich die von den Dienststellen übernommene Darstellung unkommentiert und unüberprüft wiedergegeben. Die Stellungnahme der Gegenseite, der Beschuldigten, wie der Opfer, wird weder veröffentlicht noch eruiert. Die unkommentierte Wiedergabe der Pressestellenverlautbarungen trifft außerdem zu für den Bereich der Zivilgerichte, insbesondere der oberen Bundesgerichte, nicht jedoch für die übrigen Gerichtsberichte.
Die Öffentlichkeit der Verhandlungen und damit insbesondere auch die Berichterstattung darüber nehmen in der Idee des bürgerlichen Rechtsstaates – als Möglichkeit zur Kontrolle und kritischen Begleitung richterlicher Tätigkeit – eine zentrale Stellung ein. Es wird danach zu fragen sein, inwieweit diese Idee in der Berichterstattung verwirklicht wird.[114]

---

[114] Was Gerichtsberichterstattung zu leisten im Stande ist, läßt sich an wenigen Namen aufzeigen. Hier sei nur verwiesen auf Tucholsky (1970) und Kraus (o. J.). In der Gegenwart vergleichbare Namen zu finden, fällt schwer.

2.6.2.1.2 Die Methoden der Kriminalberichterstattung, dargestellt am Beispiel ‚Wegehenkel-Prozeß'

2.6.2.1.2.1 Der Prozeß gegen Jürgen Wegehenkel wegen Leichenschändung fand bei den Massenmedien sowohl nach Umfang wie nach Aufmachung auffallend große Beachtung. An zwei Varianten lassen sich hier die Methoden der Gerichtsberichterstattung besonders deutlich aufzeigen.[115] Der FAZ-Bericht als die Ausnahme: er zeigt, was schlicht berichtender Journalismus – ohne die Glanzlichter eigener Recherchen, eigener Analysen und fundierter Wertung – leisten kann. Gemessen an den Ansprüchen der Idee des freiheitlichen Rechtsstaates wie den selbstgesetzten Zielen der Presse im allgemeinen und der FAZ im besonderen, erfüllt er diese Normen, ist er ein Beispiel handwerklich guten Journalismus (nicht jedoch eine hervorragende Spitzenleistung, wie dies der Vergleich mit den anderen – für die Realität massenmedialer Berichterstattung typischen – Artikel nahelegen kann).
Für die dpa-Meldung ist vorweg einzuräumen, daß sie insoweit eine Ausnahme bildet, als alle Merkmale agentur-typischer Gerichtsberichte in einem Artikel vereint sind. In dieser extremen Form ist die Meldung auch bei dpa die Ausnahme. Andererseits kann der Artikel gerade deshalb als beispielhaft, nicht nur für dpa, sondern für die Mehrheit der Agentur- und Zeitungsberichte angesehen werden.

2.6.2.1.2.2 Die Methoden des dpa-Artikels:[116]

(1) Die Sensationalisierung der Berichterstattung
Die Schwere der Tat rechtfertigt weder Anlaß noch Umfang der Berichterstattung. Vergleichbare Vergehen – geahndet mit 15 Monaten Freiheitsentzug – finden üblicherweise Beachtung höchstens in den Regionalzeitungen.[117] Anlaß für die umfangreiche Berichterstattung war der Skandal. Dieser Skandal war kalkuliert. Inwieweit ursprünglich „Empörung und Abscheu" einerseits das bei Strafprozessen übliche Maß überschritten, und inwieweit hysterische Drohungen andererseits über den in allen Gerichtssälen präsenten und Öffentlichkeit firmierenden Bodensatz hinausgingen – beide müssen implizit als Entschuldigung für die Berichter-

[115] Die Texte sind im Anhang abgedruckt.
[116] Unberücksichtigt bleiben bei der Analyse die Beispiele unfreiwillig-makabren Humors: „eine Freundin, die Gott nahestand"; „Abhacken des Kopfes oder der Hände oder Strangulieren des Urhebers".
[117] Auch eine politische Dimension, wie bei den Klarsfeld-Prozessen, war nicht gegeben.

stattung herhalten –, läßt sich nachträglich nicht mehr rekonstruieren. Unzweifelhaft aber ist, daß eine in Andeutungen badende, aber kunstvoll das letzte Stückchen Vagheit als Voraussetzung für Spekulation offenlassende Berichterstattung öffentliche Neugier erst produzierte. Egal, ob die Wortschöpfung eines „Bischofsschänders" ein Eigenprodukt von dpa ist oder ob es ihr nur vorbehalten blieb, diesen Begriff bundesweit zu verbreiten: bereits in der Überschrift ist die Methode des Inhaltsleeren, aber Bedeutungsschweren vorgezeichnet.

(2) Das Abtrennen von Sinn und Entwicklungsgeschichte
Die dpa-Meldung bietet sich dar als Aneinanderreihung einiger wichtiger, in der Mehrzahl völlig belangloser Episoden. Es wird nicht versucht, ein Bild der Persönlichkeit des Angeklagten zu geben oder den Inhalt der Verhandlung auf seinen Kern zu verdichten; stattdessen werden einige Äußerungen der Prozeßbeteiligten so verkürzt zitiert, daß sie bestenfalls mißverständlich, in der Regel sinnleer bleiben: Wegehenkel als „Charakter, der nicht nur bei Alkoholmengen übertreibt, sondern auch allzuviel Rücksicht von der Gesellschaft verlange." Die Frage nach dem Warum wird nicht gestellt; sie deutet sich bestenfalls in einem hilflosen Zitat des Angeklagten an. Tat und Prozeß werden von ihrer Entwicklungsgeschichte abgetrennt und damit auf eine vordergründige und unbegreifbare Momentaufnahme reduziert.

(3) Die Anhäufung von Sinnlosem
Was dem Artikel an Struktur fehlt, wird ersetzt durch Staffage (deren Vorhandensein dem Einwand des Platzmangels bei Agenturberichten entgegenzuhalten ist). Das Äußerliche wird bis zur letzten Nebensächlichkeit aufgezählt, ohne einen Gedanken, ob dieser Einzelheit eine Bedeutung zukommt: das „schmale" Fenster, der „romanische" Dom, das „ewige Licht"[118] und als dramatischer Höhepunkt: nein kein gewöhnliches Messer, ein Küchenmesser. Allein die Tatsache der Veröffentlichung dieser Einzelheiten wertet sie auf, schafft Bedeutsamkeit, auf die der Leser sich seinen Reim zu machen hat. Es ist dies dieselbe Bedeutsamkeit, die aus der Produktion der Heftromane bekannt ist.

(4) Die Erregung von Angst
Die Schilderung des unbegriffenen Abnormen, des vordergründig Schaudererregenden erzeugt Angst. Nicht Furcht vor Gefahr, sondern

---

[118] Wobei es müßig ist, nachzuweisen, daß das „ewige Licht" des dpa-Artikels bei ‚Bild' zum ‚Schein einer angezündeten Kerze' wird, um bei der gründlichen FAZ als Mischung von beidem aufzutauchen.

ein vages, zielloses Angstgefühl des nicht Verstehenden, gemischt mit einem wohligen Schaudern des Gruselns. Dabei gehen die Erfahrungen des Kriminalromans und -films, fabriziert nach derselben Methode (ja, das Vorbild der Kriminalberichterstattung der Agenturen), nahtlos über in den Bereich der realen Berichterstattung. Hier zeigt sich ein gefährlicher Kristallisationspunkt einer Verwischung von Fiktivem und Realem. Was dort Methode der Unterhaltung ist, das Spiel mit Spannung und Grauen, die kurzfristige Erzeugung von Angst im problemfreien, weil nicht dem Zwang zur rationalen, analytischen Auseinandersetzung mit der Umwelt ausgesetzten Freiraum der Entspannung, bildet hier unterschiedslos die Grundlage für ein irrationales Verhältnis zu gesellschaftlichen Problemen. Angst ist die Folge des Nicht-Verstehens, was auf Grund einer Berichterstattung wie der vorliegenden gar nicht verstanden werden kann; selbst der Versuch, sich aus der unüberschaubaren Faktensammlung ein Bild zusammensetzen zu wollen, muß scheitern.

(5) Die Spannungsminderung durch Komik
Die so erzeugte Angst wird – durchaus nach den Regeln des Trivialromans – teilweise wieder abgebaut und besänftigt durch das Einbringen komischer und lächerlicher Versatzstücke, durch die Schilderung von Begebenheiten am Rande, die über das Amusement das irrationale Bild des Ungeheuren und des Grauens relativieren: „Als Wegehenkel mit dem Bischofsstab auf der Schulter ‚stolz wie ein König' nach Hause schritt, begegnete ihm eine Polizeistreife, ohne ihn zu bemerken".

(6) Die ‚ingroup'–‚outgroup'-Abgrenzung
Nur die auf dem Methodensystem der Trivialisierung fußende Irrationalität der Berichterstattung ermöglicht es, zu verbergen, was wissenschaftlich längst eine Plattitüde ist, nämlich den Gesellschaftsbezug der Kriminalität[119], die Tatsache, daß die aktuelle gesellschaftliche Situation die aktuelle Kriminalität mit begründet und daß die aktuelle Kriminalität die aktuellen gesellschaftlichen Bedingungen spiegelt. Daß jener Abgrund zwischen dem unbegreifbaren „Bischofsschänder" und dem ordentlichen Bürger (mag er nun Leser, Reporter oder Richter sein) ein konstruierter ist, beweisen in diesem Fall spätestens die im dpa-Bericht zitierten Drohbriefe.

[119] Vgl. hierzu: Sack/König (1968).

3. Die Gate-keeper-Studie

Wie Nachrichten entstehen:
Bei der MZ stand es im Aufmacher:

„Bundestagsmehrheit billigt Steuerkompromiß
Bundeskanzler Helmut Schmidt warf der Opposition am Mittwoch vor der SPD-Bundestagsfraktion vor, sie betreibe bei der Steuerreform ein ‚verantwortungsloses Spiel'. CDU und CSU pokerten hoch und hofften, die Koalition durch ihre Forderungen in die Zwangslage bringen zu können, die Mehrwertsteuer erhöhen zu müssen. Schmidt betonte: ‚Wir werden das auf keinen Fall mitmachen'."[120]

Die FAZ wollte sich nicht mit dem „Rohstoff" der Agenturen zufriedengeben: Ein eigener Redakteur zeichnet für den ‚Eckenbrüller' der ersten Wirtschaftsseite verantwortlich:

„Schmidt: Stabilitätsrekord (. . .)
Zu den Auseinandersetzungen zwischen Koalition und Opposition über die Reform der Einkommensteuer hat Schmidt erklärt, die Opposition hoffe, die Regierungskoalition in die Zwangslage bringen zu können, die Mehrwertsteuer erhöhen zu müssen. Das werde die Bundesregierung jedoch auf keinen Fall mitmachen."[121]

ARD und ZDF meldeten es:

„Bundeskanzler Schmidt bezeichnete heute die Haltung der Opposition zur geplanten Steuerreform als ein verantwortungsloses Spiel. Vor der SPD-Fraktion warf Schmidt der CDU/CSU vor, sie wollten mit ihren Gesetzesvorlagen die Regierung in die Zwangslage bringen, die Mehrwertsteuer erhöhen zu müssen."[122]
„Bundeskanzler Schmidt hat der Opposition vorgeworfen, sie betreibe mit der Steuerreform ein verantwortungsloses Spiel.
Vor der SPD-Fraktion sagte Schmidt, CDU und CSU wollten mit ihren Forderungen die Koalition zwingen, die Mehrwertsteuer zu erhöhen. „Das werden wir auf keinen Fall mitmachen", erklärte der Kanzler."[123]

Sie konnten sich bei ihren Meldungen auf die von ihnen für wichtig erachtete breite Quellenlage stützen, denn dpa, AP und Reuter waren sich in der Beurteilung einig:

---

[120] MZ, *11*, 2.
[121] FAZ, *11*, 83.
[122] ARD, *10*, 3.
[123] ZDF, *10*, 3.

„dpa 232 id

steuern
schmidt: opposition treibt verantwortungsloses spiel –
bonn, 10. juli 74 dpa – bundeskanzler helmut schmidt hat der opposition vorgeworfen, sie betreibe bei der steuerreform ein „verantwortungsloses spiel". cdu/csu pokerten hoch und hofften, die koalition durch ihre forderungen in die zwangslage bringen zu koennen, die mehrwertsteuer erhoehen zu muessen, sagte schmidt am mittwoch vor der spd-bundestagsfraktion. jeder buerger solle offenbar durch ein prozent hoehere preise das bezahlen, was die opposition den oberen schichten zugute kommen lassen wolle. „das werden wir auf keinen fall mitmachen", sagte schmidt. er betonte, der bundeshaushalt koenne auf keinen fall durch die von cdu/csu vorgelegten neuen steuergesetzentwuerfe mit ihren erheblichen finanziellen auswirkungen weiter beschnitten werden.
dpa 232 ms cw r10. jul 74 1738"

„ap 131 id

bonn: bundestag beschloss aenderung der steuerreform 113/3
zwtl: schmidt betont: keine erhoehung der mehrwertsteuer
(. . .)
bundeskanzler schmidt hat vor der spd-fraktion erneut betont, dass die bundesregierung zur finanzierung der steuerreform auf keinen fall die mehrwertsteuer erhoehen werde. deshalb seien beim bundeshaushalt 1975 ungewoehnliche sparanstrengungen unternommen worden. er hielt der cdu/csu vor, dass ihre steuergesetzentwuerfe erhebliche finanzielle mehrausfaelle mit sich braechten. „die opposition pokert hoch und hofft, die koalition in die zwangslage bringen zu koennen, die mehrwertsteuer erhoehen zu muessen", sagte schmidt. (. . .)"

„rtr 131

steuer – zusammenfassung 114/5 bonn
vor der spd-bundestagsfraktion warf bundeskanzler helmut schmidt der cdu/csu vor, die von ihr angeregten positiven elemente aus dem steuerreformpaket der koalition abgeschrieben und herausgeloest und darueber hinaus weitere vorschlaege gemacht zu haben, die die bezieher hoher einkommen beguenstigten. schmidt bezeichnete dies als „verantwortungsloses spiel". die regierung werde sich aber nicht in die zwangslage bringen lassen, die mehrwertsteuer erhoehen zu muessen, um die dadurch entstehenden haushaltsluecken zu stopfen.
reuter 131 hz 1758 no 10/7/74"

Die Vertreter von mindestens vier voneinander unabhängigen Massenmedien waren sich einig in der Beurteilung dessen, was ihnen aus dem gesamten Verlauf einer Fraktionssitzung der SPD so wichtig erschien, daß es vermeldet werden muß. Nicht nur die Aussagen sind identisch; es wiederholen sich in allen Berichten dieselben Formulierungen; es werden immer wieder dieselben zwei Sätze aus der Rede des Bundeskanzlers wörtlich zitiert. Wie kommt es zu dieser Übereinstimmung? Wie ist es

überhaupt zu erklären, daß so viele Journalisten die Möglichkeit hatten, sich ihre freie Meinung über eine Fraktionssitzung zu bilden, für eine „unabhängig recherchierte, formulierte und verbreitete Nachricht" (Benirschke, dpa)?
Die Erklärung findet sich in einer Pressemitteilung der SPD-Fraktion:

„Informationen der Sozialdemokratischen Fraktion im Deutschen Bundestag
Ausgabe: Tagesdienst 668 53 Bonn 9, den 10. Juli 1974
Bundeshaus Tel. 162728/29
KT/e

Betr.: Fraktionssitzung
(...)
Im finanzpolitischen Teil seiner Ausführungen betonte Helmut Schmidt, das Kabinett habe bei der Gestaltung des Bundeshaushalts 1975 ungewöhnliche Sparanstrengungen unternommen, um den finanzwirtschaftlichen und Kaufkrafteffekt der Steuerreform und der Reform des Familienlastenausgleichs (Kindergeldreform) zu ermöglichen. „Wir können den Bundeshaushalt nicht noch weiter beschneiden, da ist keine Luft mehr drin", sagte der Bundeskanzler im Hinblick auf die von der CDU/CSU vorgelegten neuen Steuergesetz-Entwürfe mit ihren erheblichen finanziellen Auswirkungen. Die Opposition pokere hoch und hoffe, die Koalition in die Zwangslage bringen zu können, die Mehrwertsteuer erhöhen zu müssen. „Das werden wir auf keinen Fall mitmachen". Denn die Absicht der Opposition sei allzu durchsichtig: Jeder Bürger solle durch um ein Prozent höhere Preise das bezahlen, was die CDU/CSU den oberen Schichten zugute kommen lassen wolle.
Im übrigen habe die Opposition ihre positiven Elemente zur Steuerreform von der Regierungskoalition abgeschrieben, auch um den Preis, von ihren ursprünglichen eigenen Vorstellungen abzuweichen. Dann habe sie aber noch einige Punkte obendraufgesetzt, mit denen die hohen Einkommensbezieher begünstigt werden sollen. „Es muß jedem klar sein, daß hier von der Opposition ein verantwortungsloses Spiel betrieben wird", betonte Helmut Schmidt. Von verschiedenen führenden Leuten der CDU/CSU, die miteinander um die Führung in ihrer Partei ringen, seien mehrere, sich zum Teil widersprechende Gesetzentwürfe als „Inflationsentlastungsgesetz" vorgelegt worden: „Hier versuchen einige, sich in ihrer Partei zu profilieren zu Lasten der Steuerzahler, besonders auf Kosten der Arbeitnehmer und des kleinen Mittelstandes", betonte der Bundeskanzler zum Schluß seiner Ausführungen. Er warf dem rheinland-pfälzischen Ministerpräsidenten Helmut Kohl (CDU) vor, seiner Pflicht als Vorsitzender des Vermittlungsausschusses nicht nachzukommen, der statt dessen Urlaub gemacht habe."

3.0 Methodische Vorbemerkung

3.0.1 In diesem Teil der Untersuchung soll der Versuch gemacht werden, die Quellenlage des in den Medien veröffentlichten Materials darzustellen. Es wird davon ausgegangen, daß bereits eine verstärkte Referierung von Pressestellenmaterial zu einer speziellen Form der Trivialisierung des Nachrichtenteiles führt. Dies soll an Einzelbeispielen erarbeitet und nachgewiesen werden. In einer zweiten Stufe wird gezeigt werden, daß einige der im bisherigen Verlauf der Untersuchung erarbeiteten Trivialisierungsmechanismen sich gehäuft in von Pressestellen übernommenen Materialien nachweisen lassen, daß andere Trivialisierungsmechanismen Spezifika des Agenturmaterials sind.

3.0.2 Die Untersuchung beschränkt sich auf einen Tag und zwar bei den einzelnen Medien jeweils auf den mittleren des Gesamtuntersuchungszeitraumes. Dies ist eine – durch den hohen Arbeitsaufwand erzwungene – extrem niedrige Basis. Für Zeitungen, RF und FS wurde eine über den Gesamtuntersuchungszeitraum sich erstreckende Verläßlichkeits-Kontrolle vorgenommen. Sie erbrachte keine Hinweise darauf, daß sich für die beiden anderen Tage gravierende Abweichungen bei den Ergebnissen ergeben würden. Die Gate-keeper-Studie beschränkt sich außerdem auf den *Text*teil der *Inlands*berichterstattung, weil nur für diesen Bereich die Quellenanalyse annähernd überschaubar war. Die Untersuchung beschränkt sich auf die schriftlich fixierten Materialien, ohne Berücksichtigung der Einwirkungen, die sich aus mündlichen Beeinflussungen der Journalisten ergeben.

3.0.3 Literatur über vergleichbare Untersuchungen in der Bundesrepublik, auf deren Erfahrungen sich diese Studie hätte stützen können, konnte nicht gefunden werden. In diesem explorativen Stadium beinhaltet die Studie eine Reihe problematischer Unsicherheitsfaktoren. Die Triftigkeit der Ergebnisse ist bei der verwendeten Methode abhängig von der Mitarbeitsbereitschaft und der Auskunftsverläßlichkeit der befragten Journalisten. Dabei erscheint eine vorsichtige Einschätzung dieses Materials angebracht:

– Wie zu erwarten war die Rücklaufquote der Antworten unterschiedlich hoch. Die tatsächliche Quellenlage der ungeklärten Einheiten ist in Einzelbereichen schwer abzuschätzen; es ist nicht auszuschließen, daß in diesem „Schwund" für die Ergebnisdarstellung wichtige Spitzen verborgen sind.[124] Die unterschiedliche Mitarbeitsbereitschaft erschwert den Vergleich der einzelnen Medien.

---

[124] Bei den Pressestellen ergaben sich während der Auswertung aus Widersprüchen zwischen den Angaben der Redaktionen und dem vorliegenden Material vereinzelt Hinweise darauf, daß einige Pressestellen nicht ihr gesamtes Material zur Verfügung gestellt haben. Ein Nachweis war nicht möglich.

– Bei den Antworten konnten vereinzelt – aber über den Gesamtbereich gestreut – falsche Angagen durch den Vergleich mit vorliegendem Pressematerial nachgewiesen werden; in einigen anderen Fällen mußten Angaben, die im Vergleich mit vorliegendem Material als wenig glaubwürdig erschienen, übernommen werden. Durchgängig war dabei die Tendenz, den Eigenbeitrag zu hoch einzuschätzen.[125]

– Einige der redaktionellen Selbstdarstellungen, aber auch einige der Antworten lassen vermuten, daß mit dieser Fragestellung ein kritischer Punkt im Selbst- und Rollenverständnis der eher statusunsicheren[126] Journalisten angesprochen wird: Möglicherweise wird ein Widerspruch zwischen dem Eigenideal eines schöpferisch Tätigen und der Realität eines ‚Informationsbeamten' zwar nicht bewußt gemacht, aber durchaus als bedrohlich empfunden.[127]
Unter dieser Voraussetzung können die Daten der folgenden Untersuchung jeweils nur heißen: Der Anteil des Pressestellenmaterials betrug *mindestens*, der Anteil des Eigenberichtes aber betrug *höchstens*. Die Tabellen drücken nur den nachweisbaren Anteil des Pressestellenmaterials aus.

3.1 Die Produzenten der Nachricht – Die Pressestellen

3.1.1 Umfang und Struktur des Pressematerials

3.1.1.1 Die „51" großen Pressestellen von Regierung, Parlament, öffentlichen Institutionen und Interessengruppen.
Für die Untersuchung wurde versucht, eine Liste der größten und aktivsten Presse- und Informationsstellen in der Bundesrepublik zusammenzustellen. Die Liste kann keinen Anspruch auf Vollständigkeit erheben.[128] Immerhin wurde im Verlauf der Untersuchung lediglich eine weitere

---

[125] Die Richtigkeit der Mehrheit der Antworten soll damit nicht in Zweifel gezogen werden. Insbesondere gab es viele ausführliche und selbstkritische Antworten.
[126] Vgl. Fabris (1971a), S. 42 ff.
[127] Dies würde sich mit den Erkenntnissen von Fabris über die „Verunsicherung des Journalistenstandes" decken; Fabris (1971a), S. 42 ff.
[128] Nach Kenntnis des Autors existiert bisher keine nach Größenordnung gewichtete Zusammenstellung der Presse- und Informationsstellen in der Bundesrepublik, wie auch überhaupt keine Zusammenstellung, die Anspruch auf Vollständigkeit erheben könnte. Die Liste stützt sich in erster Linie auf Stamm (1972) und Mühlbradt (o. J.).

Institution gefunden, die für das Kommunikationssystem der Bundesrepublik von erheblicher und – weil in der Regel täglich verwendet – kontinuierlicher Bedeutung ist: das Statistische Bundesamt. Von den 51 angeschriebenen Institutionen hatten die ‚Bundeszentrale für politische Bildung', der ‚Bund der Vertriebenen' und der ‚Landkreistag' kein Pressematerial im Untersuchungszeitraum veröffentlicht.[129] Von ständiger und täglicher Bedeutung für die regionale, nicht aber unbedingt für die überregionale Berichterstattung sind zusätzlich sicher die Pressedienste der Landesregierungen, der Landschaftsverbände, der Kreise und Städte.

Tab. 11 Material der Pressestellen
Zusammenstellung des vorliegenden Materials der 51 ‚großen' Pressestellen

	8 Tage		Stichtag
	Artikel	Seiten	Artikel
1. Bundespräsidialamt	10	14	0
2. Bundestag	20	104	2
davon: Drucksachen	16	94	
3. Bundesrat	31	154	9
davon: Drucksachen	29	143	
4. Bundesregierung			
Auswärtiges Amt	10	28	1
Arbeitsministerium	3	8	3
Ernährungsministerium	25	20	1
Finanzministerium	11	58	1
Forschungsministerium	7	7	1
Innerdeutsch. Ministerium	1	1	1
Min. d. Inneren	2	17	0
Min. f. Jugend	3	7	1
Min. f. Bauwesen	4	9	1
Verkehrsministerium	1	1	0
Verteidigungsminist.	4	7	2
Entwicklungshilfe-M.	4	6	0
Bundespresseamt	10	27	0
	85	196	12

[129] Nicht geantwortet haben außerdem die Bundesministerien für Wirtschaft, für Bildung, Justiz und Post, die ‚Arbeitgeber Presse- und Informationsstelle', der Gemeinschaftsdienst Boden- und Kreditinstitute und der Zentralausschuß Werbewirtschaft. Zwei Regierungsstellen, das Bundespräsidialamt und das Bundeskanzleramt, lassen ihre Pressemitteilungen über das Bundespresseamt verteilen.

	8 Tage Artikel	Seiten	Stichtag Artikel
5. Parteien			
CDU/CSU-Fraktion	31	72	7
CDU (Partei)	8	16	2
DUD	30	48	7
CSU (Partei)	39	48	1
CSU-Landesgruppe	2	5	0
	110	189	17
SPD (Partei)	9	31	0
SPD-Pressedienste	133	130	17
SPD-Fraktion	8	35	6
FDP (Partei)	6	11	2
FDP-Fraktion	20	26	2
	186	233	44
	296	611	61
6. Öffentl. Institutionen			
Bundessozialgericht	5	24	0
Städtetag	2	7	0
Städte- u. Gemeindebund	4	11	2
Bundesanst. f. Arbeit	3	13	0
	14	55	2
7. Unternehmer-Int.-gruppen			
Pressedienst Handel	2	4	2
ZV d. Handwerks	28	19	28
Inst. d. dt. Wirtschaft	27	27	5
Bundesverb. d. Industrie	3	7	1
DIHT	3	4	0
	63	61	36
8. Interessengruppen			
Beamtenbund	22	15	4
DGB	2	2	0
AGV	7	9	7
ADAC	8	5	2
	39	31	13
39 Institutionen	558	1037	135
Ø	14,3	26,6	3,5

Das von diesen Institutionen zugesandte Material umfaßte innerhalb von 8 Tagen 558 Artikel und Berichte auf 1037 Seiten. Es ist davon auszugehen, daß das tatsächlich veröffentlichte Material noch umfangreicher ist: Einige angeschriebene Institutionen stellten ihr Material nicht zur Verfügung; andere dürften einen Teil des Materials zurückgehalten haben; schließlich ergaben sich Hinweise darauf, daß – formal-organisatorisch von den Institutionen getrennte – Einrichtungen existieren, die die Nachrichtenpolitik ihrer Auftraggeber stützen: so konnte eine vom Bundesernährungsministerium beauftragte Presseagentur ausfindig gemacht werden.
Die Materialien lassen sich in fünf unterschiedlich strukturierte Gruppen einteilen:

Gruppe 1: Das Pressematerial des Bundestages und des Bundesrates
Die Informationspolitik von Bundestag und Bundesrat unterscheidet sich grundlegend von der aller anderen Pressestellen: Einerseits ist rein formal der Papierausstoß beider Institutionen außerordentlich hoch und nur noch mit dem der Parteien zu vergleichen. Andererseits handelt es sich bei dem größten Teil der Materialien (im Gegensatz zu allen anderen Institutionen) *nicht* um speziell für die Medien ausgearbeitete Texte, sondern um Bundestagsdrucksachen und -protokolle, also um Arbeitsunterlagen der Institutionen selbst. – Die Zahl der ‚Pressemitteilungen' ist demgegenüber mit vier (Bundetag) und zwei Exemplaren (Bundesrat) in einer Woche gering.

Gruppe 2: Das Pressematerial der Bundesregierung
Innerhalb der Informationspolitik der Bundesregierung – hier ausdrücklich beschränkt auf die Informationspolitik gegenüber den Medien am Beispiel schriftlicher Pressematerialien – nimmt das Bundespresseamt die überragende und zentrale Stellung ein. Es veröffentlicht: die Verlautbarungen des Bundeskanzleramtes und des Bundespräsidialamtes vollständig, einen Teil der Verlautbarungen der Bundesministerien, insbesondere des Auswärtigen Amtes, schwerpunktmßig über ‚Staatsakte' (Kommuniques von Staatsbesuchen), sowie einen Teil der Pressemitteilungen des Statistischen Bundesamtes[130]. Daneben existieren Pressestellen und Pressedienste bei allen Bundesministerien.

[130] Diese Pressemitteilungen wurden für die Untersuchung aus der Gruppe der Verlautbarungen der Bundesregierung herausgenommen, da sie getrennt auch vom statistischen Bundesamt selbst verbreitet wurden. Sie tauchen in der Statistik nur dort auf. Die Mitteilungen des Bundespresseamtes deckten nicht alle Pressemitteilungen des Statistischen Bundesamtes ab.

Neben den ‚klassischen' Pressemitteilungen spielen innerhalb der Pressedienste die Vorab- und Nachdrucke von Reden und Interviews der Regierungsmitglieder eine bedeutende Rolle. Einige Pressemitteilungen basieren selbst auf der Auswertung anderer Pressemitteilungen.[131] Insgesamt liegen aus dem Untersuchungszeitraum von den Pressestellen der Bundesregierung 85 Einheiten mit einem Umfang von 196 Seiten vor (ohne Wirtschafts-, Justiz- und Post-Ministerium!).

Gruppe 3: Die Parteien

Die drei im Bundestag vertretenen Parteien produzieren den größten Papierausstoß innerhalb der untersuchten 51 Institutionen. Bei dem Material handelt es sich ausschließlich um Selbstdarstellungen und Meinungen.

Die Parteien bedienen sich dabei

1) der Pressemitteilungen ihrer Bundesgeschäftsstellen (in nur geringem Umfang),

2) der Pressemitteilungen ihrer Fraktionen (gegenüber denen der Gesamtpartei in erheblich stärkerem Umfang)

3) die CSU zusätzlich der Pressemitteilungen ihrer Landesgruppe innerhalb der CDU/CSU-Fraktion

4) die CDU/CSU und die SPD ihrer Pressedienste:

- bei der CDU/CSU ist dies der fünfmal wöchentlich erscheinende ‚*Deutschland-Union-Dienst*' mit umfangreicheren Artikeln meist prominenter MdBs bzw. Landespolitiker.
- bei der SPD sind dies: der *SPD-Pressedienst* (entspricht dem DUD), der zweimal wöchentlich erscheinende SPD-Pressedienst *Volkswirtschaft*, der PPP (Parlamentarisch Politische Pressedienst)-*Informationsbrief* (enthält nicht gezeichnete Artikel mit dem Vermerk „nur zur Information – nicht zur Veröffentlichung"), der *PPP-Meldungsdienst*. Die beiden PPP-Dienste sind als einzige nicht als parteigebundene Pressedienste erkennbar. Alle Pressedienste der Parteien bemühen sich durch Äußerlichkeiten in ihrem Aufbau und der graphischen Gestaltung um die formale Annäherung an Agenturmaterialien. Alle Artikel – außer dem SPD-Pressedienst – beginnen mit Signum, Orts- und Datumszeile.[132] Beim SPD-Pressedienst und den PPP-Diensten setzt sich dieser Trend fort in einer den Agenturen nachempfundenen – und dort auf Grund der technischen Voraussetzungen notwendigen und sinnvollen – Schlußzeile mit Autorenkürzeln und Datumswiederholung.[133]

---

131 So einige des Bundesernährungsministeriums auf Unterlagen des Statistischen Bundesamtes.

132 „(DUD) Bonn, 9. 7. 1974", „ppp Hannover/Bonn/11. 7. 1974".

133 „–/5. 7. 1974/bgy/pr" (SPD-Pressedienst), „hh/117/–/BGY" (PP-Meldungsdienst; „117" bedeutet dabei: 11. Juli).

Gruppe 4: Die öffentlichen Institutionen

Bei dieser Gruppe nimmt die Aktivität der einzelnen Pressestellen im Vergleich zu Parlament, Parteien und Regierung deutlich ab; gleichzeitig inflationiert jedoch die Zahl der Pressestellen. In diesem Bereich kann keine Gewähr mehr dafür übernommen werden, daß alle wichtigen und aktiven Pressestellen in der Zusammenstellung – in die auch das Statistische Bundesamt und das Bundeskartellamt mit ihrem umfangreichen Material aufgenommen werden müssen – enthalten sind. Tätigkeitsbericht und reine Selbstdarstellung mischen sich in dieser Gruppe zu einem schwer trennbaren Gemenge: Die Darstellung objektiv wichtiger, auch dem tagespolitischen Streit entzogener Arbeitsergebnisse beinhaltet immer auch Selbstdarstellung und Rechtfertigung der eigenen Tätigkeit. Dabei reicht die Spanne vom Statistischen Bundesamt, das mit der ausschließlichen Lieferung statistischen Arbeitsmaterials eine gewisse Sonderstellung einnimmt, bis hin zu den Pressemitteilungen der Städte- und Gemeindevereinigungen ohne relevanten Inhalt. Von den öffentlichen Institutionen innerhalb der Gruppe der „51" liegen aus dem Untersuchungszeitraum 14 Einheiten auf 55 Seiten vor; dazu kommen noch mindestens 17 Einheiten (20 Seiten) des Statistischen Bundesamtes und 2 Einheiten (2 Seiten) des Bundeskartellamtes.[134]

Gruppe 5: Interessengruppen

Einen Überblick auch nur über die wichtigsten und aktivsten Pressestellen der verschiedenen Interessengruppen zu gewinnen, erscheint unmöglich, zumal es gerade hier wieder Anhaltspunkte dafür gibt, daß neben ‚offiziellen' Presse- und Informationsstellen eine Reihe nachgeschalteter und organisatorisch getrennter Agenturen aktiv sind. Deshalb hat die vorliegende Auswahl einen hohen Grad an Zufälligkeit, obwohl bei der Untersuchung selbst keine weiteren besonders aktiven Pressestellen von Interessengruppen gefunden werden konnten. Mit dieser Einschränkung muß auch die Feststellung verbunden werden, daß bei der vorliegenden Auswahl die Interessengruppen der Unternehmer aktiver waren als die Pressestellen aller anderen Interessengruppen zusammen. Ziel der Veröffentlichungen dieser Gruppe war durchgängig die Beeinflussung der Medien zum Nutzen der Auftraggeber. Eine gewisse Ausnahme ergab sich bei dem – handwerklich hervorragend gemachten – Pressedienst des ADAC, der schwerpunktmäßige Themen ohne *direkten* Bezug zum Verein selbst behandelte – aber gerade dadurch ein

[134] Für beide wurde der Gesamtzeitraum einer Woche nicht vollständig erhoben.

besonders effektives Beeinflussungsinstrument darstellt. Aus dieser Gruppe lagen insgesamt 102 Einheiten auf 92 Seiten vor.

3.1.1.2 Die übrigen Pressestellen

Während bei der Auswahl der 51 ‚großen' Pressestellen nach Vollständigkeit des Materials für eine Woche gestrebt wurde, konnte für alle anderen Presse- und Informationsstellen nur auf eine sehr punktuelle Auswahl auf der Basis des in den Medien tatsächlich veröffentlichten Materials zurückgegriffen werden. Die Zahl dieser Presse- und Informationsstellen in der Bundesrepublik läßt sich nicht einmal näherungsweise bestimmen.[135] Einige Gruppen dieser Pressestellen haben noch für die regional- bzw. Lokalberichterstattung eine überragende Bedeutung, nicht mehr jedoch für die überregionale Berichterstattung in dem Sinne, daß mit einer täglichen Beachtung und Auswertung gerechnet werden kann. Andere Pressestellen veröffentlichen ihr Material nicht mehr im Tages- oder Wochenrhythmus, sondern seltener und nach Bedarf. Ihre große Bedeutung erhalten all diese Pressestellen durch ihre Zahl. Dabei kann man – ohne Anspruch auf Vollständigkeit – insbesondere drei Gruppen unterscheiden:

– Die Pressestellen der Landesregierung mit einem täglichen, erheblichen Materialausstoß, jedoch zum überwiegenden Teil für die Regionalberichterstattung.[136]
– Die Pressestellen von Polizei, Feuerwehr, Staatsanwaltschaften und Gerichten als Produzenten zahlloser, täglicher Pressemitteilungen – überwiegend für die Lokal- und Regionalberichterstattungen. Gleichzeitig stammen aus der Flut dieser Mitteilungen jedoch zum überwiegenden Teil die Unfall- und Kriminalberichte auch der überregionalen Medien.
– Die Pressestellen aller größeren Firmen: ihre Pressemitteilungen er-

[135] Die bei Holzer (1969), S. 6 genannte Zahl von insgesamt ca. 900 Informationsdiensten und Pressestellen in der BRD muß als zu niedrig angesehen werden. Wenn man nur die Zusammenstellungen von Stamm und Mühlbradt zu Grunde legt und dann deren offensichtliche Unvollständigkeit berücksichtigt (Pressestellen der Polizeidienststellen und Staatsanwaltschaften, Firmen, Vereine u. v. a. mehr fehlen weitgehend), so dürfte die tatsächliche Zahl ein Vielfaches der bei Holzer genannten betragen.

[136] Entsprechend ebenfalls die Pressestellen der Kreise und der Städte für die Lokalberichterstattung; nennenswert insbesondere für Westfalen: der Landschaftsverband Westfalen. Sie alle erreichen jedoch für die überregionale Berichterstattung nur selten Bedeutung.

scheinen meist unregelmäßig, haben aber für die Wirtschaftsberichterstattung, insbesondere für die Firmenberichterstattung eine kaum zu überschätzende Bedeutung.

3.1.2 Die Methoden der Beeinflussung

3.1.2.1 Die Absicht der Pressestellen, für ihre Auftraggeber durch Beeinflussung des Kommunikationssystems ein möglichst positives Bild zu schaffen, zielt auf zwei Bereiche ab: *Global* muß es ihr Interesse sein, die Initiative zu ergreifen und den Themenschwerpunkt in der Gesamtberichterstattung über ihren Auftraggeber – einen aus dessen Sicht möglichst positiven Themenschwerpunkt – vorherzubestimmen, wobei für einen Teil der interessierten Gruppen, z. B. Regierungen und Parteien, ein Interesse schon daran besteht, überhaupt im Gespräch zu bleiben; *punktuell* für den einzelnen Artikel mit möglichst wenig Abänderungen, insbesondere aber unter Beibehaltung positiv-wertbeladener Formulierungen, in die Massenmedien übernommen zu werden. Ein solches Interesse ist durchaus auch bei kleinen, für sich unbedeutenden Meldungen vorhanden, die ihre Wirkung durch die Anzahl erreichen.

3.1.2.2 Die der PR-Methode zu Grunde liegende Idee ist die des Anpassungsjournalismus: Eine hohe Flexibilität in der Form, ein Eingehen auf die vermeintlichen Bedürfnisse des Journalisten, die äußerliche Anpassung bis hin zur Umschmeichelung der Journalisten ermöglicht erst die inhaltliche Beeinflussung des Informationsteiles der Medien. Das zentrale, allzeit betonte Angebot der Hilfsbereitschaft hat Methode: Objektiv ist dem PR-Manager der Journalist so gleichgültig wie dem Vertreter sein Kunde, dem Anpassungsjournalisten sein Leser, dem Heftromanhersteller sein Käufer. Aber simple Grundüberlegung bei all diesen Tätigkeiten bleibt, gerade dieses unter keinen Umständen dem Journalisten, dem Kunden, dem Leser oder dem Käufer bewußt werden zu lassen.

> „Lehrplatz kostet 6 500,– DM
> Einseitige Übertreibung von der kapitalistischen Ausbeutung der Lehrlinge widerlegt
> München/Bonn, 9. 7. 1974. – ‚Die einseitige Übertreibung von der kapitalistischen Ausbeutung der Lehrlinge' sei widerlegt, erklärte die kulturpolitische Sprecherin der bayerischen FDP, Hildegard Hamm-Brücher, vor dem Bayerischen Landtag im Rahmen einer Ausbildungsdebatte.
> Sie legte dar, daß die ausbildenden Betriebe für ihre Lehrlinge in den letzten Jahren netto 3,8 Mrd. DM aufgebracht haben. Ein Lehrling kostet den Betrieb

während der Ausbildungszeit etwa 6 500,– DM und nur wenige Betriebe hätten durch die Beschäftigung Auszubildender einen geringen Gewinn gemacht.
Für die CSU widerlegte der Landtagsabgeordnete Friedrich Harrer das Gerede von der Sabotage der Lehrplätze (...).
Die Debatte war verursacht worden durch einen Antrag der bayerischen SPD, die Landesregierung möge Initiativen zur Beseitigung des Lehrstellenmangels entwickeln. (...) hk"[137]

3.1.2.3 Am vorliegenden Pressematerial lassen sich eine Reihe von häufig verwendeten Mechanismen zur Durchsetzung dieser Idee nachweisen.
Mechanismen zur Aufwertung des Pressematerials:
– die Verwendung von Namen, die die Interessengebundenheit der Presse- und Informationsstellen verschleiern;[138]
– die formale Angleichung des Pressematerials in Stil und Aufmachung an nicht interessengebundene Presse- und Agenturdienste.[139]
Mechanismen zur Globalsteuerung der Medieninhalte:
– Die Verwendung von – häufig pointierten – themenfremden „Aufhängern" zur problemlosen Beeinflussung bei sonst wenig publizitätsträchtigen Themen oder Interessengruppen.[140]
Mechanismen, die eine zu starke Abänderung des Artikels verhindern sollen:
– die Verwendung einer falschen Distanzierung von der eigenen Meinung im Wortlaut der Pressemitteilungen: in den Stellungnahmen der Interessengruppen heißt es nicht mehr „wir stellen fest", sondern die Stellungnahme einer Institution wird in aller Regel in der Pressemitteilung selbst bereits mediengerecht, aber sinnwidrig umformuliert in: „wie die ‚Institution' mitteilt".[141]

---

137 Pressemitteilung des Zentralverbandes des deutschen Handwerks (!) vom 9. Juli 1974.

138 ‚Agrarsoziale Gesellschaft'; ‚Kontaktbüro für Verbraucheraufklärung' (eine vom Bundesministerium für Ernährung unterhaltene Agentur); ‚Gesellschaft für Konsumforschung'.

139 Auf die Verwendung von Ortszeilen, Namenszeichen, Unterzeilen mit Autorenzeichen etc. bei den Parteien wurde bereits hingewiesen; – gleiches bei pdh (Pressedienst des Handels), dbb-aktuell (Pressedienst des Beamtenbundes); ähnlich: „Nachdruck honorarfrei": beispielsweise:: dbb-aktuell.

140 Beispiel: die ‚Ausstellungs-GmbH' Mainz kündigt die ‚fertigbau 75' mit einem Artikel über die Umbaugewohnheiten der Deutschen an: ‚Hobbyraum an erster Stelle'; die Landwirtschaftskammer Münster berichtet: ‚Jetzt 1 Mill. Schafe in der BRD'.

141 „wie das statistische Bundesamt mitteilt" (Pressemitteilung); „wie aus den

– die Verwendung pressemitteilungs-fremder, aber medientypischer Elemente und Stilmittel;[142]
– die Verwendung von Formulierungen und Stilmitteln, die der Meldung einerseits eine für die interessierte Seite nützliche Richtung geben, aber andererseits noch nicht als offensichtlich interessengebunden unmittelbar erkennbar sind.[143]
Ein gelungener Beitrag einer Pressestelle sieht dann so aus:

> „Ruhestandsbeamte beanstanden ‚altenfeindliches'[144] Steuerkonzept der CDU/CSU.
> (dbb) Im Namen der über eine Million Pensionsempfänger hat der Bundesvorsitzende des Bundes der Ruhestandsbeamten und Hinterbliebenen (BRH) im DBB, Gerhard Schröder, an eine Reihe prominenter Politiker der CDU und der CSU appelliert, im Rahmen ihres Steuerkonzepts auch sofortige gezielte steuerliche Entlastungen für die alte Generation vorzusehen (. . .).
> Ein CDU/CSU-Steuerkonzept, das für die alte Generation weniger bringe als das Einkommensteuerreformgesetz und das hinter den von SPD und FDP zur steuerlichen Entlastung der Älteren vorgesehenen Maßnahmen zurückbleibt, werde auch politisch für die CDU/CSU sehr nachteilige Folgen haben. (. . .) 1/107/74."[145]

3.2 Die Schleusenwärter – Die Agenturen

3.2.1 Ihre Quellen (quantitative Analyse)

3.2.1.1 Bei der quantitativen Analyse bestand die Möglichkeit bis zu zwei Quellen zu speichern. Insgesamt wurde nur in 12 Prozent aller Einheiten eine zweite Quelle codiert. Die Auswertung stützt sich primär auf die

---

vom Zentralverband des Deutschen Baugewerbes monatlich herausgegebenen ‚Bauwirtschaftlichen Zahlen und Fakten' hervorgeht . . ." (Lead-Satz der ‚Bauwirtschaftlichen Zahlen und Fakten'); „Ende Dez. 1973 waren nach Mitteilung der Bundeanstalt für Arbeit . . ." (einleitender Satz der Presseinformation der Bundesanstalt für Arbeit).

[142] Die Pressedienste der Frankfurter Flughafen AG bieten jeweils 2-4 verschieden lange Überschriften je Meldung an; die Gesellschaft für Konsumforschung, der Pressedienst des Handels und der Gesamtverband der kunststoffverarbeitenden Industrie zählen Zeilen und Anschläge aus.

[143] „Durch strenge Spar- und Rationalisierungsmaßnahmen gelang es (. . .) den gleichen Ertrag (. . .) zu erwirtschaften." (Pressemitteilung der Vereinigten Papierwerke).

[144] Man beachte die fälschliche, aber mediengerechte Distanzierung durch die Verwendung von Anführungszeichen zur Charakterisierung eigener Forderungen.

[145] ddb-aktuell vom 11. 7. 1974.

erste Quelle, ohne dies jeweils ausdrücklich anzugeben. Die zweite Quelle wird überall dort, wo sinnvoll, herangezogen. Dies wird dann jeweils erwähnt.
Mehr als die Hälfte aller Agenturberichte basiert ausschließlich auf der Auswertung von Pressestellenmaterial[146], mehr als 60 Prozent aller Agenturberichte beruhen zumindest überwiegend auf der Auswertung von Pressematerial.[147] Dabei liegt der Anteil des Pressestellenmaterials bei AP noch etwas höher als bei dpa. – Bei maximal 38 bzw. 31 Prozent aller Agenturberichte handelt es sich um Eigenproduktionen; bei 10 bzw. 5 Prozent aller Einheiten jedoch nur um Eigenberichte mit einem überwiegenden Anteil an Auswertung von Pressematerial. 7 bzw. 4 Prozent aller Berichte basieren auf sonstigen, verschiedenartigen Quellen[148]; die Quellenlage von jeweils 4 Prozent aller Einheiten konnte nicht geklärt werden.

Tab. 12 Quellenlage Agenturen 1 Tag/BRD
Die globalen Anteile der verschiedenen Quellen (Q) am Gesamtmaterial der Agenturen sowie die Abweichungen von diesen Globalwerten bei Aufgliederung nach Basisvariablen *in %*

	dpa	AP
Q 1 = Eigenbericht	38	31
Pressemat.	51	62
Sonst./?	11	7
	100	100
Q 2 = Pressemat.*	10	5
zusammen (Q 1 + Q 2):	61	67
EB Politik	+ 22	+ 16
Wirt.	− 13	− 21
Parl.	+ 24	+ 42
PR Politik	− 24	− 20
Wirt.	+ 13	+ 28
Parl.	− 13	− 35
N =	89	55

*bereinigt von Doppelcodierung PR!

146 Q 1 = PR.
147 Q 1 = PR oder Q 2 = PR; bereinigt von Doppelcodierung PR.
148 Hier vor allem: Vorabdruck von Zeitungs- und Zeitschriftenmeldungen, insb. aus Exklusivinterviews anderer Medien.

Bei einer Aufgliederung nach den *Basisvariablen* lassen sich – trotz geringer Basis – folgende Aussagen machen: Der Anteil der Eigenberichte steigt und der Anteil des Pressematerials sinkt bei Artikeln des Themenbereiches Politik sowie der Handlungsträgergruppe Parlament; der Anteil des Pressematerials steigt bei dem Themenbereich Wirtschaft, während der Anteil der Eigenberichte hier zurückgeht. Alle weiteren Daten der Aufgliederung erscheinen für zusätzliche Erkenntnisse nicht gesichert genug.

3.2.1.2 Der Anteil des von interessierter Seite fremdbestimmten Materials[149] an Artikeln des *trivialen Topos* ist deutlich höher (Steigerung: ~ 10 Prozentpunkte) als beim übrigen Untersuchungsmaterial. Mit dieser Steigerung korreliert jedoch kein Rückgang des Eigenberichtanteils; statt dessen fehlen beim Topos die Artikel mit unbekannter Quellenlage oder „sonstigen" Quellen. Für eine mediengruppenspezifische Aufgliederung des Topos-Materials nach den Trivialisierungsmechanismen fehlt eine ausreichende Basis. Von den beiden großen *Trivialisierungsmechanismen* außerhalb des Topos steigt bei der Gruppe der parzellierten Artikel der Anteil des Pressestellen-Materials deutlich an (um mehr als 15

Tab. 13 Einfluß der Qullenlage auf Topos und Trivialisierungsmechanismen
Agentur / 1 Tag / BRD
Abweichungen von den Globalwerten (Tab. 12) der Agenturquellenlage bei Topos sowie Parzellierung und Personalisierung außerhalb des Topos *in Prozentpunkten*

		dpa	AP
Topos ja	EB	+ 2	(− 6)
	PR	+ 9	(+13)
	sonst/?	−11	(− 7)
Topos nein	EB	± 0	± 0
	PR	− 2	− 1
	sonst/?	+ 2	+ 1
außerhalb des Topos:			
Parzellierung	EB	− 7	−14
	PR	+ 4	+ 7
	sonst/?	+ 3	+ 7
Personalisierung	EB	+ 4	+ 2
	PR	−12	−10
	sonst/?	+ 7	+ 7

(): Basis < 10!

149 Q 1 = PR.

Punkte gegenüber den nicht parzellierten Einheiten), während der Anteil der eigenen Berichte um mehr als 20 Prozentpunkte zurückgeht. Demgegenüber steigt bei der Gruppe der personalisierten Artikel der Anteil der Eigenberichte an, während der Anteil des Pressematerials deutlich zurückgeht.

3.2.1.3 In einem Satz zusammengefaßt läßt sich also sagen: Über die Hälfte aller Agenturberichte, bei der Wirtschaftsberichterstattung sogar ca. zwei Drittel, beruhen ausschließlich auf der Auswertung von Pressematerial; besonders hoch ist der Anteil des Pressestellenmaterials im trivialen Topos und dort, wo der Sinnzusammenhang abgeschnitten ist (Parzellierung).

3.2.2 Die Entstehung von Agenturberichten an Einzelbeispielen

3.2.2.1 Beispiele für die politische Berichterstattung

Das als Einleitung in das Kapitel ‚Gate-keeper-Studie' angeführte Beispiel über die Entstehung einer Nachricht aus dem politischen Bereich ist kein Einzelfall. Einige weitere Beispiele:

Beispiel 1

„ap 110 id
stimmen zum cssr-vertrag
zwtl: genscher: gegenargumente sind nicht stichhaltig
bonn, 10. juli (ap) die bundesregierung sieht in dem vertrag mit der tschechoslowakei die basis fuer die kuenftige entwicklung der beziehungen zu dem nachbarstaat und einen wesentlichen bestandteil ihrer ostpolitik insgesamt. bundesaussenminister hans-dietrich genscher erklaerte am mittwoch in bonn, die bundesregierung habe den vertrag sorgfaeltig verhandelt und auch die einwaende gewissenhaft geprueft, die von der opposition vorgebracht worden seien. diese einwaende haetten sich als nicht stichhaltig erwiesen. weder haetten die angeblichen gefahren unterschiedlicher interpretation des vertrages ueberzeugend erlaeutert noch haette dargetan werden koennen, ‚wo denn irgendjemand durch diesen vertrag in seinen rechten gemindert' werde.
der vertrag sei ausgewogen, betonte genscher. der politischen genugtuung, die er der tschechoslowakischen seite in der frage des muenchner abkommens gebe, stehe die ‚integrale erhaltung der rechtlichen folgewirkungen' dieses abkommens gegenueber, auf die es der bundesregierung besonders angekommen sei und die es zu schuetzen gegolten haette. die erzielte optimale folgenregelung, die zu den grossen leistungen des vertragswerkes gehoere, beweise zugleich, wie ernst die bundesregierung in diesen vertragsverhandlungen und generell ihre schutzpflicht gegenueber den deutschen staatsangehörigen nehme.

die bundesregierung bedauere es, dass die oppositionsparteien dem vertrag ihre parlamentarische zustimmung versagt haetten. sie vertraue aber darauf, daß nach der ratifizierung des vertrages auch die opposition an der verwirklichung seiner zielsetzung mitwirken werde, erklaerte genscher.
mehr moeglich
ap 110/ab 1618/10. juli 74"

Dieser Artikel erschöpft sich weitgehend in der Aufzählung von Banalem, Selbstverständlichem oder Bekanntem: Daß die Bundesregierung der Auffassung ist, sorgfältig verhandelt zu haben, daß sie der Überzeugung ist, dieser Vertrag sei ausgewogen, und es bedauert, daß nicht auch die Opposition zugestimmt habe – all dies ist selbstverständlich; immerhin erweckt der Artikel den Eindruck, ein Journalist von AP habe einer öffentlichen Erklärung des Bundesaußenministers beigewohnt und berichte darüber – diese Erklärung auf ihre Kernaussagen verdichtend – in eigenen Worten (es finden sich nur zwei kurze wörtliche Zitate) all jenes, was ihm bedeutungsvoll erschien.
Tatsächlich handelt es sich – mit nur winzigen vernachlässigbaren stilistischen Variationen – um die wörtliche Wiedergabe von Auszügen einer Pressemitteilung des Auswärtigen Amtes; innerhalb dieses Artikels werden jedoch gerade zwei Zeilen als wörtliche Zitate in Anführungszeichen dargestellt. Kein Journalist von AP hat Genscher je diese Erklärung sprechen gehört. Ein Vergleich des Pressematerials mit der Agenturmeldung jedoch zeigt weiter: Selbst bei der Redigierung eines vorliegenden Pressematerials wurde noch nicht einmal der Versuch unternommen, den Inhalt auf seine Aussage hin zu verdichten. Man mag von der Rede des Außenministers halten, was man will: So banal, wie es sich in der AP-Meldung liest, ist selbst sie nicht. In dem Pressematerial werden auf fünf Seiten Punkt für Punkt den Einwänden gegen den Vertrag die – weder neuen noch überraschenden – Auffassungen der Bundesregierung argumentierend gegenübergestellt; eingerahmt ist das Ganze von zwei Seiten plattitüder Leerformeln, wie sie oben bereits aufgezeigt wurden. Die Floskeln, das Banale, wurden wörtlich und ungekürzt in den AP-Artikel übernommen; das meiste des Argumentativen jedoch weggekürzt – wie sollte dies auch anders sein, wenn eine mittellange Agenturmeldung sich in der auszugsweisen wörtlichen Wiedergabe eines fünfseitigen Pressematerials erschöpft.

Beispiel 2
Auch dort, wo nach den Definitionen der quantitativen Analyse Artikel als Eigenbeitrag unter erheblicher Verwendung von Pressematerial einzustufen waren, zeigen die Daten ein eher geschöntes Bild. In einem

zweiteiligen AP-Bericht über die parteiendurchgängige Ablehnung der Vorschläge von Hildegard Hamm-Brücher, die Pläne eines Hochschulrahmengesetzes aufzugeben[150], der als „EB+" einzustufen war, erschöpft sich die Eigenleistung in einem einzigen – freilich zentralen – Satz: Hamm-Brüchers Vorschlag sei auch bei der FDP auf einhellige Empörung gestoßen, die in der offiziellen Parteierklärung nur andeutungsweise deutlich werde. Daran schließen sich jeweils fast wörtliche Auszüge aus den Presseverlautbarungen der drei Parteien an. (Für SPD und CDU läßt sich diese Tatsache aus dem AP-Text nicht erkennen). Die Chance, hier bei allen Parteien über den Wortlaut der offiziösen Pressemitteilungen hinauszugehen, über weite Strecken nichtssagenden Wortgefechts zu einer präzisen Darstellung der unterschiedlichen Auffassungen zu gelangen, wurde nicht genutzt. Statt dessen wurde drei Parteien die Möglickeit zur Selbstdarstellung gegeben. Der Leser muß – was Aufgabe des Journalisten wäre – Sinn und Hintersinn aus dem Ritual zwischenparteilicher Spiegelfechtereien herauszulesen suchen.

Beispiel 3

„dpa 202 id
tagesbefehl zur 30. wiederkehr des 20. juli 1944 =
bonn, 10. juli 74 dpa – in einem tagesbefehl hat der generalinspekteur der bundeswehr, admiral armin zimmermann, anlaesslich der 30. wiederkehr des aufstandes gegen adolf hitler am mittwoch darauf hingewiesen, dass die maenner und frauen des 20. juli 1944 ihren festen platz ‚im traditionsbewusstsein der soldaten der bundeswehr' haetten. auch in diesem jahr werde ihrer in allen standorten gedacht. unter den maennern des 20. juli seien viele soldaten gewesen. ‚sie verkoerpern soldatische tugenden, die auch heute gueltigkeit haben, wie tapferkeit, wahrhaftigkeit, gewissenstreue und mut zum eintreten fuer das recht.'
dpa 202 ms cw ra 10. jul. 74 1647"
nnnn

Bei dieser Nachricht drängen sich zwei Fragen auf: Was soll die Meldung? Weshalb diese Meldung am *10.* Juli? Bei dem Artikel handelt es sich um eine umgeschriebene Pressemitteilung des Bundesverteidigungsministeriums. Eine Rückfrage beim Ministerium ergab, daß es sich um eine Vorabmeldung des Tagesbefehls zum 20. Juli handelte, da „die Medien" nach Stellungsnahmen des Ministeriums gefragt hätten.[151] Das Verquere des Artikels erklärt sich also zuerst daraus, daß er das Ereignis bereits überholt hat, über das zu berichten er vorgibt. Ob außerdem Gedankenlosigkeit oder der Versuch, anzudeuten, was auszusprechen

---

[150] AP *10,* 118/136.
[151] Brief des Verteidigungsministeriums vom 30. 7. 74 an den Autor.

als unerlaubt angesehen wird, für die vorliegende Form des dpa-Artikels verantwortlich ist, läßt sich nicht mehr feststellen: Jedenfalls wurde – von dpa nicht vermeldet – am selben Tag als Pressemitteilung des Verteidigungsministeriums auch ein Namensartikel Minister Lebers aus der Monatszeitschrift des Verbandes der Reservisten der deutschen Bundeswehr ‚loyal' zum 20. Juli verteilt, der bemerkenswert aktueller als die allgemeinen Ausführungen des Generalinspekteurs ist. So distanziert wie hier dürfte sich ein amtierender Politiker der Bundesrepublik bisher noch selten zum 20. Juli geäußert haben, so peinlich bemüht, für die Attentäter ausdrücklich nichtsoldatische, sondern allgemein-menschliche Motive zu reklamieren, dürfte noch kein führender Militär in Westdeutschland gewesen sein. Es verblüffen völlig überraschende Parallelen, die Leber zur aktuellen Situation in der Bundesrepublik zieht. Auffallend ist, daß der Generalinspekteur mit jedem Satz des Tagesbefehls seinem Minister widerspricht.[152]

Von diesem Widerspruch findet sich nichts in der Meldung der dpa.

ap 157 wi

bp, shell und deminex erwerben aufschlussrechte in aegypten

duesseldorf, 10. juli (ap) die europaeischen gesellschaften bp (london), shell d (den haag) und deutsche erdoelversorgungsgesellschaft mbh (deminex) in duesseldorf wollen gemeinsam aufschlussarbeiten in einem 1.530 quadratkilometer grossen explorationsgebiet im nordoestlichen golf von suez aufnehmen. wie *deminex* am mittwoch *mitteilte,* hat die staatliche aegyptische erdoelgesellschaft egpc ein entsprechendes angebot der gruppe akzeptiert.

bei dem mit egpc abzuschliessenden vertrag handelt es sich um einen „production-sharing-kontrakt". die gruppe verpflichtet sich, bei einem explorationszeitraum von jahren zwoelf millionen us-dollar, bei verlaengerung auf vier jahre 16 millionen, fuer den erdoelaufschluss im vertragsgebiet zu investieren. zusaetzlich zahlt die gruppe einen zeichnungsbonus an egpc in hoehe von 7,5 millionen us-dollar. im erfolgsfalle erhalten die gesellschaften ihre voraufwendungen fuer aufschluss und entwicklung der fehler aus einem anteil von 40 prozent der produktion zurueckerstattet. die verbleibenden 60 prozent werden in einem bestimmten verhaeltnis zwischen egpc und der gruppe aufgeteilt.

betriebsfuehrer der europaeischen gruppe ist die deminex, die bereits anfang dieses jahres von egpc aufschlussrechte in den westlich an das vertragsgebiet der gruppe angrenzenden flaechen erworben hatte.

ende

ap/157/hj/1957/10. juli 74

v□□

---

[152] Zimmermann: „Ihr Ziel war die Befreiung des deutschen Volkes von der Tyrannei." – Leber: „Schließlich ging es *nur noch* darum, ein Signal zu setzen (. . .)"; Zimmermann: Die Männer des 20. Juli „verkörpern soldatische Tugen-

3.2.2.2 Beispiele für Wirtschaftsberichte

Die untenstehenden Kopien einer Pressemitteilung der DEMINEX und einer – einschließlich Überschrift – wörtlich gleichen AP-Meldung sind ein Beleg dafür, daß es großen Wirtschaftsunternehmen immer wieder gelingt, eigenproduzierte Nachrichten weitgehend unverändert und ungeprüft in das Kommunikationssystem einzubringen und so – mit einer Vielzahl jeweils für sich genommen relativ unwichtiger und unproblematischer Meldungen – Themenschwerpunkte in der Wirtschaftsberichterstattung zu bestimmen. Dabei findet, wie beschrieben, die Darstellung einer Gegenmeinung auch dort nicht statt, wo andere Interessen offenkundig tangiert werden. Eine Pressemitteilung der B.A.T. über die Gleich-

---

Deutsche Erdölversorgungsgesellschaft m.b.H.-DEMINEX

PRESSE-INFORMATION

4 Düsseldorf

BP, SHELL und DEMINEX erwerben gemeinsame Aufschlußrechte in Ägypten

Die europäischen Gesellschaften „BP Petroleum Ltd., London", „SHELL Internationale Petroleum Maatschappij N. V., Den Haag" und „Deutsche Erdölversorgungsgesellschaft mbH – DEMINEX, Düsseldorf" werden gemeinsam Aufschlußarbeiten in einem 1530 qkm großen Explorationsgebiet im nordöstlichen Golf von Suez aufnehmen. Die staatliche ägyptische Erdölgesellschaft „Egyptian General Petroleum Co. – EGPC" hat ein entsprechendes Angebot der Gruppe akzeptiert. Bei dem mit EGPC abzuschließenden Vertrag handelt es sich um einen sog. „Production-Sharing-Kontrakt". Die Gruppe verpflichtet sich, bei einem Explorationszeitraum von 3 Jahren US $ 12 Mio, bei Verlängerung auf 4 Jahre US $ 16 Mio für den Erdölaufschluß im Vertragsgebiet zu investieren. Zusätzlich zahlt die Gruppe einen Zeichnungsbonus an EGPC in Höhe von US $ 7,5 Mio. Im Erfolgsfalle erhalten die Gesellschaften ihre Voraufwendungen für Aufschluß und Entwicklung der Felder aus einem Anteil von 40% der Produktion zurückerstattet. Die verbleibenden 60% werden in einem bestimmten Verhältnis zwischen EGPC und der Gruppe aufgeteilt.
Betriebsführer der europäischen Gruppe ist die DEMINEX, die bereits Anfang dieses Jahres von EGPC Aufschlußrechte in den westlich an das Vertragsgebiet der Gruppe angrenzenden Flächen erworben hatte.

---

den", sie leben „im Traditionsbewußtsein der Soldaten" weiter. – Leber: „Die Tat (. . .) steht für sich. Es ist nicht möglich, aus dieser geschichtlich einmaligen Situation gültige Regeln abzuleiten für das Verhältnis von Militär und Politik."

stellung von Arbeitern und Angestellten wird von dpa übernommen[153] und ausgestrahlt, ohne eine Meinung der betroffenen Gewerkschaft hierzu einzuholen.
Als besonders problematisch und schwer faßbar erweist sich die Quellenlage bei den Agenturberichten über Hauptversammlungen und Jahresabschlüsse der Firmen.
In Einzelfällen ließ sich – trotz starken Umschreibens – die Identität des

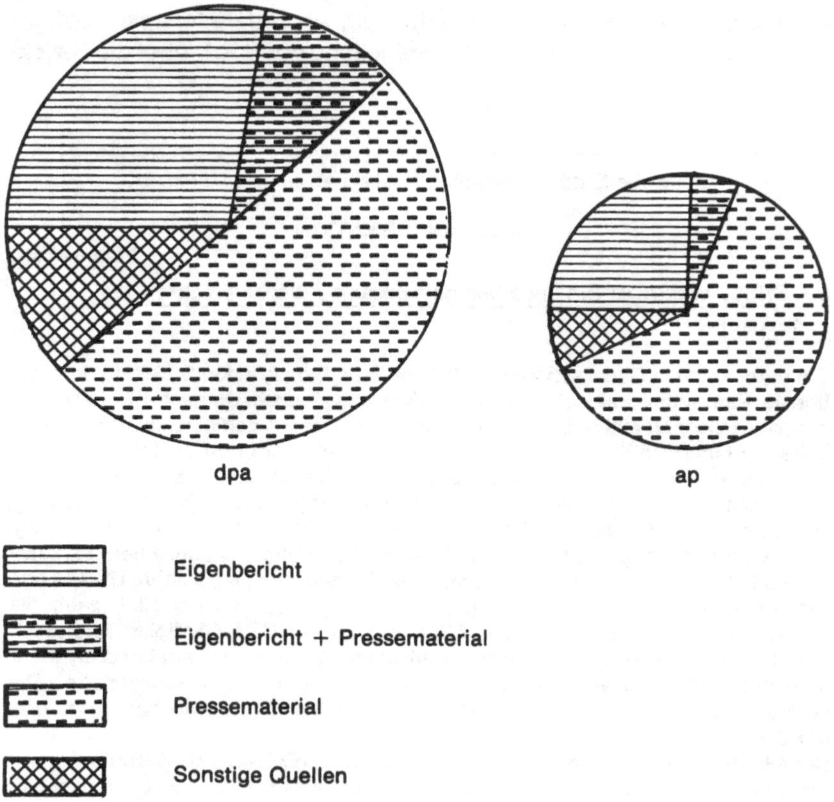

Anteile der einzelnen Quellen am Textmaterial der Agenturen
(Die Relation der Kreise entspricht der Relation des Medienmaterials)

[153] dpa *8*, 12.

Agenturartikels mit dem Pressematerial nachweisen.[154] In anderen Fällen mußte trotz der Vermutung, daß entgegen den Behauptungen im Artikel eine Meldung am Redaktionsschreibtisch aus Pressematerial umgeschrieben und mit einigen bekannten Zusatzinformationen versehen wurde, auf „EB+" kodiert werden, da ein Nachweis der ausschließlichen Fremdbestimmung nicht möglich war.
Auch dort, wo aktuelle Zusatzinformationen in die Artikel eingebaut sind, läßt sich eine deutliche Abhängigkeit von und Beeinflussung durch die den Journalisten zur Verfügung stehenden Pressematerialien nachweisen. In einem dpa/vwd-Artikel über die Vereinigten Papierwerke, Nürnberg,[155] finden sich mehrere wörtlich übernommene Passagen und Sätze aus dem Pressematerial, darunter so griffige, pressematerialtypische Formulierungen wie: Es sei gelungen, den Vorjahresertrag „infolge strenger Spar- und Rationalisierungsmaßnahmen" zu erreichen, wodurch Kostensteigerungen „aufgefangen" werden konnten.

3.3 Das Endprodukt – Zeitungen, Hörfunk, Fernsehen

3.3.1 Die Quellenlage (quantitative Analyse)

3.3.1.1 Globalverteilung

Die verschiedenen Mediengruppen unterscheiden sich in erster Linie durch den Anteil an Agenturberichten: Er beträgt 100% bei den Hörfunknachrichtensendungen und 97% bei der MZ; es folgen mit Abstand die WN (77%). Eine mittlere Gruppe bilden die beiden Fernsehprogramme mit ca. 50%. Die überregionalen Zeitungen haben einen Agenturanteil zwischen 32 und 40%, während ‚Bild' den deutlich geringsten Anteil mit 24% aufweist. Dabei stützen sich – im Gegensatz zu den Zeitungen – alle Fernsehmeldungen, deren Quelle Agenturmaterial ist, auf mehr als zwei Agenturen, die Hörfunknachrichten mehrheitlich auf mindestens zwei verschiedene Agenturen. Bei der FAZ verteilt sich der Agenturanteil auf dpa (20% vom Gesamtmaterial), AP (10%) und Reuter (2%), während bei der ‚Welt' AP mit 16% praktisch gleich auf mit dpa liegt (15). Acht Prozent

---

[154] So bei der ausführlichen AP-Serie über die Frankfurter Flughafen AG, AP *10,* 11 ff.
[155] dpa 503 f., *10.*

Tab. 14 Quellenlage Rundfunk, Fernsehen, Zeitungen 1 Tag/BRD
Die globalen Anteile der verschiedenen Quellen am Gesamtmaterial der einzelnen Medien *in %*, sowie die Abweichungen von diesen Globalwerten bei der Aufgliederung nach den Basisvariablen *in Prozentpunkten*

		FAZ	WELT	BILD	WN	MZ	FS 1	FS 2	RF
Q1 =	EB	45	48	57	18	2	18	29	0
	Agentur	32	39	23	76	98	55	50	100
	Pressemat.	10	2	3	0	0	0	0	0
	Dokument	–	–	–	–	–	18	21	–
	Sonst./?	13	11	17	6	0	9	0	0
		100	100	100	100	100	100	100	100
Q2 =	Pressemat.	22	13	3	3	0	0	0	0
EB	Politik	+12	+10	–	+11	+ 3	–	–	–
	Wirtschaft	+ 3	– 3	–	–18	– 2	–	–	–
	Vermischtes	–28	(–31)	–	–18	– 2	–	–	–
AG	Politik	+ 7	+ 3	–	– 9	– 3	–	–	–
	Wirtschaft	–28	– 7	–	(+13)	+ 2	–	–	–
	Vermischtes	+43	(+27)	–	(+24)	+ 2	–	–	–
	N =	60	61	30	34	44	11	14	21

– Kategorie tritt nicht auf
( ) Basis < 10

der ‚Welt'-Artikel stammen von vwd (nicht über dpa). ‚Bild' hat 17% aller Meldungen von dpa, 7% von AP. Die WN bezogen 65% ihrer Meldungen von dpa, aber nur 6% von AP; während die MZ alle Agenturenmeldungen notwendigerweise von dpa bezog. Von den ‚kleinen' Agenturen besitzt der ddp einen gewissen Einfluß auf Hörfunk und Fernsehen, während AFP und Reuter von Hörfunk, Fernsehen und überregionalen Zeitungen nur ganz vereinzelt zur Stütze herangezogen wurden. Die konzerneigenen Agenturen ASD und SAD spielten am Untersuchungstag bei ‚Welt' und ‚Bild' keine Rolle.
Der Anteil an Eigenbericht verhält sich zum Agenturanteil spiegelbildlich: Beim Hörfunk gab es lediglich zwei zusätzliche Informationen von Korrespondenten zu vorliegendem Agenturmaterial, bei der MZ eine „EB-" Meldung; die WN hatten am Stichtag einen Anteil von 18% an Eigenberichten. Bei den Fernsehanstalten lag der Eigenberichtanteil zwischen 18 und 29%. Bei den überregionalen Zeitungen lag der Eigenbericht mit 45 bis 48% noch unter der 50%-Grenze, die nur ‚Bild' mit dem höchsten Eigenberichtanteil aller Medien überschritt (56%). Innerhalb dieser Gruppe der Eigenberichte enthalten jedoch bei den beiden überregiona-

len Zeitungen noch ca. 11%, bei den WN 3% aller Artikel einen erheblichen Anteil an Pressematerial.[156]

Ein nicht unerheblicher Anteil an Artikeln mit nicht geklärter Quellenanlage bei den überregionalen Zeitungen und ‚Bild' erschwert die Datendarstellung. In dieser Gruppe mit 16% bei ‚Bild' bzw. 11% bei den überregionalen Zeitungen und 3% bei den WN dürften erhebliche Spitzen an Beeinflussung durch Pressestellen enthalten sein, ohne daß dies nachgewiesen werden kann.

Tab. 15 Anteil Pressematerial (incl. via Agentur) Ztgn. / 1 Tag / BRD
Der Anteil von Pressematerial als Quelle der Zeitungsnachrichten einschließlich der übernommenen, auf Pressematerial basierenden Agenturmeldungen, soweit nachweisbar *abs./ in %*

bei	FAZ	WELT	WN	MZ	BILD	
Quelle 1	6	1	0	0	1	Einheiten
Quelle 2*	7	7	1	0	1	Einheiten
Agentur	9	6	12	15	4	Einheiten
≙	50	33	50	33	50	%
aller Agenturmeldungen je Medium						
Gesamt	22	24	13	15	6	Einheiten
≙	37	39	38	34	20	%

aller Einheiten je Medium
* bereinigt von Doppelcodierung PR!

Demgegenüber erscheint der Anteil an Pressematerial zunächst gering: 10% bei der FAZ, 2 bis 3% bei ‚Welt' und ‚Bild'; bei allen anderen Medien: 0%. Rechnet man jene Artikel hinzu, bei denen Pressematerialen in wesentlichem Umfang beteiligt sind[157], so gelangt man zu 22% – (FAZ), 13% – (‚Welt') bzw. 3% – (‚Bild', WN) Anteilen. Soweit läßt sich also lediglich eine gewisse Beeinflussung bei den überregionalen Zeitungen behaupten. Tatsächlich jedoch beziehen Rundfunk, Fernsehen und Zeitungen einen erheblichen Anteil – inzwischen aufgewerteten und häufig genug nicht mehr erkennbaren – Pressematerials über die Agenturen.

Ein Nachweis der Übernahme von Pressematerial über die Agenturen ist in dieser Untersuchung nur sehr unvollständig möglich: (1) Eine Überprüfung ist überhaupt nur bei dpa und AP möglich; alle anderen Agenturmeldungen bleiben unberücksichtigt. (2) Es ließen sich nicht alle ‚dpa'-

[156] Q1 = EB+, Q2 = PR.
[157] Q2 = PR.

und ‚AP'-gezeichneten Meldungen im vorliegenden Agenturmaterial auffinden. Dies gilt insbesondere für die MZ. Auch in diesen Fällen war keine Überprüfung möglich. Deshalb ist bei der Übertragung der Agenturquellen auf die übrigen Medien mit einem erheblichen Schwund zu rechnen. Bei Hörfunk und Fernsehen war wegen der komplizierten Quellenlage eine Überprüfung nicht möglich.
Es läßt sich bei den Zeitungen eine zusätzliche Übernahme von Pressematerial über die Agenturen in Höhe von 10 bis 35% aller Einheiten je Medium nachweisen: 10% bei der ‚Welt', 13% bei ‚Bild', 15% bei der FAZ, 34 bzw. 35% bei den in größerem Umfang von den Agenturen abhängigen Regionalzeitungen. Damit läßt sich eine zumindest erhebliche Beeinflussung durch Pressematerial bei 20% aller Einheiten der ‚Bild'-Zeitung und 34 bis 39% aller Artikel der anderen Zeitungen *nachweisen.* Berücksichtigt man die Unzulänglichkeiten bei der Übertragung der Agenturquellen – auf die insbesondere der etwas geringere Wert bei der MZ zurückzuführen sein dürfte – sowie den teilweise hohen Anteil an Artikeln mit ungeklärter Quellenlage, so liegt die Vermutung nahe, daß die Anteile an fremdbestimmten Materialien bei allen Zeitungen außer ‚Bild' über der 40%-Grenze liegen.[158]

3.3.1.2 Aufgliederung nach Basisvariablen[159]

3.3.1.2.1 *Quelle: Eigenbericht.* Bei einer Aufgliederung nach *Ressorts* (s. Tab. 14 auf S. 132) zeigen sich im politischen Ressort der überregionalen Zeitungen durchgängig leichte Steigerungen des Eigenberichtanteils um 3 bis 12 Punkte, im ‚Vermischten' ein starkes Absinken des Eigenberichtanteils auf 0 bei den WN und um ca. 30 Punkte bei den überregionalen Zeitungen. Im Wirtschaftsressort liegt der Eigenberichtanteil der überregionalen Zeitungen im Durchschnitt, während er bei den WN auf 0 absackt.

---

[158] Bei den von den Zeitungen insgesamt übernommenen Agenturartikeln ließ sich in 41% aller Fälle Pressematerial als Quelle nachweisen. Wiederum bei Berücksichtigung aller Unsicherheitsfaktoren kann somit davon ausgegangen werden, daß der Anteil an fremdbestimmten Materialien in den von Massenmedien tatsächlich nachgedruckten Agenturartikeln nicht erheblich geringer ist als der im Gesamtagenturmaterial: Bei der Selektion des Agenturmaterials durch die Zeitungen scheint die Berücksichtigung der Quellenlage keine Rolle zu spielen.

[159] Für MZ und den Rundfunkt mit ca. 100% Agenturanteilen ist eine Aufgliederung nicht sinnvoll.

3.3.1.2.2 *Quelle: Agenturen.* Die Aufgliederung der auf Agenturmaterial basierenden Zeitungsartikel nach den Basisvariablen bestätigt die bereits global festgestellte Tendenz einer spiegelbildlichen Abhängigkeit vom Eigenberichtanteil: Nach *Ressorts* gegliedert steigt der Agenturanteil stark an im ‚Vermischten', behält seine Globalwerte annähernd im politischen Ressort, während im Wirtschaftsressort bei den überregionalen Zeitungen die Agenturanteile deutlich fallen[160], bei den Regionalzeitungen aber deutlich ansteigen.

3.3.1.2.4 *Zusammenfassung.* Mediendurchgängig läßt sich bei den untersuchten Zeitungen ein Anteil an fremdbestimmtem Material von mindestens 34 bis 39% – Ausnahme: ‚Bild' (20%) – nachweisen. Tatsächlich dürfte dieser Anteil noch höher liegen. Medienspezifisch dagegen ist das Verhältnis von Eigenbericht zu Agenturanteil: Die Hörfunknachrichten stützen sich ausschließlich auf Agenturmaterial, während beim Fernsehen rund 50% Agenturmaterial noch ein erheblicher Anteil an Eigenbericht und ‚Dokumenten' gegenübersteht. Bei den Zeitungen hat das Boulevardblatt ‚Bild' den höchsten Eigenberichtanteil mit über 50%; im Gegensatz zu allen anderen Massenmedien liegt der Schwerpunkt dabei nicht bei politischen und Wirtschaftsthemen, sondern bei Berichten über das ‚Schicksal Unbekannter'. Demgegenüber steigt der Eigenberichtanteil von global unter 50% bei den politischen und Wirtschaftsthemen der überregionalen Zeitungen deutlich an, während die Prominenz-, Klatsch-, Kriminalitäts- und Unfall-Berichte weitgehend von den Agenturen übernommen werden. Die Regionalzeitungen mit einem geringeren Globalanteil an Eigenberichten unterscheiden sich in der Verteilungsstruktur dieser Artikel lediglich bei der Wirtschaftsberichterstattung, die weitgehend von den Agenturen übernommen wird, von den überregionalen Zeitungen.

3.3.2 Beispiele für die Quellenlage bei den Massenmedien

3.3.2.1 Die Berichterstattung der FAZ über den Verfassungsschutzbericht 1973

Die Fremdbestimmung von Teilen der aktuellen Berichterstattung bei Zeitungen, Hörfunk und Fernsehen durch die bloße Referierung von interessengebundenen Verlautbarungen und der Verzicht auf die eigene

[160] Bei der FAZ stärker als bei der ‚Welt'.

publizistische Leistung der Medien bewirken – wie bereits für die Agenturen dargestellt – eine spezielle Ausprägung der Trivialisierung des Nachrichtenteils der Massenmedien. An einem Beispiel soll dies dargestellt werden.
Die Vorlage des Verfassungsschutzberichtes 1973 durch Minister Werner Maihofer nahm in der Berichterstattung des 12. 7. 74 eine zentrale Stellung ein. Die Arbeitsbedingungen für die Journalisten waren fast ideal: es fand eine Pressekonferenz mit Minister Maihofer statt, der Termin war vorausplanbar, lag vormittags mit genügend Zeit bis zum Redaktionsschluß. Den Journalisten lag eine 15seitige Pressemitteilung des Innenministeriums vor.
Bei dem FAZ-Bericht handelt es sich um einen außergewöhnlich umfangreichen, auf Seite 1 beginnenden Artikel, der als Eigenbericht gezeichnet ist, sich tatsächlich aber bis auf wenige Sätze auf die wörtliche Wiedergabe des Pressematerials unter Beifügung einer CDU-Erklärung beschränkt.[161]
Der FAZ-Bericht druckt umfangreiches Zahlenmaterial über Rechts- und Linksradikalismus nach und enthält u. a. eine Tabelle, aus der hervorgeht, daß es 1973 genau 1423 Rechts- und 1343 Linksradikale im öffentlichen Dienst gab. Diese präzisen Zahlen sind erstaunlich, wenn man berücksichtigt, daß der umfangreiche Bericht gleichzeitig an keiner Stelle – weder inhaltlich, noch formal – definiert, was eigentlich ein Radikaler ist. Gestützt auf die Pressemitteilung des Innenministeriums kann er dies auch gar nicht: auch dort fehlt die Definition. Greift man auf den erheblich umfangreicheren Verfassungsschutzbericht selbst zurück[162], so stellt man fest, daß auch hier auf 150 Seiten „nüchterner, durch Zahlenangaben und Belegstellen gestützter Feststellungen"[163] das Kunststück vollbracht wird, eine explizite Definition des Radikalismus zu vermeiden. Die implizit zu Grunde liegende Normaldefinition des Extremismus ist freilich offenkundig und läßt sich so umschreiben: Radikalismus beginnt jeweils dort, wo die drei großen Parteien aufhören.[164]

---

[161] FAZ *12*, 7 – ähnliche Berichte werden auch von allen anderen Medien veröffentlicht.
[162] „betrifft: Verfasungsschutz ‚73'", hrsg. v. Abt. f. Öffentlichkeitsarbeit des Bundesinnenministeriums, Bonn, 1974.
[163] Maihofer im Vorwort, a.a.O., S. 3.
[164] Dies läßt sich sowohl formal-organisatorisch, wie inhaltlich belegen:
– Den radikalen „kommunistischen Hilfsorganisationen" wird ausdrücklich (und offensichtlich erstmals, – der Verfassungsschutzbericht bleibt hier vage) der „SHB (vormals: ‚Sozialdemokratischer Hochschulbund')" (S. 65) zugerech-

Eine Behauptung, 1973 habe es im öffentlichen Dienst der Bundesrepublik genau 1343 Linksradikale gegeben, entbehrt somit der Grundlage; die vermeintlich wertfreien Zahlen des Verfassungsschutzberichtes sind zunächst nichts anderes als Ausdruck einer Ideologie, die vorgibt, eine nur formal-organisatorisch festgemachte, nicht inhaltlich begründete Trennungslinie ziehen zu können, die mit dem jeweiligen eigenen Koordinatensystem noch schwankt und bei deren Überschreitung aus jedem Demokraten ein Extremist wird. Solch simples ‚in group'-‚out group'-Bild dient nicht zuletzt der Selbstbestätigung als Demokrat.

Diese Ideologie aber vermittelt notwendigerweise ein Zeitungsartikel, der angeblich objektive Fakten und Zahlen nachdruckt, ohne auf deren Bedingtheit hinzuweisen: Selbstverständlich ist es das Recht und die Pflicht jedes Mediums, ein derart wichtiges Dokument ausführlich und schnell zu referieren; selbstverständlich ist es das Recht jeder Zeitung, mit der dort implizit verwendeten Definition übereinzustimmen, nur: ein Journalist, der es unterläßt, auf eine offene – ebenso zentrale wie naheliegende – Frage, nämlich die, was hier mit dem Begriff ‚Radikaler' gemeint ist, eine Antwort einzuholen und zu vermitteln, wird zum unbezahlten Sprecher der je interessierten Seite.

---

net, dem kurz zuvor diese Bezeichnung von der SPD untersagt wurde. (Aus der Aufnahme des SHB dürfte sich dann übrigens auch ca. 1/3 des Zuwachses des Linksradikalismus in der BRD seit 1972 erklären, ohne daß dies irgendwo ausdrücklich gesagt wird.)

– Was an Schlagzeilen und Karikaturen auf zwei Seiten als Beispiele rechtsradikaler Agitation abgedruckt wird, läßt sich *teilweise* wörtlich oder inhaltlich auch in Äußerungen von Politikern und Publizisten nachweisen, die vom Verfassungsschutz zweifellos nicht als Radikale eingestuft werden („Bonn schafft die deutsche Einheit ab", „Warschau droht Bonn", „Brandts neuer Verrat an Berlin", a.a.O., S. 17 und 19).

– Die ausführliche Schilderung der DKP-Agitation verblüfft dadurch, daß ausschließlich programmatische Äußerungen angeführt werden, die auch von Vertretern beispielsweise der SPD explizit geäußert werden. Dies wird ausdrücklich bestätigt: „Die KPD (offensichtlicher Druckfehler, muß heißen: DKP) und ihre Hilfsorganisation haben ihre Methode fortgesetzt, sich zum Fürsprecher von Forderungen zu machen, die auch von einigen demokratischen Gruppen vertreten werden." (S. 45). Der erste Beleg für den Radikalismus der DKP lautet: „Die DKP hat die Ratifizierung des Grundvertrages mit der DDR als Erfolg bezeichnet, zu dem sie maßgeblich beigetragen habe." (S. 46).

3.3.2.2 Schleichwerbung bei ,Bild' und den Regionalzeitungen

Der Abdruck von Pressematerial reicht bei ,Bild' und den beiden Regionalzeitungen bis an die Grenze der Schleichwerbung für einzelne Firmen oder Personen:

- ,Bild' veröffentlicht einen groß aufgemachten Bericht mit zwei Fotos über die neuesten Schirmmodelle von ,Knirps' mit Firmen- und Preisnennung.[165]
- Die MZ druckt in ihrem Wirtschaftsressort einen Pressedienst-Text über die Eröffnung eines Trockeneisdepots der ,Transthermos Kühlverkehr GmbH' in Münster ab.[166]
- Die MZ veröffentlicht ein großes Werbe-Foto der Agentur „Europlan" mit entsprechender Bildunterschrift, das zum Kauf von „Faßdosen" verschiedener Brauereien auffordert.[167]
- Die WN drucken ein Bild von ,Conti-Press' ab, einer – auch der Redaktion[168] – bekannten Agentur, die Schleichwerbung betreibt:[169] vordergründig zeigt es ein Schild, das vor dem Überfahren von Tieren warnt, tatsächlich geht es um die Schleichwerbung für das gut sichtbar abgebildete „Opel"-Modell.[170]
- Die WN veröffentlichen eine Meldung mit Foto, die auf das ,come back' von Herb Alpert vorbereitet, des „,schönsten Trompeters der Welt', der Millionen Musikfreunde in aller Welt mit seinem Sound zu begeistern wußte."[171]

3.3.2.3 Unklare Angaben zur Quellenlage

,Welt' und MZ versuchen häufig, wörtlich übernommene Agenturberichte durch die Art der Zeichnung als Eigenberichte darzustellen. Sie wenden dabei folgende Methoden an:

- Die ,Welt' zeichnet eine Reihe von Agenturberichten mit „DW", ein Kürzel für ,Die Welt'.[172]

---

165 ,Bild', *12,* 42.
166 MZ, *10,* 124.
167 MZ, *11,* 89.
168 Antwort von Chefredakteur W. Giers beim vorbereitenden Gespräch.
169 Knorr (1972).
170 WN, *10,* 74.
171 WN, *10,* 81 und 82, ähnliche Meldungen auch bei der MZ.
172 Allein am 11. 7.: auf S. 1 ein großer Artikel über Portugal (,Die Welt', *11,* 10) gezeichnet als ,DW', tatsächlich wörtlich dpa, *10,* 189; ,Welt', 65, *11,* = AP 68, *10*; ,Welt' 66, *11,* = dpa 507, *10*; 2spalter: ,Welt' 112, *11,* = AP 69, 71, *10.*

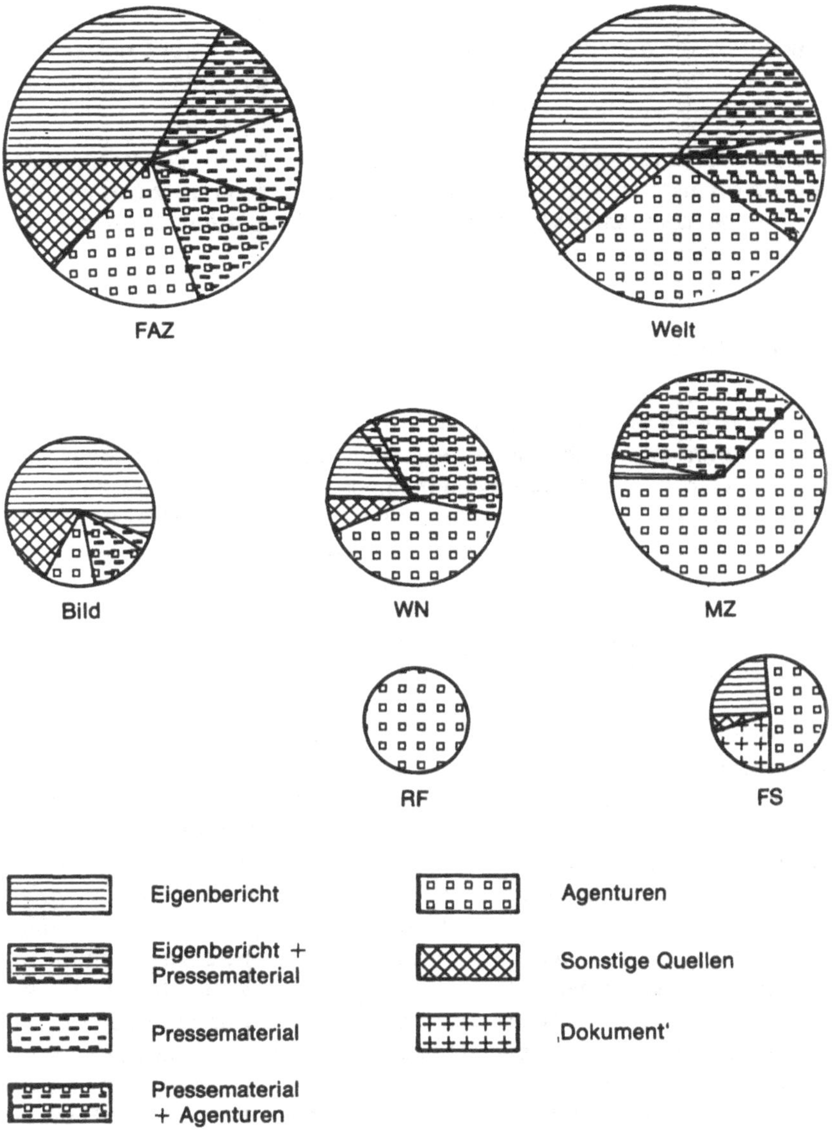

Anteile der einzelnen Quellen am Textmaterial der Zeitungen, Rundfunk- und Fernsehprogramme
(Die Relation der Kreise entspricht der Relation des Medienmaterials)

- Die MZ veröffentlicht mit Autorenzeile versehene dpa-Meldungen ebenfalls mit Autorenzeile, aber ohne einen Hinweis darauf, daß es sich um Agenturmaterial handelt und suggeriert so, der Artikel stamme von einem eigenen Mitarbeiter.[173]

Daneben ist es bei allen Zeitungen üblich, Artikel, die durch Umschreiben von Pressematerial entstanden sind, als Eigenberichte zu zeichnen. Bis auf wenige Ausnahmen waren alle bei Q1 als PR codierten Meldungen als Eigenberichte gekennzeichnet.

3.4 Die Nutznießer: Die Pressestellen

An einem einzigen Tag gelang es, in der Inlandsberichterstattung von 2 Agenturen und 5 Zeitungen allein 171 Fälle der Einflußnahme von Pressestellen auf die Berichterstattung nachzuweisen.[174] Die tatsächliche Zahl dürfte noch höher liegen. An ihrem Erfolg gemessen besitzen die Pressestellen der öffentlichen Institutionen (und hier wiederum die Pressereferate der Polizei, Staatsanwaltschaften und Gerichte) die eindeutige Spitzenposition. Sowohl von den Agenturen, als auch von den Zeitungen – direkt und indirekt über das Agenturmaterial – wurden ihre Pressemitteilungen am häufigsten nachgedruckt. Offenbar besteht in bezug auf die öffentlichen Institutionen für die Medien die geringste Motivation für eigene Recherchen. An zweiter Stelle folgt – wiederum mediengruppendurchgängig – die Regierung. Die in der Inhaltsanalyse durchgängig bestätigte Bevorzugung und Überbetonung bei der Berichterstattung resultiert auch aus einer besonders erfolgreichen Einflußnahme dieser Gruppe – hier nur dargestellt am Beispiel der schriftlich fixierten Pressematerialien – auf die Medien. An dritter Stelle beim Gesamtmaterial liegen die Parteien, denen eine Einflußnahme jedoch schwerpunktmäßig nur bei den Agenturen, nicht jedoch im selben Umfang bei den Zeitungen gelingt. Hier werden sie überrundet von den Presse- und Informationsstellen der einzelnen Unternehmen, die erfolgreich unmittelbar Einfluß nehmen auf die Wirtschaftsredaktionen der beiden überregionalen Prestige-Zeitungen. Einer Vielzahl von – jeweils für sich genommen und im Vergleich zu den bisher genannten Institutionen – relativ kleinen Presse-

---

[173] Allein am 11. 7.: MZ 35, *11*, = dpa 26, *10; MZ 39, 11* = dpa 23, *10; MZ 40, 11* = dpa 17/18, *10.*

[174] Q1 = PR und/oder Q2 = PR, incl. Doppelcodierung PR.

Tab. 16 Nachdruck von Pressematerial 1 Tag / BRD

Der Erfolg der Pressestellen: Nachdruck und Auswertung von Pressestellenmaterialien (Q1 = PR und/oder Q2 = PR, *incl.* Doppelcodierung PR) durch die Medien an einem Tag *soweit nachweisbar in absoluten Zahlen ohne* Berücksichtigung von *Rundfunk* und *Fernsehen.* (Geklammerte Zahlen bei Zeitungen geben die in der Gesamtzahl enthaltenen von Agenturen übernommenen Pressematerialien an!)

	dpa	ap	FAZ	WELT	BILD	WN	MZ	Agentur ges.	Ztg. direkt	Ztg. ü. Agentur	Ztg. insg.	Gesamt
Parlament	6	2	1(0)					8	1	0	1	9
Regierung	11	11	5(2)	6(3)		4(4)	3(3)	22 II.	6 II.	12 II.	18 II.	40 II.
Parteien	9	7	2(1)	1(1)		2(2)	1(1)	16 III.	1	5	6	22 III.
Öffentl. Inst.	16	9	7(4)	4(2)	6(4)	6(5)	6(6)	25 I.	8 I.	21 I.	29 I.	54 I.
davon:												
Polizei/Gericht	12	4	3(2)		4(3)	2(2)	3(3)	16	2	10	12	28
Int.gruppe	6	3	2(2)		2(1)	1(1)	2(2)	9	1	6 III.	7	16 V.
Uint.gruppe	4	2					1(1)	6	0	1	1	7
Unternehmer	5	4	3(0)	3(0)			3(3)	9	6 II.	3	9 III.	18 IV.
Sonstige		1						1	0	0	0	1
Organisation	2		1(0)	1(0)				2	2	0	2	4
	59	39	21(9)	15(6)	8(5)	13(12)	16(16)	98	25	48	73	171

Römische Ziffern geben Rangplätze innerhalb der jeweiligen Spalte an

stellen der einzelnen Firmen gelingt eine erhebliche und erfolgreiche Beeinflussung der Wirtschaftsberichterstattung der Medien, die selbst den Erfolg der erheblich potenteren Pressestellen der Interessengruppen der Unternehmer übertrifft. Der relativ hohe Anteil der übrigen Interessengruppen an der eintägigen Erfolgsbilanz bundesrepublikanischer Pressestellen ist in erster Linie auf den ADAC zurückzuführen, dessen Mitteilungen acht Mal an einem Tag nachgedruckt wurden.[175] Alle anderen Gruppen bleiben demgegenüber bei der Erfolgsbilanz ohne Bedeutung.

3.5 Zusammenfassung der Gate-keeper-Studie

3.5.1 Im quantitativen Teil der Gate-keeper-Studie konnte (trotz aller methodischen Mängel) für die Inlandsberichterstattung eines bestimmten Tages ein erheblicher Anteil von fremdbestimmtem Material im Nachrichtenteil der Medien nachgewiesen werden: Mehr als die Hälfte aller Agenturbeiträge waren wörtlich von den Pressemitteilungen verschiedenster Institutionen abgeschrieben, bei mehr als einem Drittel aller Zeitungsnachrichten ließ sich ein erheblicher Anteil an Pressestellenmaterial nachweisen. Ihren Einfluß auf die Zeitungen gewinnen die Presse- und Informationsstellen dabei schwerpunktmäßig über das Agenturmaterial, das von den Zeitungsredaktionen nicht auf seine Fremdbestimmung hin untersucht und ausgewählt wird. Die Möglichkeit der Beeinflussung von Nachrichtenteilen der Medien nützt jenen Institutionen, die in der Lage sind, in ihren Pressereferaten Nachrichten produzieren zu lassen: als besonders erfolgreich bei der Beeinflussung des Nachrichtenmaterials erwiesen sich am Untersuchungstag die öffentlichen Institutionen, die Regierungen, die Parteien und einzelne Unternehmen.
Die unterschiedlich stark ausgeprägte, aber mediendurchgängig nachweisbare Tendenz (in Selbstdarstellung wie Praxis), die Qualität der eigenen Leistung, den Eigenbericht, hervorzuheben, teilweise auch fälschlicherweise zu behaupten, die Referierung anderer Quellen, Agentur wie Pressestelle, häufig nicht deutlich zu machen, in Einzelfällen

[175] Der ADAC-Pressedienst mischt die auf eigene Interessen abzielenden Nachrichten zwischen eine Vielzahl publizitätsträchtiger Autofahrer-Servicemeldungen. Damit hatte er zumindest bei dpa Erfolg: An eine Meldung über Benzingutscheine in Italien wird in der dpa-Meldung 68/*10* die ‚Nachricht' angehängt, daß der ADAC-Inlandschutzbrief jetzt auch schon zu 22 DM für drei Monate zu kaufen ist.

bewußt zu verschleiern, belegt die problematische Diskrepanz zwischen dem Eigenanspruch der Redaktionen auf eine schöpferische, eigenverantwortliche Tätigkeit als meinungsbildende Instanz und der Realität einer weitgehenden Beschränkung auf eine passive Referierung fremdproduzierter und an die Produzenteninteressen gebundener Nachrichten.

3.5.2 Die Beschränkung der Berichterstattung auf die bloße Referierung im nachgewiesenen Umfang läßt sich begründen aus dem Akzeptieren eines gefährlichen, weil unreflektierten Objektivitätsbegriffes, der besagt, Manipulation sei allein durch die Minimierung der Eigenverantwortung zu vermeiden, und der die sich daraus notwendigerweise ergebende Folge, nämlich statt möglicher eigener Manipulation fremde Manipulation in größerem, unkontrollierbarem Umfang zuzulassen, entweder nicht sehen will oder hierfür die Verantwortung ablehnt. Diese Auffassung findet ihre Unterstützung bei einigen Vertretern der Publizistikwissenschaft. So schreibt Noelle-Neumann:

> „Das Kommunique, die offizielle oder offiziöse Darstellung, enthebt (bei Quellenangabe) die Redaktion der Gefahr einer Tendenz (!) oder eines Irrtums. Aber sie ist auch nichtssagender als die ‚frei geschöpfte', selbstrecherchierte Nachricht und in der Regel einseitig nur unter dem Gesichtspunkt der Zweckmäßigkeit von den Beteiligten abgefaßt."[176]

Die Beschränkung der Berichterstattung auf die bloße Referierung von Pressematerial ist notwendigerweise manipulativ, sowohl punktuell, bezogen auf den einzelnen Artikel, als auch – gravierender – global, bezogen auf die Gesamtberichterstattung eines Mediums: Derjenige, über den berichtet wird, bestimmt nicht nur darüber mit, wie über ihn berichtet wird, vor allem besitzt er auch den Einfluß, zu bestimmen, was über ihn berichtet wird und was *nicht* über ihn berichtet wird. Nicht das potentielle Erkenntnisinteresse des Lesers, sondern Nützlichkeitsüberlegungen der Nachrichtenproduzenten bestimmen Nachrichtenauswahl und -form. Auf die Referierung von Pressematerial beschränkte Berichterstattung in den Massenmedien bedeutet Ideologievermittlung, die ihre Brisanz dadurch erhält, daß dem Rezipienten diese Tatsache in aller Regel hinter dem Schein einer vermeintlich ‚objektiven' Nachricht verborgen bleibt und die der massenmedialen Informationsfunktion gegenläufig ist. Die naive Hoffnung, aus der Gegenüberstellung und Austarierung gegensätzlicher fremdbestimmter Nachrichten könne sich ein annähernd richtiges Bild

---

[176] Noelle-Neumann (1971), S. 208.

der Wirklichkeit ergeben, ließ sich selbst dort widerlegen, wo annähernd gleichstarke Interessengruppen, wie die Parteien, einander gegenüberstehen. Die Beschränkung der Berichterstattung auf die Referierung fremdbestimmten Materials trägt bei zur Trivialisierung des Nachrichtenteils der Massenmedien.

4. Ergebniszusammenfassung: Medienvergleich

Das Auftreten von operationalisierten Indikatoren für Tendenzen, die der Informationsfunktion der Medien geläufig sind – der triviale Topos, die Trivialisierungsmechanismen und die Abhängigkeit von Materialien aus Presse- und Informationsstellen – wurde einer ausgewählten Anzahl von Medien nachgewiesen. Die Ergebnisse der quantitativen Analyse wurden ergänzt durch die Einzelanalyse markanter Artikel. Die Ergebnisse der Analyse sind unter anderem am Selbstverständnis der Medien zu messen.

4.1 Nachrichtenagenturen: Passiver Journalismus

Die Basisdienste von dpa und AP stellen die weitaus größte Gruppe im Untersuchungsmaterial: Sie liefern mehr Material, als ihre Kunden je verwenden. Dennoch entspricht die Verteilung der Basisvariablen wie die des Topos und der Trivialisierungsmechanismen weitgehend der Gesamtgruppe der übrigen Medien. Die Agenturergebnisse liegen in der Regel zwischen den divergierenden Zahlen von Zeitung, Hörfunk und Fernsehen. Der Abhängigkeit der Medien von den Agenturen steht im formalen Bereich die Anpassung der Agenturen an die Medien und ein Austarieren der unterschiedlichen Wünsche der verschiedenen Kundenkreise gegenüber. Im Untersuchungsmaterial tauchen kaum agenturtypische Extremwerte auf. Leicht überrepräsentiert ist lediglich die Auslandsberichterstattung, nicht ausreichend abgedeckt die Wirtschaftsberichterstattung der überregionalen Abonnementzeitungen, die Kategorie ‚Schicksal Unbekannter' in der Bild-Zeitung sowie allgemein die Berichterstattung über Stars.
Über die empirisch gesicherten Daten hinaus ließen sich eine Reihe hochtrivialisierter Einzelartikel, besonders aus dem Gebiet der Kriminalberichterstattung nachweisen.

Bei den Agenturen fand sich der weitaus größte Anteil an übernommenem Pressestellenmaterial: etwa die Hälfte aller Einheiten war in vollem Umfang aus den Verlautbarungen unmittelbar interessierter Stellen entnommen, bei etwa 60 Prozent aller Einheiten ließ sich zumindest ein überwiegender Anteil an Pressestellenmaterial nachweisen. Der eigene Anspruch des aktiven Journalismus wird von den Agenturen nicht eingelöst.

4.2 Hörfunk und Fernsehen: Personen als Politik

Die untersuchten Hörfunk-Nachrichten bilden mit 1% am Gesamtmaterial die kleinste Mediengruppe. Die Hörfunknachrichten beschränken sich – im Gegensatz zu allen anderen Medien – weitgehend auf die politische Inlandsberichterstattung. Vor allem bedingt durch den starken Konzentrationszwang ist die Regierungsberichterstattung mit 50% im Medienvergleich stark überrepräsentiert. Das Fehlen des trivialen Topos erklärt sich aus der Themenbeschränkung, während das Nichtauftreten der Pointierung sich aus dem offiziösen Nachrichtenstil ableiten läßt. Hörfunknachrichten sind mit über 70% extrem personalisiert. – Bei den Hörfunknachrichten handelt es sich durchweg um unformulierte Agenturmeldungen.
Die Fernsehnachrichten bilden mit einem Anteil von je drei Prozent am Gesamtmaterial eine kleine Gruppe. Ihre Berichterstattung konzentriert sich, wenn auch nicht so extrem wie beim Hörfunk, auf die Politik mit einer starken Überrepräsentierung der Regierung. Das Fehlen des Topos erklärt sich aus der Themenbeschränkung. Fernsehnachrichten sind mit einem Anteil von mehr als 50% überdurchschnittlich stark personalisiert.

4.3 Die überregionalen Abonnementzeitungen: Sprachrohr der Unternehmer

Mit einem Anteil von etwa 15% am Gesamtmaterial stellen die Prestige-Zeitungen eine mittelgroße Gruppe. Ihre umfangreiche Wirtschaftsberichterstattung stellt im Inland den größten Themenbereich. Über die Unternehmer wird fünf mal so häufig berichtet, wie über alle anderen Interessengruppen zusammen. Topos und Trivialisierungsmechanismen weisen keine Extremwerte auf. Bei knapp 40% aller Einheiten ließ sich eine starke Beeinflussung durch Pressestellen nachweisen.

In der qualitativen Analyse wurde für den Bereich der Wirtschaftsberichterstattung die kritik- und distanzlose Übernahme der Selbstdarstellung von Unternehmern und Unternehmerinteressengruppen ohne das Korrektiv einer Gegenmeinung festgestellt.

4.4 Bild-Zeitung: Triviales vom Alltagsmenschen

Die nicht organisierten Einzelpersonen ‚wie du und ich' stellen bei der Bild-Zeitung die größte Kategorie in der Dimension Handlungsträger; ‚Klatsch', Prominenz und Justiz vor der Politik die größten Themenbereiche. Die Hälfte aller Meldungen sind dem trivialen Topos zuzuordnen; der Anteil der Pointierung in und außerhalb des Topos ist überdurchschnittlich. ‚Bild' weist den höchsten Anteil an Eigenberichten und den geringsten Anteil an Beeinflussung durch Pressestellen auf.

4.5 Die Regionalzeitungen: Vermischte Nachrichten

Das vermischte Ressort der beiden Regionalzeitungen ist etwa doppelt so groß wie das der überregionalen Zeitungen; vermischte Nachrichten stammen schwerpunktmäßig aus dem Ausland; mit einem Toposanteil von über 60% wird die in der Massenpresse nachgewiesene Größenordnung erreicht. Im politischen Ressort sind Berichte über die Regierungsprominenz überrepräsentiert. Die Nachrichten werden zum überwiegenden Teil aus dem Agenturmaterial übernommen.

Quellennachweis

Dieser Quellennachweis enthält nur die in der qualitativen Analyse zitierten und angeführten Artikel. Fortsetzungsmeldungen der Agenturen zum selben Thema wurden nur insoweit aufgenommen, als sie in die qualitative Analyse einbezogen wurden. Bei Belegen im Text werden jeweils nur der Medienname, das Erscheinungsdatum als kursiv gesetzte Ordinalzahl und die Kennummer des Artikels, die bei den Agenturen mit der Eigennumerierung übereinstimmt, angeführt.

Medium	Tag	Nr.	Titel	Fortsetzung in Art. Nr.
dpa	*8.*	512	bat stellt arbeiter und angestellte gleich	
	9.	47	schnaps fuer den kater	
		135	dtc: benzin wieder billiger	
		139	die rose der rose	
		166	seniorenumfrage: jeder dritte wuerde gerne wieder arbeiten	
		170	sozialer stress und sexualbiologie bei affen wird erforscht	
		180	commerzbank: grosswetterlage in eg besser geworden	
		185	spaniens staatschef franco im krankenhaus	236
		231	burt reynolds will drei millionen dollar fuer nacktfoto	
		237	giscard d'estaing wieder in paris	
		242	hobbyraum hausbesitzers wunsch nr. eins	
		244	15 monate haft fuer bischofsschaender	247
		255	dior zieht frau jedermann an	
		292	arbeitsfriede fuer new yorker hafen gesichert	
		507	bauwirtschaft plant weitere investitionskuerzungen	
		510	auch abc-fluege werden teurer	
	10.	17	touristik-karawane zum schwarzen meer	18
		23	spd-konfernzen: „willy brandt geht aufs land“	24/25
		26	amerikanische journalisten besichtigen sojus-raumschiff	27
		57	francos gesundheitszustand gebessert	
		68	adac: benzingutscheine in italien nicht vor dem 6. august	
		70	molotow-cocktails gegen deutsches konsulat in paris	
		123	lastzug stuerzte ueber autobahnbruecke	
		137	auslaendische pflaumen noch teurer	

		151	franzoesische bauern unternahmen protest	
		189	alle parteien fuer fortsetzung der regierungskoalition	
		193	neuer manteltarifvertrag im fernverkehr	
		202	tagesbefehl zur 30. wiederkehr des 20. 7. 44	
		215	pruefungsklausur in kiel unter polizeischutz	
		219	lebenshaltung: wohnung, nahrung und genuss verschlingen am meisten	
		232	schmidt: opposition treibt verantwortunsloses spiel	
		242	„materialien" kuenftig nicht mehr parlamentsvorlage der regierung	
		249	grossbritannien will schwerwasserkernkraftwerke bauen	261
		501	die papierwerke waldhof-aschaffenburg	502
		503	vereinigte papierwerke: fast 500 mill. dm umsatz und gleicher ertrag	504
		507	us-firmen von auslandskonzernen erworben	
	11.	11	sowjetstrom fruehstens ab 1980	
		30	vermutlich aelteste „aktive" taschendiebin wieder ertappt	
		31	radioaktivitaet soll noch wirksamer isoliert werden	33
		73	francos gesundheitszustand weiter verbessert	
		76	bundespraesident verlieh hersfelder festspielpremiere glanz	
		91	kirschen weniger und teurer	
		112	„fuer sie" – erzaehlwettbewerb entschieden	
ap	*9.*	98	vor rueckreise essen auf schloss ernich	
		126	amerikanisch-sowjetisches gemeinschaftstraining beendet	129
ap	*10.*	3	franz josef strauss vor der wiederwahl	4
		11	frankfurter flughafen in der talsohle	12, 13
		28	neuer deutscher botschafter in kuala lumpur	
		31	indochina-krieg	
		39	tito in rumaenien	
		60	computer berechnen krebsbestrahlungsplaene	
		67	kartellamt kritisiert brot- und backwarenindustrie	
		68	butterberg wird wieder groesser	
		69	heftige kritik an renommier-badeinsel sylt	71
		77	sowjetischer kernwaffenversuch	
		96	salut 3	129
		110	stimmen zum cssr-vertrag	
		113	bundestag beschloss aenderung der steuerreform	131
		118	kritik an hamm-bruecher	136

		157	bp, shell u. deminex erwerben aufschlussrechte in aegypten	
	11.	5	laotisches parlament soll aufgeloest werden	
		90	muss diebische oma endlich „sitzen"	

Medium	Tag	Nr.	Titel	Medieninterne Nr. im Sendemanuskript
WDR 1	*10.*	5	„Schmidt-Heubl-Apel" (1. Absatz)	Nr. 37
		6	„Schmidt-Heubl-Apel" (2. Absatz)	Nr. 37
		7	„Schmidt-Heubl-Apel" (3. Absatz)	Nr. 37
WDR 3	*11.*	2	„Sauvagnargues in Moskau"	Nr. 35
ARD	*10.*	9	„Nahost"	Nr. 30
	9.	2	„Erklärungen Schmidt + Giscard"	Nr. 2a
		10	Parlamentswahlen Kanada	Nr. 7
		11	„Müggenburg: Wahlergebnis Kanada"	Nr. 8
	10.	3	Steuerreform	Nr. 5
	11.	1	„Zahlenbericht . . ."	Nr. 3
ZDF	*9.*	1	„Einleitung Giscard, Giscard-Schmidt + Erklärungen, Giscard verläßt Bonn" (ohne Original-Zitat Schmidt)	Nr. 2, 3a, 3b
		2	„Erklärung Schmidt" (nur Originalzitat)	Nr. 3a
		14	„Bolivien"	Nr. 12/1
		13	„Helbig: Trudeau nach Wahlsieg"	Nr. 11
	10.	3	„Abnahme Steuerreform . . ."	Nr. 4

Medium	Tag	Nr.	Kurzitel	Seite
FAZ	*10.*	3	Trudeaus Siege	1
		63	Amerikanisches Militärflugzeug bei Neapel abgestürzt	7
		96	Gute Zeiten für kluge Hausfrauen	13
		97	Baisse an den Aktienmärkten	13
		103	Herrenoberbekleidung soll teurer werden	13
		133	Wettbewerbsfähigkeit VWs in Nordamerika	15
	11.	58	Unfall Sauerlandlinie	7
		60	Feuer auf Java	7
		64	Was trieb den jungen Täter in die Kirche?	7
		84	Weitere Bauinsolvenzen befürchtet	9
		87	Keine Alternative	9
		89	Wie weit kann das Erdölkartell Schule machen?	10
		104	PWA sieht in Papier keine Mangelware	11
	12.	7	Maihofer: Sicherheit durch Extremisten nicht gefährdet	1
		28	Der berühmte Patient im Spital „Generalissimo Franco"	3
		77	Unfall in einer Schlucht in Lima	7

		124	Überwindung der Rezession von 66/67	12
		147	Opel von Automobilkrise erst gestreift	15
WELT	*10.*	23	Was Leiding den Aktionären zu sagen hat	2
		29	Trudeau trägt Sieg bescheiden	3
		71	Banken warnen vor Rücknahme der Investitionen	9
		80	VW-Chef warnt Gewerkschaften	10
	11.	10	Portugals Parteien wollen an Koalition festhalten	1
		35	Warum Atommüll so leicht gestohlen werden kann	3
		63	„Kartellamt entschied voreilig"	9
		64	Programm für die Bauindustrie	9
		65	Butterberg	9
		66	Auslandskonzerne erwerben mehr US-Firmen	9
		86	Papiermarkt: Blatt hat sich gewendet	10
		87	Schickedanz durchforstet Produktprogramm	10
		96	Elektromarkt erhöht Kapital	
		112	Sylt ist dürftig und zu teuer	16
	12.	64	Preissteigerungen belasten Entwicklungshilfe	9
		115	Raumstation „Saljut 3"	18
BILD	*10.*	3	Rekord im Lotto: Margarine-Fahrer gewann 1,5 Millionen	1
		26	Trudeaus Wahlsieg und seine wichtigste Helferin	2
		41	Hör auf zu beten, sagte Jürgen, als er Bischof Bolte geschändet hatte	3
		47	Frau Wirtin hat gewonnen	4
	11.	2	Deutscher Millionär heiratet Call-Girl	1
		23	Klo-Papier teurer	2
		53	Was Deutschlands Lotto-Glückspilz gestern mit seinen 1,5 Millionen machte	3
		75	Familie Kündgen hat gewonnen	6
	12.	42	Taschenschirme – früher praktisch, heute sogar chick	2
		73	Machs wie ich – schmeiß Dein Geld zum Fenster raus	5
		82	Berlins einzige Autofabrik macht zu	5
WN	*10.*	16	Jeder dritte würde wieder arbeiten	1
		23	Trudeau erringt überraschend absolute Mehrheit	2
		81	Herb Alpert	12
		87	„Liebesprobe" endet mit einem Blutbad	12
	12.	60	Optimismus bei Opel	9
MZ	*10.*	13	Kein Kommentar	1
		19	Absolute Mehrheit für Trudeaus Liberale	2
		23	Opel Werke	2

	30	Luftverkehrsgesellschaften	2
	124	Trockeneisdepot in Münster	o. A.
11.	2	Bundestagsmehrheit billigt Steuerkompromiß	1
	20	Anschlag gegen deutsches Konsulat	2
	33	Wertz preist seinen Abschieds-Etat	3
	35	Im Sternenstädtchen wird für die Zukunft	3
		trainiert	3
	39	Willy Brandt geht jetzt aufs Land	
	40	Die „Karawane" zieht zum Schwarzen Meer	4
	88	Einheitlicher Tarifvertrag	8
	91	Fast 500 Mill. DM Umsatz bei VP	8
12.	134	Hochbaufirmen mußten entlassen	15

Literatur

Abromeit, Heidrun (1972): Das Politische in der Werbung. Opladen
Adorno, Theodor, W. (Seminarleiter) (SS 1961): Protokolle des Seminars „Probleme der qualitativen Analyse". Institut für Sozialforschung an der J. W.-Goethe-Universität. Frankfurt
– und Max Horkheimer (1947): Kulturindustrie. Aufklärung als Massenbetrug. In: –, –: Dialektik der Aufklärung. Amsterdam, 1947, S. 144–198.
Allerbeck, Klaus, R. (1972): Datenverarbeitung in der empirischen Sozialforschung. Stuttgart
ARD (Arbeitsgemeinschaft der öffentlich-rechtlichen Rundfunkanstalten der Bundesrepublik Deutschland) (Hrsg.) (1965): Rundfunkanstalten und Tageszeitungen. Eine Materialsammlung. Dokumentation 3: Wissenschaftliche Beiträge. Frankfurt
– (1966): Rundfunkanstalten und Tageszeitungen. Eine Materialsammlung. Dokumentation 4: Meinungsumfragen und Analysen. Frankfurt
– (1969): Rundfunkanstalten und Tageszeitungen. Eine Materialsammlung. Dokumentation 5: Untersuchungsergebnisse und Empfehlungen. Frankfurt
– (1970): ARD-Jahrbuch 1970. Hamburg
– (1973): ARD-Jahrbuch 1973. Hamburg
Atteslander, Peter (1972): Informatiosflut und Informationsdefizit in unserer Überflußgesellschaft. In: Universum. Zeitschrift für Wissenschaft, Kunst und Literatur, 26. Stuttgart, 1972, S. 159–168
Aufermann, Jörg; Hans Bohrmann; Rolf Sülzer (Hrsg.) (1973): Gesellschaftliche Kommunikation und Information. Band 1 und 2. Frankfurt
Axel-Springer-Verlag (Hrsg.) (1972): Der Fall Küchenhoff oder Agitation mit falschem Etikett. Berlin
– (o. J.): Das ‚Springer-Monopol'. Eine Klarstellung. Berlin
Badura, Bernhard und Klaus Gloy (1972): Soziologie der Kommunikation. Eine Textauswahl zur Einführung. Stuttgart
Bayer, Dorothee (1963): Der triviale Familien- und Liebesroman im 20. Jahrhundert (Diss.). Tübingen
Behrens, K., Chr. (1970): Handbuch der Werbung. Wiesbaden
Benad, Günther (1972): Gesellschaftliche Trends und Kommunikationsmarketing. Hamburg
Benesch, A. (1968): Experimentelle Psychologie des Fernsehens. München
Benirschke, Hans (1974): Aufgaben einer Nachrichtenagentur
– (1975): ERNA hilft Kosten sparen. In: Die Zeitung Nr. 4, 1975, S. 4 f.
Benjamin, Walter (1963): Das Kunstwerk im Zeitalter seiner technischen Reproduzierbarkeit. Frankfurt
Berliner Autorenkollektiv Presse (1972): Wie links können Journalisten sein? Pressefreiheit und Profit. Reinbek
Bericht der Kommission zur Untersuchung der Wettbewerbsgleichheit von Presse, Funk/Fernsehen und Film (1967), Bonn
Bernsdorf, Wilhelm (Hrsg.) (1972): Wörterbuch der Soziologie (4 Bände). Frankfurt
Bessler, Hansjörg (1970): Aussageanalyse. Bielefeld

Bismarck, Klaus von (1969): Der gesellschaftskritische Auftrag des Fernsehens für das Programm. In: Funk-Korrespondenz, 44/1969, 2. 1–6
– (1970a): Die Nachricht und die Wirklichkeit. In: Publizistik. 4/1970, S. 284–294
– (1970b): Gewalt als Geschäft; Gewalt als Aufklärung. In: Publik 31, 1970
Blarer, Arnold von (1951): Beiträge zur Psychologie der Neugier. (Diss.). Zürich
Bledjan, Frank und Krista Stosberg (1972): Analyse der Massenkommunikation III: Wirkungen. Gütersloh
Bloch, Ernst (1973): Das Prinzip Hoffnung (3 Bände). Frankfurt
Blutige Strecke – „Bild"/„Pardon". (Zur Berichterstattung der ‚Bild'-Zeitung und zum Streit ‚Pardon'-‚Bild'; über ‚Bild-Falschmeldungen'). In: Der Spiegel, 50/1970, S. 76–82
Böckelmann, Frank (1975): Theorie der Massenkommunikation. Frankfurt
Braun, Hans (1965): Die Zeitungsfunktion des Feuilletons. In: Publizistik, Jg. 1965, Heft 3, S. 292–301
Brecht, Bertolt (1967): Radiotheorie. In: –, –: Ges. Werke 18 (Schriften zur Literatur und Kunst 1). Frankfurt 1967, S. 129–134
Breloer, Heinrich (1974a): Von Bildschirm und Leinwand. Woher die Nachrichten kommen – am Beispiel der Tagesschau. NDR 3, Sendemanuskript, 13. 1. 1974, 14.00h – 14.30 h
– (1974b): Nachrichten über Nachrichten oder: Dienst am Kunden „dpa". NDR I, Sendemanuskript, 18. 5. 1974, 9,05 h – 9.30 h
Bretscher, Willy (1969): Aufgabe und Verantwortung der Zeitung in unserer Gesellschaft. In: NZZ, 27. 7. 1969, S. 21f.
Brocher, Max (1971): Wie Nachrichten im Fernsehen zustande kommen. In: Fernsehen und Film 3/1971, S. 6 f.
Brokmeier, Peter (Hrsg.) (1969): Kapitalismus und Pressefreiheit. Am Beispiel Springer. Frankfurt
Büren, Walter von, Toni Holenweger, Peter Vollenweider (1972): Inhaltsanalytische Kategorienbildung zur Charakterisierung von Zeitschriften. Hamburg
Bundesinnenministerium, Abt. f. Öffentlichkeitsarbeit (Hrsg.) (1974): betrifft: Verfassungsschutz '73, Bonn
Bundesvorstand der Jungsozialisten (Hrsg.) (1972): Die Aktualität der Medienpolitik. Analysen, Forderungen, Aktionen. Bonn
Burrichter, Clemens (1970): Fernsehen und Demokratie. Bielefeld
Bush, Chilton, R. A. Robert, K. Bullock (1952): Names in the news. In: Journ. Quart. 29/52/S. 148–157
CDU-Medienpolitischer Kongreß (1974): Berichte der Kommissionen Presse, Rundfunk, neue Medien. In: FR, 6. 6. 1974, S. 16
Clausse, Roger (1962): Publikum und Information. Köln
Contest (1971): Heftnutzung und Anzeigenbeachtung und die Faktoren, die sie beeinflussen. Hamburg
Coulmas, Peter (1972): Das Belanglose hier wirds Ereignis. In: Die ZEIT 14/1972, S. 4
– (1973): Zu schnell, zu viel, zu kurz – Nachrichten machen passiv. In: Die ZEIT 45/1973, S. 13 f.
– (1974): Schlechte Nachrichten. In: Der Journalist 1/1974, S. 24–25
Dahlmüller, Götz, Wulf, D. Hund, Helmut Kommer (1973): Kritik des Fernsehens. Neuwied
Deutscher Industrie und Handelstag (Hrsg.) (1971): Thema Wirtschaft. Bonn

Dichter, Ernest (1961): Strategie der Wünsche. Düsseldorf
Dieckmann, W. (1964): Information oder Überredung. Marburg
Diederichs, Helmut H. (1973): Konzentration in den Massenmedien. Systematischer Überblick zur Situation in der BRD. München
DIVO-Institut für Wirtschaftsforschung – Sozialforschung und angewandte Mathematik (1964): Leseranalyse Westfälische Nachrichten/Zeno-Zeitungen. Frankfurt (maschinenschriftl. vervielfältigt)
Donner, Wolf (1971a): Die öffentlich-rechtliche Huldigung. In: Die ZEIT 25/1971, S. 13
– (1971b): Fernsehen als Ideologie. In: Die ZEIT 26/1971, S. 15
Dovifat, Emil (1967): Zeitungslehre, Bd. I u. II. Berlin
dpa (Hrsg.) (o. J.): Fakten und Zahlen
– (1974): Nachrichten der Welt
Dröge, Franz, W. (1967): Publizistik und Vorurteil. Münster
– (1968): Konzept einer empirischen Stereotypenforschung. Methodische Überlegungen zu einer Aussagenanalyse der ‚Bild-Zeitung'. In: Publizistik, 13. Jg. 1968, H. 2/3/4, S. 340–347
– (1972a): Einführung in die Medienanalyse der BRD. Münster. (vervielfältigtes Manuskript)
– (1972b): Wissen ohne Bewußtsein. Frankfurt
– und Rainer Weißenborn, Hennig Haft (1969): Wirkungen der Massenkommunikation. Münster
Einstein, Carl (1973): Die Fabrikation der Fiktion. Reinbek
Eisner, Lotte, H. und Heinz Friedrich (1958): Film, Rundfunk, Fernsehen. (Das Fischer Lexikon). Frankfurt
Elbers, Winfried (1965): Aus der Praxis der Public Relations. In: Lerg/Schmolke/Stoll: Publizistik im Dialog. Assen, 1965, S. 42–47
Enseling, Alfred (1965): Probleme demokratischer Informationspolitik. In: Lerg/Schmolke/Stoll: Publizistik im Dialog. Assen, 1965, S. 48–59
Enzensberger, Hans Magnus ([4]1967): Einzelheiten I. Bewußtseins-Industrie. Frankfurt
Ernst, O. (1964): Die Wirklichkeit der Illustrierten. In: Anzeige, 40. Jg./1964/Heft 5, S. 5–16
Europäische Akademie Berlin (1974): Hörfunknachrichten – Beitrag zur politischen Bewußtseinsbildung? Seminar(-paper) der Europäischen Akademie Berlin v. 16.–19. 12. 1973. Berlin. (maschinenschriftl. vervielfältigt)
Fabris, Hans, Heinz (1971a): Das Selbstbild der Redakteure bei Tageszeitungen. Salzburg
– (1971b): Das Selbstbild des Kommunikators bei Tageszeitungen. Publizistik 4/1971, S. 357–368
Farocki, Harun (1973): Drückebergerei vor der Wirklichkeit. Das Fernsehfeature/Der Ärger mit den Bildern. In: FR Nr. 127, 2. 6. 1973, S. XI
FAZ (Frankfurter Allgemeine Zeitung) (Hrsg.) ([2]1963): Enzensberger'sche Einzelheiten korrigiert von der Frankfurter Allgemeinen Zeitung. Frankfurt
– (1973a): Sie redigieren und schreiben die FAZ. Frankfurt
– (1973b): Ein Beispiel für das Besondere. Frankfurt
– ([2]1974): Alles über die Zeitung. Frankfurt
Feldmann, Erich (1972): Theorie der Massenkommunikation. München/Basel
Fernseh-Springer kontra Bonn. In: Der Spiegel, 5/1970, S. 50–62

Flottau, Heiko (1973): Fernsehen und Gesellschaft in den USA. In: vorgänge 6/1973, S. 111–117
Fohrbeck, Karla und Andreas, J. Wiesand (1972): Der Autorenreport. Reinbek
Friedmann, Günther, M. (1972): Der Pressesprecher in den Bundesministerien. In: Publizistik 3–4/1972, S. 311–319
Friedrich, Walter (1971): Methoden der marxistisch-leninistischen Sozialforschung. Berlin (Ost)
Fröhlich, Werner, D. und Kurt Koszyk (1971): Die Macht der Signale. Reinbek
Fröhner, Rolf (1954): Kritik der Aussagen. Sprache, Mitteilung, Ausdruck und ihre publizistische Problematik. Heidelberg
Frühsorge, Ehrhard (1973): Das lädierte Paradies. In: Die ZEIT, 49/1973, S. 49
Gallasch, Peter F. (1970): Gewaltdarstellung im Fernsehen. I. USA. In: Funk-Korrespondenz 36/1970.; II.; England. In: Funk-Korrespondenz 37/1970
Gaus, Günter (1970): Report, Panorama, Monitor – wie sollen politische Sendungen aussehen? In: W. Böhme (Hrsg.): Die politischen Wirkungen von Funk und Fernsehen. Stuttgart
Geißler, Rainer (1973): Politische Bewußtseinsbildung durch Massenmedien. In: vorgänge 6/1973, S. 30–49
Gerber, Claus-Peter, Manfred Stosberg (1969): Die Massenmedien und die Organisation politischer Interessen. Bielefeld
Geyer, Michael (1973): Nachrichten und gesellschaftliche Interessen. Überlegungen zu einer öffentlich-rechtlichen Misere. In: Ulrich Paetzold und Hendrik Schmidt (Hrsg.): Solidarität gegen Abhängigkeit. Auf dem Weg zur Mediengewerkschaft; Neuwied, S. 77–88
Giesenfeld, Günter (1972): Zum Stand der Trivialliteratur-Forschung. In: Das Argument, 14. Jg., April 1972, Heft 3/4, S. 233–242
Glotz, Peter, Wolfgang R. Langenbucher (1969): Der mißachtete Leser. Köln
Gorschenek, Hans (1970): Nachrichten im DLF. (Pressestelle des DLF)
– (1974): Bedingungen für die Aufnahme und Verarbeitung von Hörfunknachrichten – Konsequenzen für Nachrichtenredaktionen und Politische Bildung aus der Sicht der Redaktionen. In: Europäische Akademie Berlin (Hrsg.): Hörfunknachrichten – Beiträge zur Politischen Bewußtseinsbildung (II.) Berlin, 1974, S. 27–29 (maschinenschriftl. vervielfältigt)
Grass, Günter (1967): Der Fall Axel C. Springer am Beispiel Arnold Zweig. Berlin
Gross, Johannes (1971): Die Kunst, wirkliche Nachrichten zu senden. In: Fernsehen und Film, Heft 3, 1971, S. 10
Großkopf, Rudolf (1965): Klischierte Sprache im deutschen Sportjournalismus. In: Lerg/Schmolke/Stoll: Publizistik im Dialog, Assen, 1965. S. 69–74
Gruber, Thomas (1971): Inhaltsanalyse und Einstellungsmessung. Publizistik 4/1971, S. 351–356
H. (?): Nachrichten im Hörfunk. In: Kirche und Rundfunk 3, 1968, S. 1 f.
Haacke, Wilmont (1961): Meinungsbildung durch Unterhaltung, In: Publ. 5–6/1961, S. 338–354
– (1965): Massenmedien und Kultur. In: Publizistik, Jg. 1965, S. 356–362
– (1969): Die Spielgärten der Erwachsenen. Zur Soziologie der Unterhaltung in den Massenmedien. In: KZfSoz 3/1969, S. 543–549
Habermas, Jürgen ([5]1971): Strukturwandel der Öffentlichkeit. Neuwied (Habilitationsschrift)

– (1973): Erkenntnis und Interesse. Frankfurt
– Niklas Luhmann ([2]1971): Theorie der Gesellschaft oder Sozialtechnologie. Frankfurt
Hacker, Friedrich (1973): Terror, Wien
Haenisch, Horst und Klaus Schroeter (1971): Zum politischen Potential der Lokalpresse. In: Zoll (Hrsg.): Kritik 4, Manipulation der Meinungsbildung. Opladen 1971, S. 242–279
Hagemann, Walter ([2]1966): Grundzüge der Publizistik. (Neu herausgegeben von Henk Prakke u. a.) Münster
Halloran, James, D. (1966): Wirkungen des Fernsehens. The effects of mass-communication. Hamburg
Hennig, Eike (1971): Die Abhängigkeit der Massenmedien von den Werbeeinnahmen und dem Anzeigenteil. In: Zoll (Hrsg.): Kritik 4. Manipulation der Meinungsbildung. Opladen, 1971, S. 27–67
Henscheid, Eckhard (1973): Die Ober-Peinlichen. Eine Selbstdarstellung bundesdeutscher Pressevertreter. In: pardon, 2/73, S. 14 f.
Herrmann, Frank Joachim (1967): Nachrichten heute und morgen. Gesichtspunkte und Standpunkte zu einem Genre. In: Neue Deutsche Presse (NDP) (DDR), Nr. 11, Nov. 1967, S. 12–13
Hertweck, F. R.; (o. J.): Einführung in die Programmiersprache ALGOLW, Garching
Hickethier, Kurt, Wolf Dieter Lützen, R. Schwarz (1973): Unterhaltung und Politik im Fernsehen als Unterrichtsgegenstand. In: Jürgen Kolbe (Hrsg.): Neue Ansichten einer künftigen Germanistik. München 1973, S. 306–333
Hintze, Manfred (1966): Massenbildpresse und Fernsehen, Gütersloh
Höhne, Hansjoachim (1973): Nachrichtenagenturen im Vergleich. In: Publ. 2/1973, S. 117–125
Holzer, Horst (1966): Selbstverständnis und Inhaltsstruktur aktueller Illustrierten. (Diss.). München
– (1967): Illustrierte und Gesellschaft. Zum politischen Gehalt von ‚Quick', ‚Revue' und ‚Stern'. Freiburg
– (1969): Massenkommunikation und Demokratie in der BRD. Opladen
– (1971a): Gescheiterte Aufklärung? München
– (1971b): Politik in Massenmedien. Zum Antagonismus von Presse- und Gewerbefreiheit. In: Zoll, R. (Hrsg.): Kritik 4, Manipulation der Meinungsbildung. Opladen, 1971, S. 68–108
– und Reinhard Kreckel (1967): Jugend und Massenmedien, In: Soziale Welt. Bd. 18/1967/Heft 2/3, S. 199–215
Horn, George A. van (1952): Analysis of AP News on Trunk and Wisconsin State News. In: Journ. Quart. 29/52, S. 426–432
Horn, Klaus (1971): Zur individuellen Bedeutung und gesellschaftlichen Funktion von Werbeinhalten. In: Zoll, R. (Hrsg.): Kritik 4; Manipulation der Meinungsbildung. Opladen. 1971
Hübner, Hans Werner (1972): Schweißperlen als Information. In: Die ZEIT 42/1972, S. 11
Hüther, Jürgen, Hildegard Scholand, Norbert Schwarte (1973): Inhalt und Struktur regionaler Großzeitungen. Düsseldorf
Hughes, Helen McGill (1939): News and the human interest story. Chicago
Huizinga, Johan (1939): Homo Ludens. Amsterdam, 1939; Hamburg [11]1972

Hund, Wulf D. (1968): Information und Redundanz. Ein Beitrag zur politischen Semantik. In: Literatur und Kritik. Jg. III, 1968, Heft 28, S. 96–109. Salzburg, 1968
– (1971): Kommunikation in der Gesellschaft. Frankfurt
Infratest (1962): Nachricht und Kommentar im RF. Ihre Nutzung und Beurteilung durch den Hörer. München
– (1965): Regionalsendungen und ihre Hörer. Nutzung und Beurteilung des Reg.-programms im WDR-Hörfunk. München
– (1970): Nutzung und Beurteilung der Magazin-Sendung ‚Heute morgen' (WDR). München (maschinenschriftl. vervielfältigt)
Institut für Marxistische Studien und Forschungen (Hrsg.) (1973): Klassen- und Sozialstruktur der BRD 1950–1970. Theorie – Sozialstatistische Analyse – Diskussion. Teil 1: Klassenstruktur und Klassentheorie. Frankfurt
Istel, Werner (1974): Städtische Öffentlichkeitsarbeit. Herford
Jaenicke, Heinz D. (1971): Papier-Seelsorge. In: Zoll, R. (Hrsg.): Kritik 4, Manipulation der Meinungsbildung. Opladen 1971, S. 164–200
Jaft, F. (1969): Wie man acht Millionen Leser gewinnt. In: Die ZEIT 46/1969
Jaspers, Karl (1963): Werden wir richtig informiert? In: –,– (1963): Lebensfragen der deutschen Politik. München
Jaspert, Friedhelm: Methoden zur Erforschung der Werbewirkung. Stuttgart
Jens, Walter (1974): Axel Caesar Springer Teutonicus; In: Martin Greiffenhagen (Hrsg.): Der neue Konservatismus der siebziger Jahre. Hamburg, S. 90–99
Jürgens, Georg (1973): Zum Selbstverständnis der Amerikakorrespondenten von ARD und ZDF. In: Publizistik 4/1973, S. 350–363
Just, Dieter (1966): Der Spiegel (Diss.). Berlin
Kaupp, Peter (1969): Massenmedien und Soraya-Presse. Eine Veröffentlichung der Verlagsgruppe Bauer. o. O.
– (1971): Die schlimmen Illustrierten. Düsseldorf (Hamburg)
Kellerer, Hans ([13]1971): Statistik im modernen Wirtschafts- und Sozialleben. Reinbek
Kemptner, Josef (1975): Politische Kommunikation in privatwirtschaftlich organisierter Presse. Salzburg (Diss.)
Kerlikowsky, Horst (1967): Die Kundenzeitschrift. (Diss.). Berlin
Kernebeck, Heinz (1971): Die AB-Medien. Die Medien der oberen sozialen Schichten. Bad Homburg
Khaled, Leila (1974): „Die Boeing muß brennen", in: neues Forum, Sept./Okt. 1974, S. 25–29
Kieslich, Günter (1956): Freizeitgestaltung in einer Industriestadt (Marl). Dortmund
Kiock, Hartmut (1971): Das Redaktionsmarketing in der Presse. München (Diss.)
Klapper, Joseph, T. (1960): The effects of Mass-Communication. Glericoc, Ill.
Klaus, Georg und Manfred Buhr ([2]1972): Marxistisch-leninistisches Wörterbuch der Philosophie. (3 Bände). Reinbek
Klein, Horst Peter (1973): Die öffentliche Aufgabe der Presse. Journalismus Bd. 6. Düsseldorf
Knilli, Friedrich (Hrsg.) (1971): Die Unterhaltung der deutschen Fernsehfamilie. Ideologiekritische Untersuchungen. München
Knipping, Franz (1969): Monopole und Massenmedien. Berlin (Ost)
Knoche, Manfred (1968): Kommentar und Kritik im Lokalteil der Tagespresse in der Bundesrepublik Deutschland. Eine pressestatistische und inhaltsanalytische Untersuchung. In: Publizistik, 13. Jg. 1968, Heft 2/3/4, S. 348–359

– und Winfried Schulz (1969): Folgen des Lokalmonopols von Tageszeitungen. Eine vergleichende Inhaltsanalyse des Lokalteils von Monopol- und Wettbewerbszeitungen. In: Publizistik, 14. Jg., Heft 3, Juli/Sept. 1969, S. 298 bis 310

Knoll, Joachim H. (1974): Publizistik im Spannungsfeld von Theorie und Praxis. Bemerkungen zur Notwendigkeit wissenschaftlicher Vorbildung und Ausbildung von Kommunikationspraktikern. Sendemanuskript WDR III, 1. 5. 1974, 19.30 h – 20.00 h

Knorr, Peter (1972): Das Geschäft mit der Lüge. In: pardon 1/1972, S. 18–27

Knorr, Wolfram und Reinhardt Stumm (1971): Verführung durch Information – eine Analyse der Illustrierten. Serie der Basler Nachrichten vom 5.11., 11. 11., 17. 11., 23. 11., 26. 11., 1. 12., 9. 12., 14. 12. 1971

Koch, Manfred und Waltraud Hausmann (1971): „Auf ewig". Inhaltsanalytische Untersuchung über den Kommunikationsfluß auf der Bundespressekonferenz vom 9. Mai 1969. Publizistik 4/1971, S. 369–378

Koczian, Wolfgang (1972): Acht Thesen zur Nachrichtenarbeit. In: Publizistik 2/1972, S. 202–206

Köhler, Otto (1968): Schleichmeinung. In: Der Spiegel 22/1968, S. 156

König, René (Hrsg.) (1966/67): Praktische Sozialforschung. Bd. 1: Das Interview (1966). Bd. 2: Beobachtung und Experiment in der Sozialforschung (1967). Köln/Berlin

– (Hrsg.) (1968): Soziologie. (Das Fischer-Lexikon). Frankfurt

– (Hrsg.) (^{3}1973): Handbuch der empirischen Sozialforschung. Bd. 1: Geschichte und Grundprobleme. Bd. 2: Grundlegende Methoden und Techniken. München

Koszyk, Kurt (1962): Die Inhaltsanalyse der deutschen Presse. In: Publizistik, 7. Jg., Heft 3, 1962, S. 142–146. Bremen

– (1972): Wirkungen der Massenkommunikation. In: Aus Politik und Zeitgeschichte, Bd. 39/72, 23. Sept. 1972, S. 1–47, Bonn

– und Karl Hugo Pruys (1969): dtv – Wörterbuch zur Publizistik. München

Kreuzer, Helmut (1967): Trivialliteratur als Forschungsproblem. In: DVjS 41, 1967, S. 173–191

Kristen, Christian (1972): Nachrichtenangebot und Nachrichtenverwendung. Düsseldorf

Kriz, Jürgen (1973): Statistik in den Sozialwissenschaften. Reinbek

Küchenhoff, Erich (1972): Bild-Verfälschungen. Teil 1: Analyse; Teil 2: Belege. Frankfurt

Küffner, Hans und Hans S. Pollmann (^{2}1972): Das Presse- und Informationsamt der Bundesregierung. Bonn

Küffner, Peter (1973): Sachlich sollen die Nachrichten sein, das macht sie spröde. In: Die ZEIT 45/1973, S. 13 f.

Kuhlmann, Marlies (1957): Der Weg der Wirtschaftsnachricht und ihre Stellung im Wirtschaftsteil der Tageszeitung. Köln (Diss.)

Kunz, Gerhard (1967): Untersuchungen über Funktionen und Wirkungen von Zeitungen in ihrem Leserkreis. Köln

Kurzes über Langwelle. In: Der Spiegel, 36/1975, S. 45

Lambeck, Alfred (1965): Pressearbeit nach Maß. Würzburg

Langenbucher, Wolfgang R. (1964): Der aktuelle Unterhaltungsroman. Bonn

– (1971): Unterhaltung als Märchen und als Politik. In: Durzatz, M. (Hrsg.): Die deutsche Literatur der Gegenwart. Stuttgart, 1971, S. 322–347

Lerg, Winfried B., Michael Schmolke, Gerhard, E. Stoll (Hrsg.) (1965): Publizistik im Dialog. (Festgabe für Henk Prakke). Assen
Lettau, Reinhard (1966): Journalismus als Menschenjagd. In: Kursbuch 7, Sept. 1966, S. 116–129
Liebhart, Ernst H. (1971): Nationalismus in der Tagespresse 1949–1966. Studien zur Anwendung quantifizierender Inhaltsanalyse. Meisenheim
Lodemann, Jürgen (1969): Trivialliteratur – Frauenromane. Sendeskript; SWF (Produktion v. 22. 7. –7. 8. 1969)
Luhmann, Niklas (1971): Die Knappheit der Zeit und die Vordringlichkeit des Befristeten. In: –,–: Politische Planung. Opladen, 1971, S. 143–164
Mc Luhan, Marshall (1968): Die magischen Kanäle. Düsseldorf
Mc Quail, Denis (1973): Soziologie der Massenkommunikation. Berlin
Magnus, Dieter (o. J.): Kitsch und Konsum. Bemerkungen zur sogenannten Massenkultur. Sendemanuskript FS-(ARD)-Saarländ. RF
Magnus, Uwe (1965): Periodizität, Aktualität und Universalität im Fernsehen und in der Presse. In: Rundfunk und Fernsehen, 13/1965, S. 167–172
– (1966a): Aussagenanalyse. Eine Untersuchung des 1. FS-Programms. Hamburg
– (1966b): Aussageanalyse beim Fernsehen. In: Rundfunk und Fernsehen, 14/1966, S. 35–44
– (1967a): Zur Frage der Typologie von Sendungen bei RF und FS. In: RF und FS, 15. Jg., 1967, S. 41–49
– (1976b): ‚Time' und ‚Newsweek'. Darstellung und Analyse. Hannover
Maletzke, Gerhard (1963): Psychologie der Massenmedien. Theorie und Systematik. Hamburg. (Nachdruck 1972)
Management Enzyklopädie, 1972, München
Marcuse, Herbert ([5]1972): Der eindimensionale Mensch. Studien zur Ideologie der fortgeschrittenen Industriegesellschaft. Neuwied
Marinoff, Alexander (1969): Die Absurdität des Tötens – Zur Darstellung des Krieges im Film. In: NZZ 467/1. Aug. 1969
Martin, Ludwig A. C. (1959): Das Pressefoto ist kein Dokument mehr! In: Publizistik, 4. Jg., Heft 3, 1959, S. 143–150. Bremen
– (1966): Die Illustration der Tageszeitungen in der BRD. In: Publizistik 6/1966, S. 26–40
Maser, Siegfried (1971): Grundlagen der allgemeinen Kommunikationstheorie. o. O. (Raubdruck)
Mayntz, Renate, Kurt Hohn, Peter Hübner ([2]1971): Einführung in die Methoden der empirischen Soziologie. Opladen
Meissner, Michael (1975): Big Erna Is Haunting You. In: medium 7/1975, S. 5–9
Merten, Klaus (1973): Aktualität und Publizität. Zur Kritik der Publizistikwissenschaft. In: Publizistik 3/73, S. 216–235
Mills, Charles Wright (1962): Die amerikanische Elite. Hamburg
Mittelberg, Ekkehart (1967): Wortschatz und Syntax der Bild-Zeitung. Marburg (Diss.)
Morgenruf. Vormärzlyrik 1840–1880. Leipzig 1974
Mrakitsch, Michael und Jutta Szostatz (1974): Nachrichten im Fernsehen. Sendemanuskript ZDF, 22. 4. und 15. 5. 1974
Mühlbradt, Werner (Hrsg.) (o. J.): Handbuch für Öffentlichkeitsarbeit (PR). Neuwied
Müller, Hans Dieter (1968): Der Springer-Konzern. München

Müller, Peter (1970): Die soziale Gruppe im Prozeß der Massenkommunikation. Stuttgart (erweiterte Diss.)
Neske, Fritz und Gerd F. Heuer (1971): Handlexikon Werbung und Marketing. Frankfurt
Netenjakob, Egon u. a. (1971): Ausgewogen, aber unpolitisch. In: Fernsehen und Film 3/1971, S. 6–10
– (1975): Fernsehkritik als Fertigware, in: medium 9/1975, S. 5–7
Netzer, Hans-Joachim (1970): Thesen über das Interview. In: Publizistik 15. Jg. 1970, Heft 1, S. 31–37
Neudeck, Rupert (1973): Weltpolitik hat Vorrang. Ein Tag in den Nachrichten des bundesdeutschen Fernsehens. In: FR vom 19. 12. 1973, S. 17
Nimmergut, Jörg (Hrsg.) (^{2}1973): Deutschland in Zahlen. München
Noelle-Neumann, Elisabeth (^{3}1967a): Umfragen in der Massengesellschaft. Einführung in die Methoden der Demoskopie. Reinbek
– (1967b): Die Rolle des Experiments in der Publizistikwissenschaft. In: Fachverband Publizistik und Zeitungswissenschaft (Hrsg.): Zur Lage von Publizistik- und Zeitungswissenschaft in der Bundesrepublik Deutschland und West-Berlin. Berlin, 1967, S. 179–190
– (1968): Pressekonzentration und Meinungsbildung. In: Publizistik 13. Jg. 1968, Heft 2/3/4, S. 107–136
– (1971); (Hrsg.): Publizistik. Frankfurt
Nolte, Jost (1966): Literarische Voraussetzungen des Bucherfolges – dergestellt an Hand der Trivialliteratur. In: Börsenblatt für den deutschen Buchhandel (Frankfurter Ausgabe). 1966, S. 1255–1262
Nutz, Walter (1962): Der Trivialroman, seine Formen und seine Hersteller. Ein Beitrag zur Literatursoziologie. Köln
– (1968): Konformliteratur für die Frau. In: Wege der Literatursoziologie; Hrsg.: Norbert Fügen. Neuwied 1968
– (1969): Tendenzen zu autoritären Verhaltensmodellen in der Regenbogenpresse. In KZfSoz 3/69, S. 657–671
Packard, Vance (o. J.): Die geheimen Verführer. Gütersloh
Pawek, Karl (1963): Das optische Zeitalter. Olten
– (1965): Boulevardblätter und Illustrierte. In: Harry Pross: Deutsche Presse seit 1945. Bern/München
Pawek, Kurt (1970): Die deutschen Illustrierten. In: Publik. 28/1970, S. 28
Peck, Robert (1967): Nachrichtenagenturen in der BRD. Berlin (Diss.)
Poth, Ludwig (Hrsg.) (1975): Praktisches Lehrbuch der Werbung. München
Prager, Gerhard (1959): Unterhaltung – ein Unterhalt der Menschen. In: RuF 7. Jg./1959, Heft 3/4, S. 233–242
Prakke, Henk (1960): Die Soziusfunktion der Presse. In: Publizistik, 5. Jg. 1960, Heft 6
– e. a. (1968): Kommunikation der Gesellschaft. Einführung in die funktionale Publizistik. Münster
Prokop, Dieter (Hrsg.) (1972): Massenkommunikationsforschung 1: Produktion. Frankfurt
Pross, Harry (Hrsg.) (1965): Deutsche Presse seit 1945. München
– (1971): Die meisten Nachrichten sind falsch. Stuttgart
– (1973a): Nervus rerum – Erkenntnismaximierung. In: vorgänge 6/1973, S. 21–29
– (1973b): Medien, Demokratie und Kultur. In: vorgänge 6/1973, S. 6–8

Pross, Helge (1974): Manipuliert uns die Werbung? In: Brigitte, 15. 9. 1974, S. 109
Prutz, Robert E. (1847): Über die Unterhaltungsliteratur, insbesondere der Deutschen. In: Kleine Schriften 2, S. 166–212. Merseburg 1847
– (ed. 1971): Geschichte des deutschen Journalismus. Göttingen, 1971; unveränderter Nachdruck von: Hannover 1845
Public Relations: Werbung in Watte; in: Der Spiegel 28/1968, S. 32–42
Rager, Günther (1972): Politische Information im Fernsehen. In: Bernhard Badura und Klaus Gloy: Soziologie der Kommunikation. Stuttgart, 1972, S. 119–136
Rapp, Hans Reinhard (1972): Wohin mit der Information? Göttingen
Rehbinder, Manfred (1967): Presserecht. Herne/Berlin
Riedwyl, Hans (1975): Graphische Gestaltung von Zahlenmaterial. Bern/Stuttgart
Riha, Karl (1973): Ein Beitrag zur Diskussion um Fiction-Nonfiction-Literatur ... und gleichzeitig: Vorläufige Bemerkung zu einem neuen Literaturbegriff in der Literaturwissenschaft. In: Kolbe, Jürgen (Hrsg.); Neue Ansichten einer künftigen Germanistik. München 1973, S. 272–289
Ritsert, Jürgen (1972): Inhaltsanalyse und Ideologiekritik. Frankfurt
Ronneberger, Franz (Hrsg.) (1971): Sozialisation durch Massenkommunikation. Stuttgart
– (1973): Leistungen und Fehlleistungen der Massenkommunikation. In: Publizistik 3/1973, S. 203–215
– und Dieter Wolz (1974): Lokale Presse und Herrschaft in der Ortsgemeinde. In: Publizistik 1/1974, S. 19–29
Rosemann, Bernd (1973): Rettung für das deutsche Gymnasium. Wie die dpa gegen die Bildungsreform ankämpft. In: pardon 4/73, S. 46
Rosema, Friedrich (1973): Bericht vom Bonner Alltag. In: Pardon 2/1973, S. 10–12
Ross, Dieter (1967): Nachrichten in Hörfunk und Fernsehen. In RF u. FS 3/1967, S. 329–346
Rost, Dankwart (1974): Wer Wettbewerb will, muß auch Werbung wollen. In: Schöner Wohnen 5/1974, S. 46
Rückel, Roland R. (1969): Informationsfluß und redaktioneller Entscheidungsprozeß. In: Publizistik 14. Jg. Heft 4, Okt.–Dez. 1969, S. 398–410. Konstanz
Rühl, Fritz (1969): Zur Hintergrundinformation in RF-Nachrichten. In: RF u. FS 2/1969, S. 105 ff.
Sack, Fritz und René König (1968); (Hrsg.): Kriminalsoziologie. Frankfurt
Sänger, Gisela (1970): Opposition und Öffentlichkeitsarbeit der Regierung. In: Publizistik 1/1970, S. 50–52
Sänger, Fritz (1963): Nachrichten, nicht Kommuniqués. In: Publizistik 4/1963, S. 350–353
Scharlau, Winfried (1971): Vietnam in der deutschen Presse; in: J. William Fulbright: Das Pentagon informiert. Reinbek 1971, S. 7–27
Schatz, Heribert (1971): „Tagesschau" und „heute" – Politisierung des Unpolitischen? In: Zoll, R. (Hrsg.): Manipulation der Meinungsbildung, Kritik 4. Opladen, 1971, S. 109–123
Schatz, Kurt (1972): Die Informationseinheit als Forschungsinstrument der Inhaltsanalyse. In: Publizistik, 3–4/1972, S. 301–310
– (1974): Das Messen von Abweichungen als Indikator von Richtungsaussagen. In: Publizistik 2/1974, S. 165–172
Schedler, Melchior (1971): Am besten nichts Neues. Wie Fernsehnachrichten jetzt

produziert werden und wie sie sein könnten. In: Fernsehen und Film, Heft 3, 1971, S. 11 f.
Schiller, Friedrich von (ed. 1966): Über naive und sentimentale Dichtung. In: Schillers Werke, Bd. 4, S. 287–370, Frankfurt (Insel-Ausgabe)
Schmidtchen, Gerhard (1970): Manipulation durch die Massenmedien. In: –,–: Manipulation – Freiheit negativ. Neuwied, 1970, S. 27–48
Schmolke, Michael (1965): Thesen zum Aktualitätsbegriff. In: Lerg/Schmolke/Stoll (Hrsg.): Publizistik im Dialog. Assen, 1965, S. 119–129
Schneider, Franz (1962): Zur öffentlichen Aufgabe der Presse. In: Publizistik, Heft 6, 1962, S. 323–330
Schneider, Norbert (1973): Menschen Material. Ein Aspekt zur Kritik des Fernsehens. In: medium 12/1973, S. 2 f.
Schneider, Wolf (1958): Berichte in Bruchstücken, Pointen und Superlativen: Die Macht der Nachrichtenagenturen. In: Praktischer Journalismus, Beilage Nr. 27 zu ZV + ZV, vom 1. 2. 1958, S. 1–3
Schütze, Christian (1967): Die Kunst des Skandals. München
Schulz, Winfried u. a. (1968): Zur Methode der publizistischen Stichprobe. In: Publizistik 2–4/68, S. 330–339
– (1971): Medienwirkung und Medienselektion. Hamburg
– (1972): Samplebildung bei Tageszeitungen. Zur Diskussion um die Methode der Publizistischen Stichprobe. In: Publizistik 2/1972, S. 207–221
Schwarzkopf, Dietrich (1971): Vermittlungsprobleme des Fernsehens. In: ARD Fernsehprogramm 46/1971
Schweppenhäuser, Hermann (1971): Vergötzte Ordnung. In: Eckart Spoo: Die Tabus der bundesdeutschen Presse. München, S. 35–46
Selltiz, Claire, Marie Jakoda, Morton Deutsch, Stuart W. Cook (1972): Untersuchungsmethoden der Sozialforschung. Teil I und II. Neuwied
Siefarth, Günter und Dieter Storp (1971): Modelle für die Zukunft – Die totale Information. Sendemanuskript WDR – Fernsehen, 25. 11. 1971, 22.05 h
Silbermann, Alphons (1966): Bildschirm und Wirklichkeit. Berlin
– (Hrsg.) (1970a): Die Massenmedien und ihre Folgen. Kommunikationssoziologische Studien. München/Basel
– und Ernest Zahn; (1970b): Die Konzentration der Massenmedien und ihre Wirkungen. Düsseldorf
– ([3]1974): Systematische Inhaltsanalyse. In: René König (Hrsg.): Handbuch der empirischen Sozialwissenschaften, [3]1974, München, S. 253–339
Sontheimer, Kurt (1969): Politische Berichterstattung im Fernsehen und gesellschaftliche Kontrolle. In: Publizistik 2/1969; 14. Jg., S. 154–162. Konstanz
Sozialdemokratische Partei Deutschlands (Hrsg.) (1973a): Dokumentation über die Werbekampagnen der CDU/CSU-Hilfs-Organisationen im Bundestagswahlkampf 1972
– (1973b): Bundestagswahl 19. Nov. 1972. Zentrale Zeitungsanzeigen der SPD. Bonn
– (1973c): Sonstige Anzeigen. Bonn
– (1973d): Bundestagswahlkampf 1972. Ein Bericht der SPD. (Hrsg. v. Holger Börner). Bonn
Spoo, Eckart (Hrsg.) (1971): Die Tabus der bundesdeutschen Presse. München
Steffens, Manfred (1969): Das Geschäft mit der Nachricht. Hamburg
Steinbuch, Karl (1974): Einführung der Faksimile-Zeitung unwahrscheinlich.

„Kommunikation und Politik". Aus dem Referat auf dem Medien-Kongreß der CDU/CSU. In: FR 133/11. Juni 1974, S. 16
Steinmann, Matthias F. (1971): Massenmedien und Werbung. Freiburg
Stieler, Kasper (ed. 1969): Zeitungs Lust und Nutz. Bremen, 1969; Nachruck von 1695
Stierli, Paul U. (1970): Information als Einheitskost. Das Fernsatzexperiment in der Schweiz. In: Die Weltwoche 32/7. 8. 70, S. 45
Stone, P. J., Dunphy, D. C., Smith, M. S. und Ogilvie, D. M. (1966): The general inquirer. A computer approach to content analysis. Cambridge, Mass. – London
Strassner, Erich (1974): Bedingungen für Aufnahme und Verarbeitung von Hörfunknachrichten – Konsequenzen für Nachrichtenredaktionen und Politische Bildung aus der Sicht der Soziolinguistik. In: Europäische Akademie Berlin (Hrsg.): Nachrichten – Beitrag zur Pol. Bewußtseinsbildung (II). Berlin (masch. schriftl. vervielfältigt), 1974, S. 33–35
Sturm, Hertha (1973): Massenmedien als Bildungsfaktoren. Sendemanuskript HR II, 8. 7. 1973, 12.30 h–13.00 h
Sülzer, Rolf (1971): Sensation statt Information; in: Spoo (1971), S. 72–81
Suschke, Christa (1965): Stoffgebiete, Gliederung und Darbietung großer ‚Illustrierter'. 1961. Berlin (Diss.)
Systematische Inhalts-Analyse deutscher illustrierter Zeitschriften (1965). München
Tannenbaum, P. H. und M. D. Lynch (1960/62): Sensationalism. In: Journ. Quart. 37/1960/S. 381–392, 590–591, 622, 39/1962 S. 317–323
Vitt, Walter (1974): Rundfunknachrichten – Sprachliche Verständlichkeit und Objektivität als Forderungen. Vortragsskript, 16. 3. 74, Ev. Akademie Bad Segeberg, Tagung: „Der Rundfunk als Informationsvermittler". (o. O.). maschinenschr. vervielfältigt.
Vogel, Paul O. (1970): Information im Dienste des Bürgers. In: Publizistik 4, 1970, S. 281–283
Vorstand der SPD, Abteilung Öffentlichkeitsarbeit (Hrsg.): Die Massenmedien. Referat von Heinz Ruhnau und Beschlüsse des Parteitags zur Medienpolitik – Presse, Funk, Fernsehen, Film und neue Techniken. Bonn, 1971
Wallis, W. Allen und Harry, V. Roberts ([3]1972): Methoden der Statistik. Glencoe (Ill.), 1956; Reinbek [3]1972
Walter, Hans-Albert (1965a): Die Illustrierten – Schizophrenie als journalistisches Prinzip (I–II). In: Frankfurter Hefte: 3/1965, S. 155–162 und 4/1965, S. 269–275
– (1965b): Die Illustrierten – III. Taktisches, Ökonomisches, Psychologisches. In: Frankfurter Hefte 5/1965, S. 336–344
Walter, Rolf (1973): Das Radio hat gesagt ... Wie wahr sind Rundfunknachrichten? Sendemanuskript, WDR HA Politik I. Progr., 17. 5. 1973, 20.00 h–21.00 h
Wember, Bernward (1972): Objektiver Dokumentarfilm? Berlin
Wer besser informiert. ‚Heute' und ‚Tagesschau' im Test. Mit Beiträgen von Günther v. Lojewski (ZDF), Michael Abend (ARD) und Hans Benirschke (dpa). In: ZEITmagazin, 45/1973, S. 6–12
Wersig, Gernot (1968): Inhaltsanalyse. Einführung in ihre Systematik und Literatur. Schriftenreihe zur Publizistikwissenschaft 5. Berlin
Windsheimer, Hans (1968): Die „Information" als Interpretationsgrundlage für die subjektiven öffentlichen Rechte des Art. 5 Abs. 1 GG. Berlin
Wright, Charles (1959): Mass Communication. New York

Zieser, Gernot (1971): Die Propagandastrategie Biafras im nigerianischen Bürgerkrieg (1967–1970). In: Publizistik 2/71, S. 181–193
Zoll, Ralf und Eike Hennig (1970): Massenmedien und Meinungsbildung. Angebote, Reichweite, Nutzung und Inhalt der Massenmedien in der BRD. München
Zoll, Ralf (Hrsg.) (1971): Manipulation der Meinungsbildung. Opladen. (Kritik Bd. 4)
Zwerenz, Gerhard (1972): Die totale Käuflichkeit. In: Pardon 1/1972, S. 28

Anhang

Belege für die qualitative Analyse

1. Zur Regierungsprominenz-Berichterstattung:

FAZ – Bericht vom 12. 7. 1974	T 1.1
dpa-Meldung 185 vom 9. 7.	1.2
dpa-Meldung 236 vom 9. 7.	1.3
dpa-Meldung 57 vom 10. 7.	1.4
dpa-Meldung 73 vom 11. 7.	1.5

2. Zur Berichterstattung über das Schicksal Unbekannter:

BILD – Bericht vom 10. 7.	T 2.1
BILD – Bericht vom 11. 7.	2.2
BILD – Bericht vom 12. 7.	2.3

3. Zur Personalisierung:

FAZ – Bericht vom 10. 7.	T 3.1
›Welt‹ – Bericht vom 10. 7.	3.2
WN – Bericht vom 10. 7.	3.3
MZ – Bericht vom 10. 7.	3.4
ARD – Meldung vom 9. 7.	3.5
ZDF – Meldung vom 9. 7.	3.6

4. Zur Kriminalberichterstattung:

FAZ – Bericht vom 11. 7.	T 4.1
dpa – Meldung 244/247 vom 9. 7.	4.2

Frankfurter Allgemeine Zeitung

Der berühmte Patient im Spital „Generalisimo Franco"

Die Erkrankung des Staatschefs beschäftigt die Spanier

Von Walter Haubrich

Nachrichten über Francos Gesundheitszustand galten früher schon fast als subversiv. Der Generalissimus, so schienen die Informationsmacher zu glauben, durfte und konnte ebensowenig wie Gott, der ihn ja schließlich laut Münzaufschrift zum spanischen Caudillo gemacht hat, überhaupt nicht krank sein. Selbst kleine Unpäßlichkeiten wurden so geheimgehalten, daß, wenn dann doch irgend etwas von einer Krankheit Francos bekannt wurde, alles gleich hemmungslos übertrieben wurde.

Diesmal jedoch hat die Regierung ihr Volk sehr ausgiebig informiert. Die optimistischen Voraussagen über den Zustand des berühmten Patienten fanden aber nur wenig gläubige Hörer und Leser. Die meisten Spanier, dank schlechter Informationsbräuche mißtrauisch geworden, dachten, wenn man schon eine leichte Krankheit zugebe, dann stehe es in Wirklichkeit sicher sehr schlimm um Franco. Dabei sind die Kommuniqués der Ärzte recht präzise. Francisco Franco leidet an einer Sehnenentzündung, mit einer leichten Thrombose verbunden. Sein Schwiegersohn, der Chirurg ist, soll zu einer Operation geraten haben, die übrigen Ärzte waren aber dagegen, weil sie keine Narkose riskieren wollten. Am Donnerstag hat sich der Zustand des fast 82jährigen Staatschefs etwas gebessert, er konnte aufstehen und leichte Bewegungen machen.

Francos Krankheit ist seit Dienstag das wichtigste Gesprächsthema in Spanien. In den politischen Zirkeln wird über die Übertragung einer Reihe von Funktionen des Staatschefs an den Prinzen Juan Carlos spekuliert. Nach den gesetzlichen Vorschriften kann der Prinz für die Dauer der Krankheit Francos zum Staatschef auf Zeit ernannt werden. Die offene Information über die Erkrankung deutet darauf hin, daß der Regierung ein Ausscheiden Francos aus der spanischen Politik durchaus möglich erscheint Wenn der Staatschef auch von der jetzigen Erkrankung gut und schnell sich wieder erholen sollte, sind bei Thrombosen in diesem hohen Alter Rückfälle sehr häufig.

Zahlreiche spanische Ärzte halten einen Tod Francos in sechs bis neun Monaten für recht wahrscheinlich. Ausgesprochene Besorgnis herrscht in Wirtschaftskreisen auch bei ausländischen Investoren. Offensichtlich haben die Vertreter des Großkapitals, vor allem die Banken, kein allzu großes Zutrauen in die politischen Fähigkeiten des Prinzen, obwohl sie an dessen Willen, so wenig wie möglich zu ändern, kaum zweifeln. Jede Änderung, ganz gleich welchen Grades und in welche Richtung gehend, wird auf Kosten der stark privilegierten Gruppen der spanischen Bevölkerung gehen. So gut wie unter Franco werden es die jahrzehn-

-langen Nutznießer des derzeitigen ystems nie wieder haben.

Besorgnis und Angst herrschen auch ı den offenen faschistischen Gruppen. ie herrschen auch in der ärmeren Bevölkerung, wo man meint, das Heer sei ich keineswegs einig, und nach Francos Tod könnte es zu Diadochenkämpen unter Generälen kommen. Auf dem ande, in den Dörfern und Kleinstädten Katalaniens und Navarras, konnten vir in diesen Tagen keine Besorgnis, ja aum Interesse für den Zustand Francos feststellen. Die bäuerliche Bevölkeung neigt dazu, zu glauben, daß dann alt ein anderer „oben sein wird" ahrscheinlich nicht viel schlechter als er jetzige Diktator, doch sicher auch aum besser. In Navarra und im Basenland macht die Bevölkerung kaum inen Hehl aus ihrer bekannten Feindchaft gegenüber dem Regime und dem ranken General, der dieses Regime eschaffen hat und es verkörpert.

Franco, der wie kein anderer Machtaber in Europa den Kult um seine erson förderte und schätzte, liegt in einem Krankenhaus, das seinen eigenen Namen trägt. Zum Krankenhaus „Generalisimo Franco" drängen sich Minister, Generäle und Aristokraten, vor allem die unerfreuliche Fauna der Exminister, der von Franco längst abgehalfterten Politiker, die mit ihren Besuchen wieder zumindest in die Zeitungen kommen wollen. Die wichtigsten Gremien der spanischen Politik haben sich in den letzten Tagen getroffen; die Regierung hielt am Donnerstag zum ersten Mal eine Kabinettsitzung ab, die nicht von Franco geleitet wurde.

Wie gut ein Informationsminister in Spanien informiert sein kann, zeigte der jetzige Informationsminister Cabanillas, als er am Montag, am Tag vor der Einlieferung Francos ins Krankenhaus, die Frage eines Korrespondenten, ob der Gesundheitszustand des Staatschefs Anlaß zur Besorgnis gebe und man deshalb seinen geplanten Urlaub verschieben müßte, antwortete: „Fahren Sie ruhig in Ihren Urlaub, dem Staatschef geht es gut."

FAZ, 12. 7. 1974

dpa 185 al
spaniens staatschef franco im krankenhaus
(zusammenfassung) =

madrid, 9. juli 74 dpa - spaniens staatschef general francisco franco ist am dienstag zu einer mehrtaegigen stationaeren behandlung in ein madrider krankenhaus eingeliefert worden. der 81jaehrig franco leidet an einer venenentzuendung im rechten bein. nach angaben der aerzte wird seine behandlung voraussichtlich nur wenige tage dauern. die entzuendung, die in extremen faellen den tod eines patienten ausloesen kann, war bereits vor einigen tagen aufgetreten auf rat seiner aerzte suchte franco am dienstag ein madrider hospital auf. es ist das erste mal seit weihnachten 1961, als der staats- chef einen jagdunfall hatte, dass franco zu stationaerer behandlung in ein krankenhaus muss. sein allgemeiner gesundheitszustand war im verlauf der letzten jahre anscheinend immer recht gut. zumindest wurde in der oeffentlichkeit kaum etwas ueber erkrankungen francos bekannt.

am dienstagvormittag liess sich der staatschef in seinem dienstwagen zum krankenhaus fahren und ging, dann am arm seiner frau carmen polo de franco, zu fuss in das hospital.

sein krankenhausaufenthalt begann fast zur gleichen stunde, in der us-aussenminister henry kissinger zu sechstuendigen gespraechen in madrid eintraf, kissinger bedauerte in einer stellungnahme, dass es ihm wegen der erkrankung des staatschef nicht moeglich sei, auch franco aufzusuchen.
dpa 185 ld kn sm 09.jul 74 1551
nnnn

T 1.2

x
dpa 236 al

zu dpa 185 al (spaniens staatschef im krankenhaus - madrid/1551)
zwtl: kein chirurgischer eingriff =

nach angaben von francos hausarzt, dr. vicente gil, wir der staatschef im krankenhaus nur medikamentoes behandelt werden. ein chirurgischer eingriff sei nicht beabsichtigt. ''so gott will wird er bald wieder in galizien fischen. wie sie es wissen ist dies einen seiner passionen'' die physische staerke des patienten, sagte der arzt, se.. aussergewoehnlich. so sei franco am dienstagmorgen die grosse treppe im pardo-palast ebenso hinuntergegangen wie er spaeter das hospital zu fuss betreten habe.
dpa 236 ld se co 09.jul 74 1805
nnnn

T 1.3

pa 057 al

ranco
rancos gesundheitszustand gebessert =

madrid, 10. juli 74 dpa - der gesundheitszustand des am dienstag
it einer venenentzuendung in eine madrider klinik eingelieferten
panischen staatschefs general francisco franco hat sich nach
iner erklaerung von chefarzt dr. hidalgo puerta gebessert. franco,
rklaerte dr. puerta am mittwochvormittag, habe eine ruhige nacht
erbracht, und die schmerzen naetten nachgelassen. der gesund-
eitszustand des staatschef sei gut.
pa 057 ld kn sr 10.jul 74 0950 nnnae

10.jul 74 0950

1.4

nnn
dpa 073 al

francos gesundheitszustand weiter verbessert =

madrid, 11. juli 74 dpa - spaniens staatschef general francisco
franco, der am dienstag mit einer venenentzuendung im rechten bein
in ein madrider krankenhaus eingeliefert worden war, befindet
sich weiter auf dem wege der besserung. nach einem am donnerstag
veroeffentlichten bulletin durfte der 81jaehrige am donnerstag
aufstehen und sich ein wenig bewegung verschaffen. das oertliche
sympthom der venenentzuendung sei fast voellig zurueckgebildet
und der gesamtzustand des patienten weiter normal, hiess es.
dpa 073 nm se co 11.jul 74 1157
nnnn

T 1.5

Bild

UNABHÄNGIG · ÜBERPARTEILICH

Zahnarztfrau ermordet!
Seine Geliebte hats getan
Lesen Sie den Bericht auf der letzten Seite

Der Glückspilz ist ein Ostfriese

Rekord im Lotto: Margarine-Fahrer gewann 1,5 Millionen!

Von KLAUS-MICHEL EVERS und HAUKE BROST

Leer (Ostfriesland), 10. Juli

Deutschlands größter Glückspilz wohnt in einem kleinen Mietshaus in einem ostfriesischen Dorf: Margarine-Verkaufsfahrer Heinz Wilken, 26 Jahre alt, Vater einer zweijährigen Tochter.

Er ist der erste, der im Lotto für sechs Richtige die Traumsumme von 1,5 Millionen Mark gewonnen hat.

Heute in einer Woche wird ein Vertreter der Lottogesellschaft Familie Wilken einen grünen Verrechnungsscheck bringen – über 1,5 Millionen D-Mark, in Worten: Eine Million fünfhunderttausend Deutsche Mark.

Die ersten Wünsche des schlanken, blonden Lottomillionärs sind geradezu unheimlich bescheiden: „Für etwa 15 Mark ein Paar Jeans-Sandaletten. Die bekommt meine Frau. Einen neuen Scheibenwischer (6,05 Mark) für unseren sechs Jahre alten VW-Käfer. Außerdem einen schwarzen Fernseh-Ohrensessel. Und dann auch mal ein schönes Haus!"

Mit einem Blick auf seine im sechsten Monat schwangere Frau sagt Heinz Wilken: „Für den Herbst wünsche ich mir einen Sohn." Söhne allerdings kann man nicht kaufen, nicht mal für 1,5 Millionen.

Hand aufs Herz: Würden Sie weiterarbeiten, wenn Sie plötzlich anderthalb Millionen Mark im Lotto gewinnen?

Heinz Wilken tut's: „Ein Ostfriese muß einfach arbeiten", sagt er. Ich werde doch einen so guten Job nicht sausen lassen, wo ich seit letzter Woche 30 Pfennig mehr Stundenlohn habe." Er verdient im Monat 2200 Mark brutto.

(Weiter auf Seite 2).

Fortsetzung von Seite 1

Wollen Sie wissen, wie das ist, wenn man 6 Richtige hat?

Der Ostfriese Heinz Wilken schildert das so: „Wir haben am Sonnabend ferngesehen, erst die Bayrische Komödie ‚Alles in Ordnung', dann die Ziehung der Lottozahlen. In der zweiten Reihe unten waren auf meinem Schein für 4,15 Mark alle sechs richtig: 1 – 2 – 5 – 21 – 36 – 40.

Ich war überhaupt nicht aufgeregt und sagte ganz ruhig zu meiner Frau: ‚Du, wir haben sechs Richtige.' Nichts passierte. Wir tranken keinen Sekt und machten keine Pläne, sondern schauten uns noch den Western ‚Schieß zurück, Cowboy' an."

Der Sonntag war bei den Wilkens ein Tag wie bei Millionen Deutschen auch: Sie sahen in einem Lokal das Endspiel um die Weltmeisterschaft und tranken auf den deutschen Sieg.

Ein Tischnachbar sagte zu BILD: „Über ihren Gewinn im Lotto haben sie kein Wort gesagt."

Am Montag wunderte sich eine 29jährige Verkäuferin, als der Lotto-Millionär wie immer bei seiner Verkaufstour im weißen Kittel ihre Bäckerei betrat: „Er kam rein wie ein Häuflein Unglück! ‚Warum sind Sie denn so traurig?' fragte ich. ‚Deutschland ist doch Weltmeister!'

Da holte er wortlos seinen Lottoschein aus der braunen Hose. Tränen standen in seinen Augen, als er mir sagte, daß er 1,5 Millionen Mark im Lotto gewonnen hat. Er fragte mich allen Ernstes: ‚Was soll ich mit soviel Geld bloß machen?"

Übrigens: Ein Frankfurter, der in Bayern gerade Urlaub macht, gewann auch 1,5 Millionen. Hätte noch ein Dritter sechs Richtige getippt, hätte jeder nach den neuen Lotto-Regeln immerhin auch noch 1 288 236 Mark bekommen.

T 2.1 Bild, 10. 7. 1974

Was Deutschlands Lotto-Glückspilz gestern mit seinen 1,5 Millionen machte

Fünf Bier, fünf Korn und eine Mark für den Friseur

Von HAUKE BROST

Leer (Ostfriesland), 11. Juli

„Er ist wirklich zu klein", sagte gestern früh der Margarinefahrer Wilken, als er durch sei-

Aus dem Fotoalbum der ostfriesischen Lotto-Millionäre: Das Hochzeitsbild, aufgenommen vor drei Jahren. Damals bekamen die Wilkens von den Eltern als Geschenk ein Baugrundstück, 1200 qm groß. Bloß das Geld zum Bauen fehlte. Jetzt aber wird gebaut.

nen winzigen Gemüsegarten hinterm Haus ging. „Nur 22 Kartoffelpflanzen! In unserem neuen Haus muß der Gemüsegarten größer sein, mit mindestens 100 Kartoffelpflanzen. Und Buschbohnen."

Ein wirklich bescheidener Wunsch, wenn man bedenkt, daß Herr Wilken die gesamte Kartoffelernte Ostfrieslands kaufen könnte – mit jenen 1,5 Millionen Mark, die der Glückspilz am Wochenende im Lotto gewonnen hat.

„Butter muß nicht sein", sagte er gestern beim Frühstück und strich sich Margarine aufs Brötchen.

Für das zweijährige Töchterchen Kerstin gab es Kakao. Dann fuhr er seine Frau im grünen VW 1300 zum Friseur. „Ich habe es in der Zeitung gelesen, herzlichen Glückwunsch, Frau Wilkens." Und dann: „Wie immer, halblang schneiden?"

Wie immer. Wie immer gab's auch eine Mark Trinkgeld.

In der kleinen Kreissparkasse beruhigte der Lottomillionär den Filialleiter: „Keine Angst, ich bleibe Ihr Kunde. Überlegen Sie mal, wie wir das Geld anlegen."

Dann füllte er im Elektrogeschäft gegenüber den ersten Scheck aus: 2289 Mark für den neuen Farbfernseher, den er vor der WM auf Pump gekauft hatte. Nebenan in der Kneipe „Zur Post" sagte der Wirt: „Mensch, Heinz, man gut, daß es nicht so einen feinen Pinkel getroffen hat, sondern einen von uns."

„Na, dann muß ich wohl einen ausgeben", meinte Heinz Wilken. Fünf und fünf „Pingel" (ein Ostfriesengetränk: Korn mit Würfelzucker).

Ein Tag im Leben eines neuen Millionärs . . .

T 2.2 Bild, 11. 7. 1974

Ein ganz armer Lottokönig besuchte den (noch reichen) Lottokönig. Sein Rat:

Mach's wie ich – schmeiß dein Geld

Bettelarm, aber in fröhlicher Was-kostet-die-Welt-

Zum Fenster raus!

Von KLAUS-MICHAEL EVERS

Leer (Ostfriesland), 12. 7.

Auf einer Dorfstraße in Ostfriesland trafen sich gestern zwei Lottokönige.

Der eine, Margarine-Fahrer Heinz Wilken (26), hat seit dem Wochenende 1,5 Millionen Mark.

Der andere, Walter Knoblauch (63), hat nichts mehr von seinen 780 000 Mark – und druckste deshalb verlegen: „Blumen hab' ich keine für dich. Kein Geld . . ."

Ex-Lottokönig Knoblauch, ein kleines Männchen mit mächtigem Schnauzbart, hatte vor 18 Jahren 780 000 Mark gewonnen.

Er war ein Vagabund. Er arbeitete als Schlangenbändiger und Bauchwarenhändler (Schnürsenkel, Kämme) auf Rummelplätzen und ließ nach dem Geldsegen „die Puppen tanzen".

„Zwei Jahre", sagt er wehmütig, „hab' ich wie im Rausch gelebt."

Das sah so aus: Für seine rundliche Braut Elise (heute 54) ließ er ein Kleid mit dreieinhalb Meter langer Schärpe schneidern – nach dem Vorbild des Brautkleides der englischen Königin.

Er kaufte ihr zehn Brillantringe – für jeden Finger einen.

Er kaufte ein paar Autos – darunter einen Opel-Kapitän mit Spezial-Schlafsitzen und vergoldeten Radkappen für 14 000 Mark.

Er bestellte oft auf St. Pauli „Sekt für alle" – und zahlte lässig die 5000-Mark-Zeche. Er kaufte für 100 000 Mark ein Hotel – und hängte das Schild „Wegen Reichtums geschlossen!" dran.

Im Armenhaus, aber ohne Reue

Heute ist das Geld weg, aber Elise ist ihm geblieben. Für 33 Mark Miete wohnt er mit ihr im Armenhaus.

Und trotzdem gab er gestern dem neuen Lottokönig den Rat: „Mach's wie ich. Erfüll dir jeden Wunsch und schmeiß das Geld zum Fenster raus."

„Ich werd's mir überlegen", sagte der neue Lottokönig. Es heißt, er habe sich bereits einen Mercedes 450 SEL für 42 000 Mark bestellt.

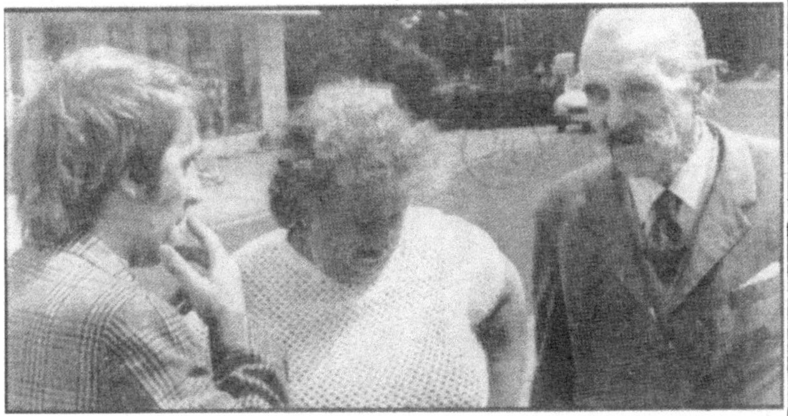

„Ich hab' mein Geld in zwei Jahren verjubelt. Laß du dir ruhig sechs Jahre Zeit dazu", rät der arme Lottokönig Knoblauch (in der Mitte seine Elise) dem reichen Lottokönig Wilken bei der Begegnung auf der Dorfstraße.

Bild, 12. 7. 1974

T 2.3

Kanada hat wieder eine stabile Regierung

Überraschendes Ergebnis der Wahlen: Trudeau erringt die absolute Mehrheit

R. H. FRANKFURT, 9. Juli. Bei den kanadischen Parlamentswahlen hat die Liberale Partei einen klaren Sieg errungen. Daß sie die absolute Mehrheit im Parlament gewann, wird nicht nur im Ausland, sondern auch bei den Kanadiern selbst als Überraschung empfunden. Wegen der Weite des Landes stehen die exakten Ergebnisse noch nicht fest. Nach dem vorläufigen Resultat verteilen sich die Sitze wie folgt (in Klammern die Mandate von 1972): Liberale 140 (109), Konservative 95 (107), Neue Demokraten 16 (31), Sozialkreditisten 12 (15) und Unabhängige 1 (2).

Die Wahlen waren notwendig geworden, weil bei den Wahlen von 1972 die liberale Regierung im Parlament nur über eine Minderheit verfügte und sich von Fall zu Fall auf die Neue Demokratische Partei stützen mußte. Als diese in einer Debatte im Mai dieses nahe an dieses Ergebnis heran. Das ist um so mehr wert, als er es ohne den Glanz des Neukömmlings und nach Jahren der Abnutzung in der Macht erreicht hat.

Eine regionale Analyse der Wahlergebnisse ergibt folgendes: Die für Trudeau entscheidende Schlacht wurde fast ausschließlich in Ontario, dem wirtschaftlichen und traditionellen Herzland Anglokanadas geschlagen. Dort hat man offenbar Bedenken gegen Trudeaus Kulturpolitik (Zweisprachigkeit) zurückgestellt; man hat offenbar dem Plan für Preis- und Lohnkontrollen, den die Konservativen vorlegten, mißtraut und das wirtschaftlich tüchtige, für freie Marktwirtschaft eintretende Kabinett Trudeau vorgezogen. Die Konservative Partei erhielt in Ontario statt 41 Sitzen nur noch 24, die Liberalen vermehrten ihre Sitzzahl von 35 auf 55.

westlichen Provinzen die Regierungen stellt. In Britisch-Kolumbien, wo ihr Premierminister Barrett eine sozialistische Verstaatlichungspolitik betreibt, scheint eine regionale Quittung gegeben worden zu sein: Zwar haben dort auch die Liberalen zwei von vier Sitzen verloren, doch den Neuen Demokraten bleiben von 11 Sitzen nur noch zwei! In der Gesamtsitzverteilung im Bundesparlament muß diese Partei vor allem für ihre vielen revolutionären Wirtschaftsmethoden im fernen Westen büßen (dessen Provinzen sich jedoch eher den Konservativen zuwenden als den Liberalen).

Die Neuen Demokraten sind auf jeden Fall dafür, daß sie den Regierungssturz betrieben hatten, unerwartet hart bestraft worden. Von einer neu aufsteigenden sozial-demokratischen Partei, im Parlament Zünglein an der Waage spielte, sind sie in eine sehr

Jahres ihre Zustimmung verweigerte, stürzte die zweite Regierung Trudeau. Pierre Elliott Trudeau, von der Mutter her anglokanadischer, vom Vater her frankokanadischer Herkunft, war als neuer und ungewöhnlicher Politiker in der Wahl von 1968 durch einen politischen Erdrutsch an die Macht gekommen. Die damalige Zahl von 154 der 264 Sitze im Parlament hat er bei seinem jetzigen Wahlsieg nicht wieder erreicht. Doch kommt er mit 140 Sitzen

In allen anderen Provinzen sind, was das Rennen zwischen Liberalen und Konservativen anbetrifft, die Verschiebungen viel geringfügiger. In ihrer Hochburg Quebec haben freilich die Liberalen mit 59 Sitzen nicht nur mehr als 1972 (56 Sitze), sondern auch als 1968 (55 Sitze) erreicht.

Neugierig konnte man sein, wie in diesen Wahlen die Neue Demokratische Partei abschneiden würde, die in drei

schwache Minderheitsposition geworfen worden. Den Stimmenzahlen nach sind die Wahlergebnisse weniger dramatisch. Erst die Eigenart des Mehrheitswahlrechts verstärkt den Pendelausschlag. In Prozentzahlen verhält sich das vorläufige Ergebnis der Stimmenzählung wie folgt (in Klammern die Zahlen von 1972): Liberale 43,7 (38), Konservative 35 (35), Neue Demokraten 16 (18), und Kreditisten 5 (8).

T 3.1

FAZ, 10. 7. 1974

Die Wahl in Kanada, die einen Playboy in einen

Ein neuer Trudeau trägt

FRITZ WIRTH, Ottawa

Pierre Trudeau hatte abgeschminkt Acht Wochen lang hatte er alle Rollen im großen kanadischen Wahltheater gespielt, den politischen Herkules, den Clown, den Naturburschen. Nun, in der Stunde seines vielleicht größten Triumphes, wollte er nur noch Pierre Trudeau sein, der neue Pierre Trudeau, der Mann, für den Politik nicht mehr ein Spiel ist, sondern eine Verpflichtung, ein Beruf. Nicht mehr der Playboy — der Staatsmann Trudeau sollte der Mann der Stunde und der Zukunft sein. Und so machte er aus einer geplanten turbulenten Siegesfeier ein nachdenkliches, unterkühltes Kammerspiel.

Es war kurz vor Mitternacht, als er im festungsartigen Hotel „Château Laurier" in Ottawa erschien. Der Auftritt war sorgfältig geplant. Drei Stunden hatte er die Nation warten lassen, hatte den Geschlagenen dieser Wahl die Chance gegeben, sich in Trauer zu kleiden und auf den Fernsehschirmen die Vokabel „defeat" zu buchstabieren. Dann erschien Trudeau, schlichter Anzug, schmucklos, ohne die obligate Blume im Knopfloch, sorgfältig jede übertriebene Siegespose vermeidend, ein gebremstes, leicht spöttisches Lächeln auf den Lippen. Ein großer Junge, der die Reifeprüfung bestanden hatte.

Seine ersten Worte an die Nation sind auf Demut und Bescheidenheit abgestimmt: Keine Silbe des Triumphes, sondern Trost für die Geschlagenen. Man muß sehr genau hinhören, um die leise Ironie herauszufiltern. „Robert Stanfield", so urteilt er über seinen konservativen Gegner, „ist ein Mann mit großem Mut. Er hatte eine schwere Aufgabe zu bewältigen, doch er stand bis zur letzten Minute zu seinen Überzeugungen."

Selten hat Trudeau die Worte Starrheit und Immobilität behutsamer umschrieben. Vor zwei Tagen hatte er das, was er jetzt sagte, noch völlig anders formuliert: „Dieser Mann", so spottete er über Stanfields Antiinflationspolitik mit Lohn- und Preisstopp, „kämpft im falschen Land, zur falschen Zeit mit den falschen Waffen." Kein Zweifel, vor sechs Jahren, auf der Woge der „Trudeaumania" in Kanada, wäre er so

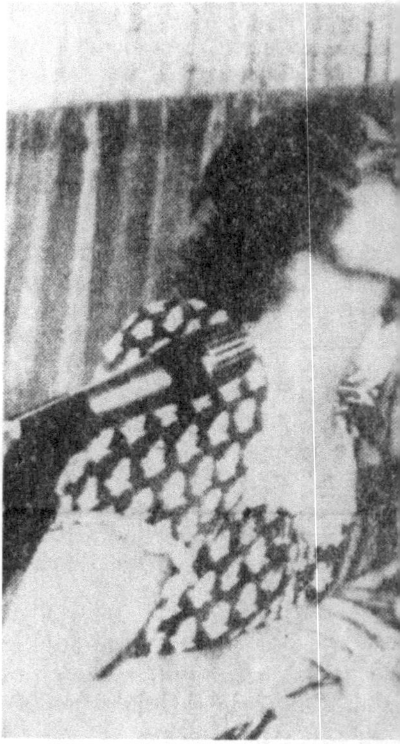

Zärtlicher Lohn für den

Frau Trudeau gratuliert ihrem Mann und

großzügiger Gesten nicht fähig gewesen Diese nächtliche Siegesvorstellung im Kammerton sollte jedoch der Nation sichtbar das Signal geben: der arrogante, kalte, rücksichtslose Pierre Trudeau existiert nicht mehr.

Während er spricht, steht drei Schritte hinter ihm seine Frau Margaret, gedankenverloren, in süßer Wonne badend, — Maria Schell auf politischer Bühne. Als Pierre Trudeau geendet hat, hakt sie sich in seinen Arm ein. Sie gehen von der Bühne wie ein frischgetrautes Paar. In den Korridoren des Hotels deckte sie der Beifall der Jungliberalen zu. Dem Premier wird eine Mütze der „Expos" auf den Kopf gestülpt, der Montrealer Baseball-Mann-

Staatsmann verwandelte

seinen Sieg bescheiden

Sieger der Wahl in Kanada

remier, als wär's ein Stück aus Hollywood

Foto: AP

schaft. Als eine Franko-Kanadierin ihn umarmt, beginnt Trudeau plötzlich französische Verse zu sprechen, droht unversehens auf einer Woge von Sentimentalität davonzuschwimmen und flüchtet schließlich in einen Fahrstuhl, der ihn zur internen Siegesfeier in den 5. Stock hebt.

Das Wahldrama ist vorbei, und es war nicht als ein Stück für den Sieger geschrieben. Dies waren vielmehr die Wahlen der Geschlagenen. Auf der Bühne zurück blieben zwei politische Leichen. Für Robert Stanfield, den Chef der Konservativen, und David Lewis, den Führer der sozialistischen „Neuen Demokraten", gingen in dieser Nacht politische Karrieren zu Bruch. Stanfield verlor in dieser Wahl zum dritten Male gegen Trudeau, und diese letzte Niederlage war tödlich.

Drei Stunden war aus seinem Wahlhauptquartier in Halifax lediglich das gesammelte Schweigen des Robert Stanfield zu vernehmen. Dann erschien er, gequält lächelnd, müde und nach Worten ringend. Seine Artikulationsfähigkeit ist ohnehin unterentwickelt. In dieser Stunde der Depression bricht sie vollends zusammen. Er stottert, beendet kaum einen Satz und tut schließlich sich und seinen Zuhörern den Tort an, französisch zu sprechen. Jeder spürt: dies ist seine letzte Vorstellung, letzter Monolog im dritten Akt, und er ertrinkt in einer Woge des Mitleids, der Trauer und Sympathie.

Nicht weniger schmerzhaft vollzieht sich der Abgang des sozialistischen Parteichefs David Lewis. Er erlebt in dieser Nacht nicht nur das Cannae seiner Partei, deren Unterhaussitze um die Hälfte reduziert werden, er verliert selbst sein politisches Mandat. Sein Schicksal ist voll bitterer Ironie denn David Lewis war der große „Übeltäter" in diesem Wahldrama; denn er hatte die Regierung Trudeau vor acht Wochen mit einem Mißtrauensvotum zu Fall gebracht.

Die Strafe der kanadischen Wähler war hart, und ebenso hart war die Art, in der Lewis sie hinnahm. „Das größte demokratische Recht des Wählers ist sein Recht, falsche Entscheidungen zu treffen", philosophiert er. „Nun brauche ich mir wenigstens keine Gedanken mehr über meinen Rücktritt zu machen. Ich bin per Stimmzettel in den Ruhestand versetzt worden." Und als der Chronist gerade eine Notiz über die holzfällerhafte Härte kanadischer Politiker in seinen Block geschrieben hatte, zog Lewis ein riesenhaftes Tuch aus der Tasche und wischte die Tränen weg. Und dann entschuldigte er sich: „Damit Ihr nicht auf falsche Gedanken kommt, das war nichts als Schweiß." Es war halt die Nacht der großen Dramen und der schlechten Schauspieler in Kanada, und Pierre Trudeau tat gut daran, ungeschminkt zu dieser letzten Vorstellung zu erscheinen. Von morgen an gehört die Bühne ohnehin ihm allein.

Welt,
10. 7. 1974

Kanada: Absolute Mehrheit für Trudeaus Liberale

Auch persönlicher Erfolg des Premierministers

Ottawa (dpa). In Kanada regiert für die nächsten vier Jahre die Liberale Partei unter Führung von Pierre Elliot Trudeau. Entgegen allen Voraussagen von Meinungsforschern erzielten sie bei den vorzeitigen Unterhauswahlen die absolute Mehrheit im Parlament.

Nach dem Stand der Stimmenauszählung vom gestrigen Tag erhielt die Liberale Partei die dazu notwendige Zahl von 133 Sitzen im Parlament in Ottawa. Bislang hatte Trudeau mit einem Minderheitskabinett regiert. Der Führer der Konservativen Partei, Robert L. Stanfield, gestand noch in der Nacht zum Dienstag die Niederlage seiner Partei ein und beglückwünschte Trudeau zum Sieg. Neben den Konservativen, die erhebliche Stimmenverluste hinnehmen mußten, blieben auch die sozialistisch ausgerichteten Neuen Demokraten auf der Strecke. Sie hatten die Regierung Trudeau zu Fall gebracht, als sie im Mai dieses Jahres gegen den Haushaltsplan stimmten. Bis dahin hatten sie die Regierung im Parlament stillschweigend unterstützt.

Politische Beobachter werten den Sieg der Liberalen auch als einen persönlichen Erfolg Trudeaus, der ebenso wie der Führer der Konservativen in seinem Wahlkreis wiedergewählt wurde. Der Chef der Neuen Demokraten dagegen fiel in seinem Wahlbezirk in Toronto durch. Im Mittelpunkt des Wahlkamps stand die Bekämpfung der Inflation. Rund 13,5 Millionen wahlberechtigte Kanadier hatten über die Vergabe von insgesamt 26[illegible] Parlamentssitzen zu entscheiden.

T 3.3 Münstersche Zeitung, 10. 7. 1974

Trudeau erringt überraschend die absolute Mehrheit

Ottawa (dpa). Nach einer Minderheitsregierung von 18 Monaten leuchtet der Stern des 54jährigen Pierre Elliott Trudeau (Bild) wieder: Er gewann mit seiner Partei 140 Sitze von insgesamt 264 des kanadischen Parlaments. Diese überraschende Mehrheit bei Kanadas 13. allgemeinen Wahlen war ein Votum der Kanadier gegen Preis- und Einkommenskontrollen bei der Bekämpfung der Inflationsspirale. Der Spar-Appell des 60jährigen Oppositionsführers Robert Stanfield wurde vom Wähler nicht honoriert.

T 3.4

Westfälische Nachrichten, 10. 7. 1974 ▷

Ein Küßchen für den Wahlsieger: Margaret Trudeau gratuliert ihrem Mann, der sich jetzt als Regierungschef auf die absolute Mehrheit der Liberalen Partei im kanadischen Parlament stützen kann. Bild: dpa/upi

AdL 2., 10-11

Die vorgezogenen Parlamentswahlen in Kanada haben für überraschend klare politische Verhältnisse gesorgt. Ministerpräsident Pierre Elliot Trudeau, dessen bisherige Minderheits-Regierung durch ein Mißtrauens-Votum vor 1 1/2 Monaten zu Fall gebracht worden war, wurde zum grossen Wahlsieger. Seine liberale Partei gewann 141 Sitze, das sind 32 mehr als bei den letzten Wahlen im Oktober 1972. Die oppositionellen Konservativen bekamen 95 Mandate, 12 weniger. 15 Sitze büßte die Neue Demokratische Partei ein, die jetzt nur noch 16 Abgeordnete setellen kann. Aus der kanadischen Stadt Toronto nun Günther Müggenburg.

Im Gegensatz zur bisherigen Situation, in der Trudeau mit seiner Minderheitsregierung vom Wohlwollen einer kleineren Partei abhängig war, kann er nun allein regieren. Sein Erfolg ist offenbar nicht nur darauf zurückzuführen, daß seine Gegner im Wahlkampf viele Fehler machten und mit dem Vorschlag eines Lohn- und Preisstopps sowohl die Arbeiter wie auch die Unternehmer gegen sich aufbrachten, sondern vor allem darauf, daß in diesen unsicheren durch Energiekrise und Inflation bestimmten Zeiten die Wähler klare Mehrheits- und Führungsverhältnisse haben wollen. Innenpolitisch erwarten die Wähler in Kanada - ebenso wie in vielen anderen Teilen der Welt - eine entschlossene Bekämpfung der Inflation. Unterstützt von seiner jungen Frau Margaret hatte Trudeau im Wahlkampf offenbar mit Erfolg versucht, den Eindruck zu verbreiten, daß er allein das Land in eine bessere Zunkunft führen könne und daß er über regionale und sprachliche Gegensätze hinweg berufen sei, das Land zu einen. Mit dieser Wahl hat Kanada eine stabile Regierung, die in den nächsten Jahren ihre Politik sowohl nach innen wie nach außen durchsetzen kann.

T 3.5 ARD-Tagesschau, 9. 7. 1974

Bei den vorgestrigen Parlamentswahlen in Kanada hat die liberale Partei von Premierminister Trudeau einen unerwartet klaren Sieg errungen. Sie erreichte nach dem vorläufigen Endergebnis 140 der 264 Sitze, das ist die absolute Mehrheit. Die oppositionellen Konservativen verloren 12, die übrigen Parteien 19 Mandate.

Schon sehr früh wurde der alte und neue Premierminister Kanadas, Pierre Elliot Trudeau, in dieser Wahlnacht von seinen begeisterten Anhängern gefeiert. Er trat zu einem Zeitpunkt vor die überraschte Presse, als er bei der vorigen Wahl noch um jeden Parlamentssitz zittern mußte. Trudeau konnte mit diesem Ergebnis in der Wirkung fast an den legendären Erdrutsch-Wahlsieg anschliessen, den er in seiner politischen Sturm- und Drangperiode 1968 errang. Diesmal war es vielleicht noch weniger erwartet. Alles hatte bis zum Wahltag auf eine Erneuerung der Minderheitsregierung gedeutet. Trudeau selbst hatte die Wahl als unnötig bezeichnet und nicht mit diesem Erfolg gerechnet. In seiner ersten Ansprache gab es keinen Triumph - eher Zurückhaltung und Erleichterung. Er bezeugte seinen Gegnern Achtung, versicherte aber auf der anderen Seite, daß er seine Politik dort fortsetzen werde, wo er nach seinem Sturz aufhören mußte. Besonderen Dank schuldete er seiner Frau, die in der Tat im Wahlkampf viel von dem negativen Bild abbaute, das ihm in der Öffentlichkeit noch anhang. Die kanadischen Wähler haben mit diesem Ergebnis ihren Unmut gegenüber den Parteien ausgedrückt, die Trudeau im Parlament stürzten. Auch die von der Opposition zum Wahlkampfthema Nr. 1 gemachte Inflation zog nicht wie erwartet. So konnte Trudeau seine überragende Persönlichkeit voll in diesem Hart von ihm geführten Wahlkampf einsetzen. Dieser Sieg ist zum großen Teil sein Sieg. Er hat in den zwei Jahren mit seiner Minderheitsregierung viel verlorenes Vertrauen wiedergewonnen. Besonders wichtig war, daß er viele englischsprachige Wähler zurückerobert hat und nun frei von dem Verdacht regieren kann, er sei vor allem durch das französische Gesetz gestützt. Das ist auch für die kanadische Nation ein sehr gutes Zeichen.

T 3.6 ZDF-»heute«, 9. 7. 1974

Was trieb den jungen

Unterschiedliche Ansichten über das Motiv für Leichenschändung in Fulda /

FULDA, 10. Juli

Den Drang, sich in den Mittelpunkt zu stellen, gibt der 22jährige Jürgen Wegehenkel aus Fulda als Ursache für sein Versagen auf dem Gymnasium an. Dieser Drang hat offensichtlich auch dazu beigetragen, ihn im katholisch geprägten Fulda auf eine Weise in den Mittelpunkt des Interesses geraten zu lassen, daß ein entsetztes Echo selbst aus dem Ausland zurückschlug. Der 1.91 Meter lange, schlaksige junge Mann mit schulterlangen blonden Haaren hatte in den frühen Morgenstunden des 10. April die Leiche des in der Fuldaer Michaelskirche aufgebahrten 72jährigen Bischofs Bolte geschändet und dessen Bischofsstab entwendet. Jetzt wurde er vom Schöffengericht der Stadt wegen Verübung schimpfenden Unfugs mit einer Leiche und in einer Kirche, wegen der Verunglimpfung des Andenkens Verstorbener sowie schweren Diebstahls zu fünfzehn Monaten Gefängnis ohne Bewährung verurteilt.

In der Hauptverhandlung ging es, da der Täter geständig war, um zwei Fragen: Was hat Wegehenkel zur Schändung der Leiche des Bischofs getrieben, und inwieweit trübte Alkohol seine Zurechnungsfähigkeit?

Die nach seinen Angaben getrunkenen Alkoholmengen wären nach der Auffassung eines Sachverständigen tödlich gewesen. Selbst eine nach Zeugenaussagen angenommene geringere Menge hätte Wegehenkel daran gehindert, die Tat so auszuführen, wie er sie verübt hat. Das Gericht einigte sich darauf, daß der Angeklagte auf jeden Fall „stark angetrunken" gewesen sei und daß ihm somit eine verminderte Zurechnungsfähigkeit strafmildernd zuzubilligen sei. Die andere Frage ist schwerer zu beantworten.

Vorher die Gläubigen gestört

Der Tathergang soll — da in Fulda und möglicherweise auch anderswo darüber noch schauerlichste Gerüchte umhergeistern — kurz geschildert werden. Wegehenkel zerbrach am 10. April zwischen vier und fünf Uhr morgens in der Michaelskirche ein kleines Fenster und stieg ein. Er orientierte sich in dem dunklen Raum mit dem „Ewigen Licht" und mit einer angezündeten Kerze, die er dem aufgebahrten Bischof zu Füßen in den Katafalk stellte. Er nahm dem Verstorbenen die Mitra vom Kopf, schob die Gewänder hoch, schnitt und riß die Beinkleider auf und „legte das Geschlechtsteil bloß". Dann nahm er den Bischofsstab und eine Kerze, stieg wieder durch das Kirchenfenster aus und ging nach Hause.

Am Nachmittag des Vortages war Wegehenkel aufgefallen, als er die am Katafalk betenden und singenden Gläubigen gestört hatte. In der Kirche hatte er versucht, mit einigen Nonnen zu diskutieren: Als dies mißlang, machte er sich mit künstlichem Weinen über die Trauernden lustig und sang vor der Kirche ein Hinrichtungslied, das ein Mönch im 16. Jahrhundert gedichtet haben soll. Als der Originaltext „Wir müssen alle von hinnen gehen ..." nicht genügend Aufmerksamkeit erregte, sang er: „Ein Bischof muß sterben, ein Schwein muß sterben ...", was natürlich Ärgernis erregte.

Die Polizei kam dem Täter schnell auf die Spur. Nachdem ein Küster morgens die Leichenschändung aufgedeckt hatte, wurden Beweisstücke ins Landeskriminalamt geschickt. Zugleich gab die Fuldaer Kriminalpolizei ihren Kollegen den Tip, die Abdrücke mit denen einschlägig Vorbestrafter — darunter war Wegehenkel — zu vergleichen. Wegehenkels Fingerabdrücke erwiesen sich als identisch mit denen auf der Schale des „Ewigen Lichts". Nach seiner Festnahme leugnete er zunächst zwar, doch dann gestand er. Auch führte er die Polizei zu dem Ort, an dem er den Bischofsstab vergraben hatte.

Der Angeklagte, 22 Jahre alt, wurde als eines von drei Kindern in die Familie eines katholischen Werkzeugmachers geboren. Im Gymnasium blieb er gleich in der ersten Klasse sitzen. Ihn interessierten weniger die Hausaufgaben als Freunde, mit denen er bereits früh kleine Kaufhausdiebstähle verübte. Eine Verwarnung, dann eine Jugendstrafe. Ein zweites Versagen auf der Schule und die Diebstähle veranlaßten den Vater, den Sohn vom Gym-

Täter in die Kirche?

Fünfzehn Monate Freiheitsstrafe / Von Knut Barrey

nasium zu nehmen und in eine Lehre zu stecken. Der Abbruch dieser Lehre folgte nach zweieinviertel Jahren wegen Schwierigkeiten mit dem Lehrherrn.

Während der Lehrzeit nahm Wegehenkel erstmals Haschisch. Er wohnte damals bei Freunden, und er bekam Jugendarrest, weil er einen Messingkerzenständer aus dem Dom gestohlen und einen zweiten gekauft hatte, obwohl er wußte, daß auch dieser aus der Kirche entwendet worden war. Der junge Mann lebte in dieser Zeit bei einem Bauern. Mehrere Jahre lang arbeitete er nur sporadisch. 1973 erhielt er wegen Haschischbesitzes und Fahrens ohne Führerschein in einem gestohlenen Auto neun Monate Freiheitsstrafe, die zur Bewährung auf zwei Jahre ausgesetzt wurden. In dieser Bewährungszeit geschah die Leichenschändung.

Dieser Lebenslauf ist nun sehr verschieden interpretiert worden, ebenso geschah es mit dem Motiv der Tat. Der Heidelberger Rechtsanwalt Laubscher, von der Münchner Anarchistenbewegung „Die Lilie" („Liga der Liebe" des Ex-Schwabingkönigs Samy) auf den Fall aufmerksamgemacht, ist wie der Fuldaer Gerichtspsychiater Dr. Schlunk der Meinung, der Junge habe zunehmend unter seinem Elternhaus gelitten. Vater und Mutter arbeiteten — Wegehenkel: Wir wuchsen praktisch wie Schlüsselkinder auf." Der Junge fühlte sich isoliert, benachteiligt. Der Vater schwieg ihm gegenüber manchmal wochenlang. Die Diebstähle in der Kinderzeit werden von Laubscher als Aufschrei nach Aufmerksamkeit und Liebe interpretiert.

Wegehenkenkel trieb in eine Passivität hinein, führte am liebsten „ein Gespräch mit sich selbst über sich selbst", saß oft lange meditierend in der Kirche. Die Zusammenstöße mit dem Vater mehrten sich, bis ihn dieser aus dem Haus jagte. Er zog zu Freunden, versuchte es ohne Befriedigung mit Haschisch, dann mit orientalischer Mystik. Als sich ein enges Verhältnis mit einer Freundin anbahnte, achtete Wegehenkel wieder auf sein Äußeres. Er begann zu malen.

Wegehenkel — so Laubscher und Schlunk — ist nicht kirchenfeindlich. Aber er ist kritisch gegen jeden Zwang und jede Autorität. Er will sich nicht anpassen, die anderen sollen sich ihm anpassen, — er sei eine „psychopathische Persönlichkeit" (Schlunk), eine „neurotische Persönlichkeit mit stark narzistischen Zügen" (Laubscher). Der Vegetarier hat eine latente Neigung zu Gewalt, vor allem wenn Alkohol die Hemmungen beseitigt; er selbst bezeichnet sich allerdings als absoluten Pazifisten.

„Kein Überzeugungstäter"

Schlunk und Laubscher erklären sich die Leichenschändung als eine Tat der Selbstbestätigung, als „omnipotente" Handlung, die nur unter Alkoholeinfluß möglich gewesen sei. Wegehenkel sei kein „Überzeugungstäter". Er habe einmal in dem Bischof seinen Vater, die Autorität schlechthin für ihn, gesehen; zum andern habe er es nicht ertragen können, daß sich seine Verlobte zeitweise von ihm zurückzog und betete. Er habe sich dagegen aufgelehnt, die Zuneigung der jungen Frau mit irgendjemandem zu teilen. Bezeichnend sei seine Bemerkung gegenüber der Verlobten nach der Tat, als er ihr den gestohlenen Bischofsstab zeigte: „Jetzt gibt es keine Kirche mehr, zweitausend Jahre Kirche sind vorbei." Sie solle froh daruber sein; sie brauche nicht mehr zu beten.

Ganz anders sehen es Staatsanwalt Matzke und erst recht der Vorsitzende Richter Jacksch. Einige familiäre Schwierigkeiten zugegeben, habe Wegehenkel doch mehr Chancen gehabt, als viele andere Jugendliche. Aber, so Jacksch: Der Angeklagte habe den „Wahn" gehabt, „mit Rausch und Hippietum sich durch die Welt zu gammeln", er habe die Arbeit gescheut und nur die Diskussion gesucht: „Weil man mit sich selbst nicht fertig wird, will man die Welt verändern — dummes Geschwätz."

T 4.1

Fortsetzung S. 186

Der Dtaatsanwalt sieht alles von Sexualität durchzogen. Er sieht viel Selbstmitleid, Flucht in den Alkohol aus Feigheit. „Wegehenkel meint stets, wir schuldeten ihm etwas." Daß auch er der Gesellschaft etwas schulde, komme ihm nicht in den Sinn, noch nicht einmal in der Form der Rücksichtnahme.

Die „grausige nächtliche Tat" wird vom Staatsanwalt eine „gezielte Infamie gegen Scham und Keuschheit", die Millionen von Katholiken in eine „unvorstellbare Erschütterung" versetzt habe, genannt. Wegehenkel habe aus Haß gegen die katholische Kirche gehandelt, dieser Haß sei früher mit enttäuschenden Jugenderlebnissen und jetzt bei der Gerichtsverhandlung mit Eifersucht wegen seiner Verlobten erklärt worden. Der Angeklagte sei von „besonderer Gefährlichkeit", deshalb müsse er für zwei Jahre ins Gefängnis.

Verteidiger Laubscher dagegen forderte eine Freiheitsstrafe unter einem Jahr und die Aussetzung zur Bewährung. Es solle keineswegs der Versuch gemacht werden, so zu tun, als sei nichts geschehen, er mache nur das Gericht darauf aufmerksam, daß es viel Mut koste, ein angemessenes Urteil zu fällen. Anonyme Briefschreiber hätten gefordert, Wegehenkel den rechten Arm abzuhacken oder ihn zu strangulieren. „Wie ist es um den Glauben derer bestellt, die ihre Kirche so zu verehren vorgeben, daß sie Drohbriefe schreiben? Ich glaube nicht, daß es dieser Glaube ist, den Bischof Bolte gewollt hat."

Richter Jacksch folgte mit den beiden Schöffen der Argumentation des Staatsanwaltes, daß der konfessionelle Friede Rücksichtnahme erfordere. Die Beleidigung habe sich nicht gegen irgendeine Leiche gerichtet, sondern gegen einen Bischof, dem eine besondere Stellung in der Religionsgemeinschaft einzuräumen sei.

Das Gericht erkannte auf fünfzehn Monate ohne Bewährung. Einen Druck der katholischen Bevölkerung auf das Gericht wollte Richter Jacksch nicht gelten lassen. Ein Gericht in einer nichtkatholischen Stadt hätte eher Angst haben müssen, nicht zu milde zu erscheinen. Der Verteidiger erwägt, Berufung gegen das Urteil einzulegen.

T 4.1 **FAZ, 11. 7. 1974**

dpa 244 id

schaender eins (zwei teile)
15 monate haft fuer bischofsschaender =

fulda, 9. juli 74 dpa/lh - der ''schaender'' des bischofs von fulda, der 22 jahre alte juergen wegehenkel, ist am dienstag vom fuldaer schoeffengericht zu einer freiheitsstrafe von eimem jahr und drei monaten verurteilt worden.

die tat, sie war auf empoerung und abscheu bis zum vatikan gestossen, bewertete die kammer als ''beschimpfenden umfug'' in einer kirche, an einer leiche, verunglimpfung des andenkens verstorbener sowie schweren diebstahl.

nach gaststaettenbesuchen war wegehenkel in der nacht vor der beisetzung am 10. april dieses jahres durch ein schmales fenster der romanischen michaelskirche in fulda zum aufgebahrten leichnam des fuldaer bischofs dr. adolf bolte vorgedrungen. mit hilfe des ewigen lichtes hatte er sich nach feststellung des gerichtes einen ersten ueberblick verschafft, dann dem toten geistlichen das ornat hochgeschoben, mit einem kuechenmesser die kleider aufgeschnitten und das geschlechtsteil entbloesst. schon am tag zuvor hatte er mit spottversen wie ''ein schwein muss sterben, ein bischof muss sterben'', die andacht der am katafalk vorbeiziehenden glaeubigen gestoert.

eifersucht gegen gott und die kirche, denen seine freundin nahestand, nannte der gestaendige amateurmaler als motiv. die tat - so ein psychiater - sei trotz verminderter zurechnungsfaehigkeit nicht persoenlichkeitsfremd. als wegehenkel mit dem gestohlenen bischofsstab auf der schulter ''stolz wie ein koenig'' nach hause schritt, begegnete ihm eine polizeistreife, ohne ihn zu bemerken.
schaender zwei und schluse (fulda)
zwtl : ein toter auf der anklagebank ? =

wegehenkel, der als vegetarier fuer alkohol besonders empfindlich ist, will am abend vor dem einbruch solche mengen bier und wein konsumiert haben, dass er zur tatzeit theoretisch einen blutalkoholgehalt von 7,5 bis 9 promille gehabt haben muesste. das bedeutet, so ein sachverstaendiger, das doppelte der toedlichen dosis. ''solidarische'' zeugen hatten wegehenkels angaben erhaertet.

der vertreter der anklage zeichnete den ''bischofsschaender'' als antisozialen, absolut egozentrischen charakter, der nicht nur bei alkoholmengen uebertreibe, sondern auch allzuviel ruecksicht von der gesellschaft verlange. als er das geschlechtsteil des toten oberhirten den blicken der glaeubigen preisgab, habe er eine ''gezielte infamie gegen die keuschheit und schamhaftigkeit'' des hohen geistlichen begangen - ebenso wie gegen die von millionen von katholiken. eine nebenklage der fuldaer bistumsleitung wegen kollektiver beleidigung der katholischen kirche in deutschland war vor beginn der verhandlung zurueckgezogen worden.

wegehenkels verteidiger, der heidelberger anwalt juergen laubscher, warf dem staatsanwalt vor, er vertrete mit seinem ''schwindelnd hohen strafantrag'' von zwei jahren nicht nur die interessen des staates, sondern auch der katholischen kirche. ohne einen entsprechenden antrag zu stellen, bezweifelte laubscher dennoch die unabhaengigkeit des gerichtes angesichts einer fuelle empoerter drohschreiben, in denen grausame strafen wie abhacken des kopfes oder der haende oder strangulieren des urhebers des aufsehenerregenden.vergehens gefordert worden waren.
dpa 247 lz se pn 09.jul 74 1650
nnnn

T 4.2

Kolibri 360 GmbH
Ferdinand-Jühlke-Straße 7
99095 Erfurt, Deutschland
produktsicherheit@kolibri360.de